政治的義務感と投票参加

――有権者の社会関係資本と政治的エピソード記憶――

岡田　陽介

木鐸社

政治的義務感と投票参加目次
――有権者の社会関係資本と政治的エピソード記憶――

図表一覧……………………………………………………… 6
  図………………………………………………………………… 6
  表………………………………………………………………… 6

序章 目的と構成……………………………………………… 11
  0－1 本書の目的………………………………………… 11
  0－2 本書の構成………………………………………… 16

第1章 外的要因としての社会関係資本……………………… 19
  1－1 はじめに…………………………………………… 19
  1－2 投票義務感をめぐる諸問題……………………… 20
  1－3 政治参加と民主主義論…………………………… 21
  1－4 政治参加における投票参加……………………… 26
  1－5 投票義務感と投票参加の諸理論………………… 29
  1－6 社会関係から見た投票義務感の二面性………… 40
  1－7 社会関係資本論から見た投票義務感の形成…… 45
  1－8 まとめ……………………………………………… 55

第2章 内的要因としての政治的エピソード記憶…………… 57
  2－1 はじめに…………………………………………… 57
  2－2 政治心理学・投票行動研究における認知心理学の位置づけ…… 58
  2－3 認知心理学におけるエピソード記憶…………… 67
  2－4 政治的エピソード記憶…………………………… 73
  2－5 政治的態度・投票行動を形成する政治的エピソード記憶…… 83
  2－6 まとめ……………………………………………… 88

第3章 仮説…………………………………………………… 93
  3－1 はじめに…………………………………………… 93

3−2	仮説と分析モデル	94
3−3	データ	100
3−4	従属変数	103
3−5	独立変数	108
3−6	まとめ	110

第4章　投票義務感に対する外的要因の効果　　113

4−1	はじめに	113
4−2	社会関係資本の二面性	114
4−3	社会関係資本の二面性と協調・同調	119
4−4	社会関係資本の二面性と投票義務感	124
4−5	投票義務感と投票参加	131
4−6	まとめ	134

第5章　投票義務感に対する内的要因の効果　　137

5−1	はじめに	137
5−2	エピソード記憶としての投票参加想起	138
5−3	想起パターンに対する効果	141
5−4	想起パターンが投票義務感に与える効果	147
5−5	想起パターンが投票参加に与える効果	150
5−6	まとめ	152

第6章　外的要因・内的要因によるパネル・データ分析　　155

6−1	はじめに	155
6−2	パネル・データ分析	156
6−3	投票義務感の遷移と想起パターン	160
6−4	投票義務感に対する効果	164
6−5	投票参加に対する効果	170
6−6	政治的エピソード記憶に対する効果	173
6−7	まとめ	175

終章　結論 … 179
- 7－1　本書が明らかにしたこと … 179
- 7－2　本書の結果と日本の現実政治 … 181
- 7－3　よき民主主義における投票義務感の質 … 183
- 7－4　投票行動・投票参加における記憶の重要性 … 187
- 7－5　本書の課題 … 193

補遺 … 197
- 補遺－1　投票率の推移 … 197
- 補遺－2　従属変数 … 197
- 補遺－3　独立変数：社会関係資本 … 200
- 補遺－4　独立変数：政治的エピソード記憶 … 204
- 補遺－5　統制変数 … 207

あとがき … 212

引用文献 … 216

参考文献 … 237

索引 … 241

図表一覧

図0−1　投票率の推移（衆議院・参議院：1946年〜2014年）　13
図0−2　政治的行動のプロセス　16

図3−1　実際の投票率とJESⅡ・JESⅢ調査における投票率の推移　104
図3−2　投票率と抽象的・具体的投票義務感の推移　106

図4−1　分析モデル（社会関係資本と投票義務感・投票参加）　114

図5−1　分析モデル（投票参加想起と投票義務感・投票参加）　140

補遺図1　投票率の推移（男女別）　199
補遺図2　JESⅡ調査における投票参加想起の組合せ　205
補遺図3　JESⅢ調査における投票参加想起の組合せ　205

表1−1　社会関係資本の諸特徴　47

表2−1　エピソード記憶と意味記憶の区分　69
表2−2　記憶システムの分類　70

表3−1　投票義務感の変化　107
表3−2　抽象的・具体的投票義務感の相関　108

表4−1　社会関係資本の二面性　116-117
表4−2　社会関係資本の二面性（政治的会話・自発的団体加入含む）　119
表4−3　「協調」に対する社会関係資本の効果　121
表4−4　「同調」に対する社会関係資本の効果　122
表4−5　具体的投票義務感に対する「協調」・「同調」の効果　126-127
表4−6　抽象的投票義務感に対する「協調」・「同調」の効果　128-129
表4−7　投票参加に対する投票義務感の効果　133

表5－1　クロスセクショナル・データセットにおける参加の想起パターン
139
表5－2　投票義務感が想起パターンに与える効果　142
表5－3　候補者エピソード記憶の数が正確な参加想起に与える効果　146
表5－4　候補者エピソード記憶の種類が正確な参加想起に与える効果
146
表5－5　想起パターンが投票義務感に与える効果　148
表5－6　想起パターンが投票参加に与える効果　151

表6－1　抽象的投票義務感の遷移行列　161
表6－2　具体的投票義務感の遷移行列　162
表6－3　JESⅢパネル・データセットにおける参加の想起パターン　163
表6－4　抽象的投票義務感に対する効果：パネル分析　165
表6－5　具体的投票義務感に対する効果：パネル分析　167
表6－6　投票参加に対する効果：パネル分析　171
表6－7　正確な参加想起に対する外的要因の効果　174

補遺表1　投票率の推移（全体・男女別）　198
補遺表2　候補者エピソードの種類　207

政治的義務感と投票参加

有権者の社会関係資本と政治的エピソード記憶

序章

目的と構成

0-1　本書の目的

　本書の目的は，調査データを用いた実証分析によって，市民の政治参加のメカニズムを新たな視点から明らかにすること，また，政治参加，中でも，投票参加を説明する要因として大きな位置づけがなされてきた投票義務感について，その性質と形成過程とについて考察を行うことにある。

　そもそも，民主的な政治システムは，自発的・主体的に政治に参加する市民や，そのような市民の集まりである社会によって支えられている。換言すれば，一定の市民参加は民主主義が十全に機能するための前提となっているが，現代の民主主義諸国家においてはそれが必ずしも果たされているとはいえない。したがって，自発的・主体的に政治に参加する市民とは如何なる存在であるのか，またそうした市民は如何にして形成されるのかを明らかにすることは，今後の民主主義のあり方についての重要なインプリケーションを提示し得るものとなる。

　本書では，市民の政治参加のうち，主に日本における有権者の投票参加を中心に議論を進め，「人はなぜ投票に参加するのか」を解き明かす。これは，「なぜ人は投票に参加しないのか」を解き明かすことでもある。投票参加を中心に議論を進めるのは主に次の2つの理由による。

　第1に，そもそも，民主主義社会における政治参加をめぐっては，政

治の安定と効率とに焦点を当てたエリート民主主義論と，参加自体に価値を置く参加民主主義論という，理論的な対立が存在している。しかしいずれの立場を採る論者も，大規模な現代社会では間接民主制とそこでの選挙——特に国政レベル——における投票が政治参加の基底的な手段であるという点では，ほぼ意見の一致を見ている。そして実際に，選挙における投票は，こうした理論的な位置づけを超えて，現実の政治過程においても実質的な重要性を持ち合わせているのである。

　しかしながら現実には，投票に参加し，更には参加し続ける有権者が存在している一方で，棄権をし，更には棄権し続ける有権者が存在している。その上，棄権をする有権者の増加は投票率の低下に表れるが，投票率の低下は，近年，多くの民主主義国家において問題となっており，特に，その低下の転換点は1990年代であることが指摘されている(Blais, 2007)[1]。それは日本においても例外ではなく，時代の趨勢として低下傾向にある。また，やはり1990年代に急激な低下を示してきたことも指摘されている(三船，2005)。他方で，1990年代以降にも投票率の上昇が一部確認される。例えば，衆議院議員総選挙においては1996年の59.65％，参議院通常議員選挙においては1995年の44.52％を底として，2000年代にかけて，若干，上昇傾向を見せ始め，1990年代から2000年代にかけて，投票率は下降と上昇を示しているともいえる。しかし，2000年代では2010年を過ぎると，一転して下降している(図0－1)[2]。また，統一地方選挙やその他の地方選挙では，更に投票率は低い傾向にあるのが現状である。市民にとって最も代表的な政治参加の手段である投票参加をめぐる，こうした一連の推移に焦点を当てることは，市民による政治参加の質が変容したのか否かを探ることであり，政治システムへの入力としての投票参加が実質的にどのような意味

1　Blaisは1972年から2004年にかけてのFreedom HouseのPRスコア（1および2）に基づいた106の民主主義国家における533の選挙において，平均75.5％の有権者が投票に参加していると指摘している。その一方で，年代別に見ると平均投票率は，1970年代(78.9％)から，2000年代(70.7％)でおよそ8％低下したと指摘している。

2　投票率の推移に関する詳細な数値は，補遺に示した(補遺表1)。

図0-1　投票率の推移（衆議院・参議院：1946年～2014年）

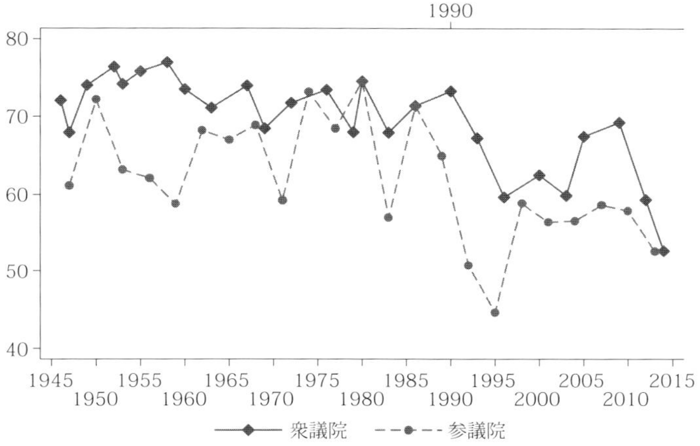

注）総務省統計局（2008）「日本の長期統計系列」，および，総務省自治行政局選挙部（2005, 2009, 2012, 2014）「衆議院議員総選挙・最高裁判所裁判官国民審査結果調」，総務省自治行政局選挙部（2007, 2011, 2014）「参議院議員通常選挙結果調」より作成。

を持つのかを探ることに繋がると考えられる。

　第2に，投票参加を説明するモデルが，政治心理学，更には政治学全体における理論上の重要性を持ち合わせているからである。合理的選択理論に基づく投票参加モデルにより説明に挑んだのが，Downs（1957）やRiker & Ordeshook（1968）であったが，彼らは，モデルが予測する合理的な棄権と現実の投票参加との乖離である，いわゆる「投票参加のパラドックス」を如何に説明するか，またフリー・ライド克服のメカニズムを如何に見出すかを大きな問題とした。民主主義の維持においてフリー・ライダー問題の解決は大きな課題であり，それを如何に克服するのかが重要となる。投票参加におけるフリー・ライダー問題の解決メカニズムの発見は，投票参加を説明する政治心理学上の理論的貢献だけでなく，民主主義に関する広範な政治学上の理論的貢献をもたらすと考えられる。

　本書は第1に政治参加のうち主に投票参加に焦点を当て，第2に，こ

うした投票参加をもたらす主要な要因としては投票義務感に焦点を当てる。これまで，投票義務感は投票参加を説明するモデルにおいて，理論的にはフリー・ライド問題を解消する「D」項（Riker & Ordeshook, 1968）として，また，実証研究においても投票参加を促進する主要な説明変数として重視されてきた。しかしながら，投票義務感自体が如何なる性質のものであるのか，それが如何に形成されるかについては十分な議論がなされてきたとはいえず，投票義務感を被説明変数とする議論と併せて，投票参加と投票義務感の関連についての議論が求められている。

　ところで，エリート民主主義論を論じたSchumpeter（1942）は，有権者の責任感の低下や有効な意志の欠如を招くことを指摘することで，古典的民主主義論が前提とした選挙民の意志の明確性，自立性，および合理性を否定した。そして，責任感の低下や有効な意志の欠如は，現実感の減退によって引き起こされるとしたが，責任感や有効な意志とは，投票参加に際しては主体的な参加と投票義務感と密接に関連する。したがって，失われた現実感を獲得することができるのか，また，現実感は如何にして獲得されるのかを明らかにすることができれば，それは如何に責任感や有効な意志を形成するのかを明らかにすることにもなろう。

　それを解く鍵として，本書は次の2つの視点を提示する。1つは，市民を取り巻く人間関係の視点であり，もう1つは，個々人に内在する意思決定のプロセスである。自発的・主体的に参加する市民の集まりが民主主義を支えるとする議論は，人間関係に着目したマクロ的な視点によるものである。なぜなら，他者の存在なしにはフリー・ライドは起こり得ないからである。ただし，人間関係に着目するとはいえ，これは同時に，ミクロ的な視点による個人の意思決定に関する議論でもある。なぜなら，フリー・ライドの誘因の中で1人の個人が如何に参加を決め，民主主義に貢献するのかが重要であるからである。したがって，参加へと向かう市民の意思決定に対しては，個人を取り巻く人間関係を中心とする「外的要因」と，個々人に内在する意思決定プロセスである「内的要因」の両視点で捉えなければならない。

　本書は，「外的要因」と「内的要因」という2つの要因に関して，

Putnam（1993, 2000）に代表される社会関係資本論に焦点を当てて「外的要因」を議論し，社会関係資本を基盤とした規範形成におけるミクロレベルの要因として，Tulving（1972, 1983）の「エピソード記憶」の重要性を示しながら「内的要因」についての議論を進める。更に，この「エピソード記憶」の概念をマクロ・ミクロの議論を統合し得る結節点として位置づける。

　以上のように本書は，投票義務感，ひいては，投票参加という被説明変数に対して，「外的要因」と「内的要因」，すなわち，社会関係資本とエピソード記憶という2つの説明変数のそれぞれによって議論を進める。その上で，個人を取り巻く環境や社会である「外的要因」と，個々人に内在する認知プロセスである「内的要因」とを統一的に説明する。このことは次の2つの点において意味を持つ。まず1つは，政治的行動の中でも，政治参加・投票参加に焦点を当てるとき，ミクロレベルでの視点で見れば，これらの政治的行動は個人の認知システムからの出力であると考えられる。同時に，よりマクロレベルの視点に立てば，政治的行動は民主主義や政治システム，社会に対する入力でもある（Easton, 1953, 1957）。つまり，「外的要因」と「内的要因」とを同時に，統一的に扱うこととは，「社会」から「個人」，「個人の内部」を経て，「社会」へと至る一連の流れを掴むことであり，マクロレベルとミクロレベルの両視点から政治的行動を解釈することである（図0－2）。

　そしてもう1つは，市民にとって「政治とは何処に存在するのか」という問いに答えることでもある。確かに，「刺激」として政治的な情報が認知システムに入力され，脳内のプロセスを経ることによって政治的行動が出力されるともいえる。その点では，行動の起点である脳内プロセスに「政治」が存在するのかもしれない。しかし，その「政治的刺激」が入力される場所は何処であるのか。そして，「政治的行動」が出力される場所は何処であるのか。それは，普段生活する日常世界である。つまり，市民にとっての政治とは，「脳内」だけではなく，市民の「日常世界」の場にこそ存在することを示すことに繋がるのである[3]。

3　もちろんこれは，観察者から見た場合の視点である。

図0−2　政治的行動のプロセス

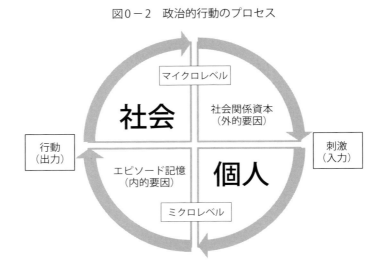

0−2　本書の構成

　以上の問題について，本書を貫くテーマは「日常世界のネットワークにおける個人的体験（経験）によって形成された『政治的エピソード記憶』が，規範意識としての『義務感』を高めることを通じて，その政治的行動を規定する」というものである。つまり，有権者の属する社会やネットワークに存在する規範意識や義務感について，また，それが如何に認知され，如何に政治的態度を形成して，政治的行動や投票行動に至るのかを探るものである。

　このテーマについて，本書は，全国面接調査であるJES ⅡおよびJES Ⅲ調査データを用いた実証分析を中心に行うが，次の構成で議論を進める。まず，第1章において，政治参加に関する義務感，中でも特に投票義務感の性質を考える上で，「外的要因」としての社会関係資本論によるアプローチの意義と問題点について整理を行う。そこでは，投票義務感が「協調」・「同調」の両側面を持つことを，社会関係資本が持つ二面性の観点から示し，その上で，投票義務感における「水平的協調に対す

る義務感」と「垂直的同調に対する義務感」を定義する。続く第2章において，政治心理学の歴史的流れと，それをめぐる認知的アプローチの意義を整理した上で，「内的要因」としての記憶研究，特にエピソード記憶研究によるアプローチの意義を，これまでに提出された投票行動の諸モデルとの関連の中で整理し，政治的なエピソード記憶が投票義務感を形成する主要な要因となっている可能性を提示する。第3章において仮説の提示と分析に用いるJESⅡ・JESⅢデータの説明，および，これらのデータを用いる意義を明らかにし，分析モデルにおける従属変数と主要な独立変数についての定義を行う。

　第4章，第5章では，分析モデルの設定を行った上で，社会関係資本を基盤とする「協調」・「同調」，および「政治的エピソード記憶」が投票義務感に与える効果についての実証分析の結果をそれぞれ提示する。そこでは，JESⅡ・JESⅢ調査データをクロスセクショナル・データとして扱い，選挙年度ごとの分析を行う。第6章で投票義務感が投票参加に与える効果についての分析を行う。社会関係資本を基盤とする「協調」・「同調」と「政治的エピソード記憶」とを統一的に扱い，「外的要因」と「内的要因」とを共にモデルに組み込む。更に，パネル・データ分析を施すことで時間的な次元をもモデルに取り込み，第4章・第5章の分析結果をより因果分析に適した方法によって確認し，より一般化可能な結論を導く。終章で本書の結論とインプリケーション，残された課題についての考察を行う[4]。また，補遺として，分析に用いた変数の詳細を示す。

4　なお，本書の一部は、既に発表された論文(岡田，2003，2006，2007a，2007b，2007c，2008，2009)に再分析および大幅な加筆・修正を施したものである。

第1章

外的要因としての社会関係資本

1-1 はじめに

　本章は，投票参加における義務感とは何であるのかについて，投票参加の既存のミクロモデルを概観するとともに，個人を取り巻く「外的要因」から説明することを通して，その基礎づけを行うことを目的とする。

　本章では，先行研究の概観と併せた検討を試み，次のように議論を進める。まず，投票参加を説明するモデルにおいて，そもそも投票義務感という変数がどのような問題を抱えているのかを提示する(1-2)。次に，政治参加と民主主義論の関係(1-3)，および政治参加と投票参加の関係(1-4)を先行理論の概観から位置づける。そして，投票義務感は投票参加を説明する諸モデルにおいて広くかかわる要因であること，また，投票義務感が投票参加を如何にもたらすのかを確認する(1-5)。次いで，社会関係，中でも，社会関係資本の議論の側面から投票義務感の再検討を行う。そこでは，社会関係資本がこれまで議論されてきたような一面的なものではなく，「協調」・「同調」としての側面を持つこと，および，それぞれに応じた2つの投票義務感が存在し得ることを示す(1-6)。そして，これら投票義務感を形成する，個人を取り巻く「外的要因」と個人を媒介し得る要因として，「記憶」の重要性を提示し，次章への橋渡しを行い(1-7)，最後にまとめを行う(1-8)。

1－2　投票義務感をめぐる諸問題

　投票参加を説明するモデル提示の中で，投票参加のパラドックスを解決する手段として，Downs（1957）は民主主義の維持という「長期的効用」を，Rikerら（Riker & Ordeshook, 1968）は「市民の義務」という概念を打ち出した。更に，RikerらはDownsの議論を引き継ぎ，

$$R = P \times B - C + D$$

というかたちで，これらの議論に対してモデル化・定式化を行った。特にRikerらは，投票に参加すべき規範，「市民の義務」という投票義務感を追加することによってパラドックスの解決を図っている。しかし，両者の解決法にはその性格の違いから，依然，未解決の問題が残されている。

　まず，Downs的な解決方法は，「民主主義の維持」が公共財的性格を有している点で問題を孕んでいる。Downs自身が「かれ自身がたとえ投票せずとも，十分な人数の他の市民が投票している限り，かれは実際にこの報酬をうる」（Downs, 1957 = 1980, 280頁）と指摘するように，新たなフリー・ライダーの発生という問題を解消できない。他方，Rikerらの「市民の義務」は，Downsの「長期的効用」とは異なり，投票に参加しなければ得ることのできない私的財的性格を有した，「消費的価値」（Kirchgässner & Schimmelpfennig, 1992）としての効用と位置づけられることで，フリー・ライドの問題が克服されると考えられる。しかしながら，投票参加のパラドックスにおいて求められる解決は，モデルと現実との整合性を如何に図るかという問題であると同時に，公共財的性格，私的財的性格のいずれにおいても，両者を統合するアプローチにより，フリー・ライドを克服するメカニズムを如何に見出すかである。

　これまで投票義務感が投票参加に及ぼす効果については，多くの実証研究の中でその効果が示されてきた（Almond & Verba, 1963; Campbell, Converse, Miller & Stokes, 1960; Campbell, Gurin & Miller, 1954; Blais, 2000）。日本における実証研究の中でも，国政選挙を対象とした分析（小林, 1997, 2008；三宅・西澤, 1997；蒲島, 1988, 1998）や，地方

選挙を対象とした分析(三宅・木下・間場, 1967；三宅, 1990；品田, 1992；石上, 2005)など，多くの研究によって投票参加と投票義務感との関連が示されている。しかしながら，その形成要因や形成メカニズムについては，他の政治的態度との関連(三宅他, 1967)が示されることはあっても，政治的意識変数としての投票義務感それ自体の性質や意味についてはこれまで十分な検討がなされてきたとはいえない。

他方で，投票参加における義務感を考えるとき，投票参加は様々な政治参加の形態の中でどのような意味を持つのかについて，また，そもそも，政治参加・投票参加と市民との関連において，市民はどのような存在として位置づけられてきたのかについて検討する必要がある。

1-3 政治参加と民主主義論

政治参加をめぐるエリート民主主義論と参加民主主義論との対立は，市民の政治参加によってもたらされる結果に対して，安定や効率を重視する立場と参加自体に価値を置く立場との対立であったと同時に，政治にかかわる市民が如何なる存在であるのかについての対立であった。

エリート民主主義論を展開したSchumpeter (1942)は古典的民主主義論が前提とする「公益」や「共通の意志」，また，選挙民の意志の明確性，自立性，および合理性を否定した。これは，国家的事件や国際的事件といった個々の市民とは直接且つ明白な関係を持っていないような広い領域に及ぶ場合には，市民の現実感が失われるからであるとされている。この現実感の減退によって，責任感の低下や有効な意志の欠如が招かれることが指摘されている。その上で，民主主義を「制度的装置」と捉え，民主主義における第一義的な目的を「選挙民による問題の決定」ではなく「決定を行なうべき人々の選学」(Schumpeter, 1942＝1995, 429頁)に求め，市民の役割を限定的なものとし，選挙を通じて代表者を選出する手段として投票を位置づけた。

また，エリート民主主義論から分岐した多元的民主主義論においても，多数者の選好を示すことに限界を認めつつ，エリート民主主義論

と同様に,基本的には選挙における政治参加が想定されている。そこでは,指導者をコントロールするための手段としての選挙だけではなく,選挙と個々人並びに政党間の政治的競争との連続性と媒介集団による役割とが重視されている(Dahl, 1956, 1961)。加えて,エリート民主主義論と比較して,参加は選挙に限定されず,企業・産業組織内部の民主化を中心として様々な参加の形態も求められ,また,参加そのものも重要視されている(Dahl, 1970, 1998)[1]。その意味では,後述するように参加民主主義論の要素も持つが,市民に対しては,「政治に関心をもち,関係し,知識をもち,公的問題で活発に活動している人びとが成人人口の大きな部分を占めているわけではないということは,ほとんどの国において事実であるようだ」(Dahl, 1991 = 1999, 133頁)として,このような市民の存在を「非政治的階層」と位置づけている。そして,現代社会における非政治的階層の多さと政治参加の低下の可能性を前提とし,責任感や有効な意志を欠いた市民の存在が問題となることを示した[2]。以上のように,エリート民主主義論,ひいては,多元的民主主義論においても,市民は責任感や有効な意志を欠いた存在,換言すれば,政治参加・投票参加を行う義務感を欠いた存在として位置づけられるが故に,市民

---

1 Dahlの多元的民主主義論における参加的な側面の重視は,Walker(1966)による*American Political Science Review*誌に掲載された多元的民主主義論の批判論文に始まるWalkerとの論争(Dahl, 1966)以降であるとされる(山川,1986;三船,2008)。

2 Dahlは政治参加が低下する可能性として,次の6つの理由を挙げている。1)政治参加の報償が他の活動への参加によって期待できる報償と比べて,価値が小さいと思う人が政治に参加する可能性は低い。2)提示された政治的な選択肢の間に意味のある違いはなく,したがって政治に参加しても結果に変わりはないと思う人が,政治に参加する可能性は低い。3)結果を大きく変えることはできないから政治参加には意味がないと考える人が政治に参加する可能性は低い。4)政治に参加しなくても,どちらかといえば結果に満足できると信じる人が,政治に参加する可能性は低い。5)政治に影響を与えるには知識が限られていると感じる人が,政治に参加する可能性は低い。6)最後に,参加への障壁が高い人ほど,政治に参加する可能性は低い(Dahl, 1991 = 1999, 134-138)。

は選挙での投票においてのみ限定的に政治に参加する役割が求められたといえる。

一方で，市民の責任感や有効な意志の欠如，および参加に対する義務感の欠如は，政治への参加そのものによって克服されるとしたアプローチが参加民主主義論である。参加民主主義論は政治への参加自体に価値を見出すものであり，究極的には市民の直接参加，すべての市民の参加が求められた。そして，エリート民主主義とは対照的に，市民による政治参加の手段は，選挙における投票のみならず様々な形態の直接参加へと拡大されたといえる。例えば，Macpherson（1977）は，「低い水準の市民参加をともなう競争するエリートのシステム」（Macpherson, 1977 = 1978, 150頁）として，また，不平等社会において必要とされるシステムであるとしてエリート民主主義論を疑問視し，参加民主主義論を展開する[3]。ただし，様々な形態の直接参加が求められるとはいえ，完全な直接民主主義は実現可能ではない。その点では，「国家的レヴェルにおいては，完全な直接民主主義ではなく，ある程度の代議制度が存在しなければならないであろうことは，明らかなことのように思われる」（Macpherson, 1977 = 1978, 156頁）として，参加民主主義論においても間接民主制を採ることが現実的であると考えられている。その上で，Macphersonは参加民主主義における前提条件の１つとして，「人民の意識（ないし無意識）が，自らを本質的に消費者とみなし行動することから，自らを自分自身の潜在能力の行使と開発の行使者・享受者とみなし行動することへと変化すること」（Macpherson, 1977 = 1978, 163頁）を挙げ，これが共同社会意識をもたらすとし，地域社会や工場・職場レベルにおいて，その実現可能性があることを指摘している[4]。また，Walker（1966）も，エリート民主主義論が問題を安定と効率に置き換えたことを批判し，古典的民主主義論の中心はコミュニティの問題に広く参加す

3　Macphersonは，Schumpeterのエリート民主主義論や，Dahlの多元的民主主義論を「均衡的民主主義」として同一モデルと見做し，批判を行った。

4　Macphersonはこの他に，社会的・経済的な不平等を減じることを第２の前提条件として挙げている。

るのを正当化することであったとし，その狙いは，十分に有能で責任を持った市民を生み出すことにあったと指摘する。そして，政治的アパシーの存在を認めた上で，重要なのは何故アパシーが存在するのかであるとしている。

　エリート民主主義論は，責任感の低下した市民や有効な意志の欠如した市民に対して，政治参加を限定し，政治的場面から市民を隔離した。他方，参加民主主義論は，責任感の低下した市民や有効な意志の欠如した市民そのものに焦点を当て，参加によって市民に責任感や意志を持たせ，市民を政治的場面へ呼び戻そうと試み，それが機能する場として，地域社会や職場といったコミュニティを想定した。その際，参加民主主義論者が重視したのは，「参加」そのものが持つ教育効果である。例えば，Pateman（1970）は，「参加の主要な機能は教育的なものである」（Pateman, 1970 = 1977, 77頁）と主張し，Barber（2004）は参加の拡大が市民間の議論をもたらし，それによって市民が教育されるとしてその効果を主張し，その結果，市民が主体的に参加する「強い民主主義」を展開している。

　以上のように，政治参加をめぐるエリート民主主義論と参加民主主義論との対立は，市民の政治参加によってもたらされる結果に対して安定や秩序を重視するのか，参加自体に価値を置き，それによってもたらされる結果を重視するのかの対立であった。この両者の対立にミクロレベルから焦点を当て，政治参加・投票参加と義務感との関連を見るとき，参加の位置づけと義務感については次のような考慮すべき点が存在する。

　第1に，市民の認識レベルでの投票参加の位置づけである。エリート民主主義論においては政治参加が限定される一方で，参加民主主義論においては投票参加に限らず様々な形態の参加が求められているが，市民そのものに焦点を当て，ミクロレベルで捉えた場合，多様な政治参加の形態が一様に認識され，それぞれの形態が参加の手段として一様に行使されているとは限らない。参加が参加をもたらすという参加の教育効果を考えれば，その経験数が多い参加者に対して，より参加の手段としての認識は強まり，また，行使する手段としての実質的な

意味も持つようになる。したがって，現代社会における代表的な政治参加手段である投票が，その他の政治参加形態と同程度に認識されているとは考えにくく，実質的な側面としてその位置づけはより大きなものである。つまり，投票に参加すること自体が意味すること，ひいては，投票に参加することが義務感にどのような影響を与えるのかを検討する必要がある。

　第2に，市民の認識において政治参加・投票参加に対する義務感とは如何なるものであるのかという問題である。市民の責任感や有効な意志とは，主体的な参加を基礎づける責任感と意志であると捉えることが可能であり，更にいえば，市民それぞれが如何に政治にかかわるのかについての意識，すなわち，広義には政治的義務感である。しかし，主に投票参加に焦点を当てる本書の視点から，対象を投票参加における義務感――投票義務感――に絞ってみれば，そもそも，投票に対する義務感とは如何なるものであるのか，投票義務感の質については，これまで必ずしも明確にされてこなかった。したがって，投票義務感が一面的なものであるのか，また多面的なものであるのか，その質に着目した上で投票参加に与える効果を明らかにする必要がある。

　最後に，政治参加の教育効果とその源泉とは如何なるものであるのか。つまり，教育効果が起こるそのプロセスと，参加を生むメカニズムの検討も求められる。参加民主主義論において，教育効果は地域社会や職場といったコミュニティへの直接参加によってもたらされるとされ，教育効果をもたらす源泉は，市民を取り巻く社会や人間関係等の「外的要因」によるものであることが示されている。そこでは，何故，教育効果によって参加が生じるのかについて，共同社会意識や公共心が想定されている点で，互酬性の規範や信頼・協力の規範を議論した社会関係資本論に通じる部分も大きく存在する。したがって，社会関係資本と参加との関連を検討することが，教育効果によって参加がもたらされるメカニズムを解く鍵となろう。

　ただし一方で，教育効果が新たな参加を生むのかという参加のメカニズムの解明に対しては，市民を取り巻く「外的要因」だけではなく，市民をより内側から見る心的要因，「内的要因」そのものの考慮も求

められる。なぜなら,「外的要因」が提供するのは教育効果の「場」であるが,「場」への参加が,更なる市民の行動——政治参加・投票参加——を生むと考えるとき,そこには「外的要因」と個人の行動とを媒介するものがあるからである。更に,参加が新たな参加を生むという時間的な広がりの中で考えるとき,それは,市民個人の行動自体が次の行動を規定し得ることが想定されている点で,よりミクロレベルの視点に立ち,且つ,個人を時系列的に捉え,先の行動と後の行動とを媒介する個人の「内的要因」は何であるのかも同時に捉えなければならない。

1－4　政治参加における投票参加

　政治参加における投票参加を考えるとき,そもそも政治参加とは何であるのかについての位置づけにおいて投票参加に焦点を当てる必要があるが,政治参加の定義としては,Verbaら（Verba & Nie, 1972; Verba, Nie & Kim, 1978）のそれや,Huntingtonら（Huntington & Nelson, 1976）の定義が広く知られている。

　Verbaらの定義は次の5つの点に要約することができる。すなわち,(1) 民間の一般市民の活動であり,政治への関与が,職業的な役割に基づくものではない市民に限定される。(2) 政府に影響を及ぼすべく意図された諸行為に限られる。影響力行使は政府構成員の選定それ自体に対するものと,政府構成員による選択行為に対するものがある。また,「儀式的」,「翼賛的」な参加は排除される。(3) 参加に対する態度——政治的有効性感覚,市民の規範意識等——を包含しない。(4) 参加を主として政府との関係として見る。(5)「体制内」の諸活動に限定される。政治に対する影響力行使は,合法的な,「正規」の行使である。

　一方,Huntingtonらの定義も次の5つの点に要約することができる。すなわち,(1) 政治参加は実際の活動であって,政治的知識,政治的関心,政治的有効性感覚などの心理的要因は含まれない。(2) 一般市民の政治活動であり,官僚や政治家,ロビイストが職業として行う諸活動は含まれない。(3) 政府に影響を及ぼすべく意図された活動に限られ,儀式的な政治参加や,活動の対象が政府ではないものは含まれない。

(4) 政府の意思決定に影響を与えようとする行動であれば，その活動が実際に効果を及ぼしたかどうかに関係なく政治参加に含まれる。(5) 自分自身の意思で行動する自主参加だけでなく，他者によって動員された動員参加も政治参加に含まれる[5]。

　両者の政治参加の定義は，異なる部分もあるが重複する部分も多く，心理的要因を除外した上で，政府に対する活動とし，「参加」の行動そのものに焦点を当てている点で一致している。本書においても両者の定義を援用し，政治参加には心理的要因は含めず，切り分けて捉えている。理由は次のとおりである。第1に，本書は市民の政治参加，中でも投票参加のメカニズムを投票義務感という視点から解き明かすことを目的としている。そこでは，政治参加・投票参加を従属変数とし，投票義務感という心理的要因が主要な独立変数として設定される点で，投票参加という行動と，投票義務感という心理的要因とを区別しているからである。第2に，投票義務感の形成要因を探る点から見れば，投票義務感は従属変数として設定され，過去の参加経験やその記憶等を独立変数として考慮する。つまり，本書において投票参加（行動）と投票義務感（心理的要因）とは，それぞれが，独立変数と従属変数とを構成するため，行動と心理的要因は切り分けられなければならないからである。

　第3に，両者の政治参加の定義を援用するにあたって，考慮すべき点として，自発性の扱いがある。Verbaらは，「参加とは，大衆から発して上方へと向かう影響の過程であり，いわば官製の『国益』への同調ではなく，国益あるいはその他の利益それ自体が創出される過程である」（Verba et al., 1978 = 1981, 57頁）として，単なる支持へ動員する過程に対して否定的であり，自発性を損なうが故に政治参加に動員によるものを含めていないが，Huntingtonらは，動員を自発性を伴うことがあるが故に動員によるものも政治参加に含めている。両者の違いは動員を含めるか否かであるが，これは自発性を如何に位置づけるかに関する重要性の認識の違いであるといえる。本書においても，自発性を伴う政治参

5　両者の政治参加定義の訳語については，蒲島（1988, 3-4頁）を一部参照した。

加が重視される。ただし，先述のとおり，心理的要因は政治参加そのものには含まないため，政治参加を測るにあたっては「参加」という行動そのものに焦点が当てられ，自発性そのものについては政治参加という「行動」には含めない。また，投票義務感に焦点を当てる本書では，動員によって投票義務感が高められ，結果として政治参加・投票参加に至ることも想定される。つまり，動員のような「外的要因」が，投票義務感を如何に形成するのかについて焦点が当てられるため，自発性を伴うか否かにかかわらず，政治参加・投票参加が導かれるのであれば，観察される行動として政治参加の中に位置づけられることになる。

　以上，政治参加の一般的な定義，および本書における政治参加の扱いについて概観したが，次に，政治参加全体の中で投票参加は如何に位置づけられるのかについて，および，政治参加の中でも投票参加に焦点を当てることについて，その意義と妥当性について確認したい。そもそも，市民の政治参加には様々な形態が存在するが，投票参加は，投票率の低下に示されるように参加の水準が低下しているのは先述のとおりである。しかしながら，選挙における投票は，有権者の半数以上がかかわる参加の手段となっているといえる点では，現実の政治過程において実質的な重要性を持っている。政治参加の形態を大別すれば，(1)「投票」，(2)「選挙活動」，(3)「地域活動」，(4)「個別的な接触」といった「参加モード」が知られている（Verba & Nie, 1972; Verba et al., 1978；蒲島，1988）。これらのモードは，データや分析手法によって必ずしも同一のモードが得られるとは限らない。例えば，三船(2008)は日本における1976年から2005年にわたるデータセットの探索的因子分析および検証的因子分析の結果から，上記4つのモードが得られることを確認している[6]。ただし，検証的因子分析に際し，各参加モードの背後に外的潜在変数として「政治参加」を仮定したモデルでは，「投票参加」は安定して抽出されるが，その一方で，外的潜在変数の「政治参加」と「投票参加」モードとの関連が小さく，「＜投票参加＞は全体的な＜政治参加＞

---

[6] 三船は，1976年(JABISS)，1983年(JES)，1993年(JES Ⅱ)，2002年(愛知県調査データ)，2003年・2005年(JES Ⅲ)の分析を行っている。

の構成要素としては小さく，衆議院選挙，参議院選挙，地方選挙といった独自の要素が高い」(三船，2008，166頁)ともしている。つまり，有権者の認識において政治参加の各形態が，必ずしも同列の形態として位置づけられるわけではない。投票参加は，有権者にとって代表的な参加形態であることが示唆されるとともに，有権者の政治参加行動において，投票参加とその他の参加行動とを分ける要因が存在していると考えることができよう[7]。

では，各参加の手段や参加のモードのうち，如何にして投票参加が他のそれと峻別されるのであろうか。蒲島(1988)は，各参加モードを従属変数とする重回帰分析により，投票参加に大きな影響を与える心理的な要因として，参加のコスト感覚と政治的義務感を挙げている。他の心理的な要因は複数の参加モードに影響を与えているのに対し，参加のコスト感覚と政治的義務感が投票に対してのみ影響を与えているのは，参加のコスト感覚や政治的義務感を測る質問項目に，天気が悪くても「投票」に行くかどうかというような，直接，「投票」を想起させる言葉が含まれていることに由来していることも大きいであろう[8]。しかし，「投票」に特化した政治的義務感，すなわち，「投票義務感」が他の参加モードに影響を与えていないことは，投票義務感が広義の政治的義務感とは異なる独自の性質を持つことを示唆している。

1-5 投票義務感と投票参加の諸理論

投票義務感を考える上で，Downs (1957)とRikerら(Riker & Ordeshook, 1968)の議論の違いは，公共財的な性格を持つDownsの「長期的効用」と私的財的な性格を持つRikerらの「市民の義務」であった。つまり，Downsの「長期的効用」の議論に従えば，すべての人が合理的な計算に

---

[7] 一方で，政治参加において投票に焦点を当てるのではなく，投票外参加そのものに焦点を当てる研究も存在する。例えば，西澤(2004)，山田(2004)などがある。
[8] 他の要因のうちすべての参加モードに影響を与えているものとしては，政治的関心と政党支持強度が挙げられている。

よって投票に参加するか否かを決定するなら，フリー・ライダーとなって棄権することが最も合理的となり，すべての市民が棄権することを招き，結果として民主主義のシステムそのものが崩壊してしまう。それを避けるための要因として民主主義維持のための「長期的効用」が加えられ，合理的計算の結果，市民は投票に参加するとされたが，これもまた公共財的性格を持つ点でフリー・ライダーの発生を抑制できない。

　他方，Rikerらの「市民の義務」は，「消費的価値」（Kirchgässner & Schimmelpfennig, 1992）の側面を持ち，実際に投票に参加しなければ得られない利益となるが，Rikerらによれば「市民の義務」は，次のことに対する満足感と定義されている。すなわち，(1) 投票の倫理に適うこと，(2) 政治システムへの忠誠を確認すること，(3) 党派的選好を確認すること，(4) 決定したり，投票に行くこと，(5) 政治システムにおいて個人の有効性を確認することである。以上の点から見れば，Downsの「長期的効用」もRikerらの「市民の義務」も，合理的選択理論におけるモデルと現実との乖離である投票参加のパラドックスの克服を試みたものであるが，Rikerらの「市民の義務」は，内面化されたより規範的な側面を備えていると同時に，自発的な動機によってもたらされる要因であると考えられる。

　ところで，こうした投票義務感は，投票参加を説明する諸理論の中では，如何に扱われてきたのであろうか。Verbaら（Verba, Schlozman & Brady, 1995）は，「人は何故投票に参加しないのか」について次のように述べている。すなわち，「投票できないから（because they can't）」「投票したくないから（because they don't want to）」「誰も頼まなかったから（because nobody asked）」である。また，Blais（2007）は「それが重要ではないから（because it does not matter）」を加えている。これらは，投票参加を説明する次の4つのモデルに相当すると考えられる。すなわち，世帯収入や個人が持つ自由な時間，シヴィック・スキルに注目した「資源動員仮説」，政治的関心や政治的有効性感覚，政治的義務感，政治的信頼を中心とした説明による「投票動機仮説」，候補者の集票組織に着目した「社会動員仮説」，そして，参加から得る効用とコストを比較

した「合理的投票仮説」である（Blais, 2007; 三宅, 1989）[9]。これらの諸仮説は，主にミクロレベルにおける個人の意思決定の視点から説明したモデルであるが，各モデルにおいて投票参加が如何にもたらされるのかを考えるとき，投票義務感は各モデルにそれぞれ広くかかわり，モデルを横断するような変数であると思われる。そこで，投票参加を説明するこれらミクロレベルの各モデルを概観することで，投票義務感が如何にかかわっているのかを確認したい[10]。

　第1に，「資源動員仮説」は，教育や収入，人種，職業，家族構成等の社会経済的地位尺度（socio-economic status scale: SES）に比べ，より政治参加を説明し得る尺度として位置づけられる。そこでは，自由に使える時間や世帯収入，市民としての熟練度であるシヴィック・スキルによる説明が試みられ，シヴィック・スキルの高さが政治参加を促進するとされている（Verba et al., 1995; Brady, Verba & Schlozman, 1995）。このうち，シヴィック・スキルは，教育程度や，仕事，組織，教会における

---

[9] 資源動員仮説は，社会動員仮説とは区別される。両者の「動員」は資源を動員する市民と，動員される市民という点で異なる。混乱を避ける意味では，「資源動員（resource mobilization）仮説」に対して「資源モデル」のように「社会動員仮説」と区別可能な異なる訳語を充てることも考えられるが，ここでは一般的な訳語である「資源動員仮説」を用いた。

[10] 投票参加に対しては社会経済的要因や制度要因，政党システム等のマクロレベルからの説明もできる。もちろん，これらの要因からの説明も，個人の意思決定や態度を媒介して投票参加を規定すると考えられる。例えば，高田（2008）は経済成長が非自己中心主義的志向を経由して，投票参加の程度で測定される投票態度に効果を持つとしている。ただし，本書ではそれを媒介する変数である個人の意思決定に焦点を当てているため，ここでは，これらマクロレベルモデルの詳細な議論は行わない。これらの議論に対する詳細は，Blais（2007）を参照されたい。また，投票方向に関する社会経済的要因については平野（1997）に詳しい。他方，マクロレベルの議論においてもミクロレベルの視点を取り入れた議論を前提としたものもある。例えば飯田（2009）は，投票率の推移を投票参加意識として潜在変数化して扱い，その変化について，国内総生産，失業率，物価，内閣支持率などの点から説明を行っている。

後期政治的社会化で構成される潜在変数として位置づけられているが，この教育程度や政治的社会化の概念は，他の心理的要因とも関連する変数である。例えば，中條（2003）は教育程度が投票義務感や政治的関心を経由して投票参加を導く間接効果を示しているし，政治的社会化は，後述するように規範意識や投票義務感を形成するプロセスとも関連が深いと考えられることからも，投票義務感はシヴィック・スキルの議論と潜在的に理論的背景を共有し得る変数である。加えて，「資源動員仮説」における投票参加の説明では，資源のみならず政治的関心の重要性も指摘されている。したがって，「資源動員仮説」における参加の説明は，政治心理学的な意識変数が如何にかかわるのかについて更に検討されなければならない。特に，資源のうち時間や世帯収入が参加を説明するが，投票義務感に代表される政治意識や政治的態度といった政治心理学的な媒介変数が介在する可能性は十分に存在する。

第2に，「投票動機仮説」は個人の政治意識，つまり心理的な要因に注目したアプローチであるが，中でも，投票参加に関連する心理的な要因としては政治関与が知られている。蒲島（1988）は因子分析の結果から，「政治関与」として政治的関心，政治的義務感，政治的有力感（政治的有効性感覚），政治的信頼，政治参加のコスト感覚の各因子を挙げているが，このうち，政治的義務感は投票をめぐる「投票義務感」と同義である。これらの各因子は，因子間の相関を許容する斜交回転による因子分析が用いられた上で抽出された結果である点で，潜在的に他の因子との関連が想定される。例えば，三宅ら（三宅他，1967）は認知構造において投票義務感と政治的有効性感覚との関連の強さを報告している[11]。また，政治的有効性感覚は，投票参加に対して投票義務感と並んで大きな効果を持つ要因とされてきた（Almond & Verba 1963; Campbell et al., 1960; Campbell et al., 1954）。他方，日本における実証分析にお

11　三宅らは，投票行動を規定する政治的態度を認知構造と感情構造とに分け，投票参加を規定する認知構造において，「投票行動を直接規定する要因レベル」として，投票義務感と政治的有効性感覚，政党イメージとが同一レベルにあるとするモデルを提示する。そして，同一レベル内では，投票義務感と政治的有効性感覚との関連が最も強いことを確認している。

いては，安定的な効果とはいえないが，その効果を認める報告(蒲島，1998；小林，2008)や，その効果を認めない報告(蒲島，1988；三宅，1990；三宅・西澤1997)など様々である[12]。これは分析に投入する変数の組合せ，特に投票義務感をモデルに組み込むか否かによってその効果が左右されていると考えられる。つまり，投票義務感との関連が深い政治的有効性感覚は，投票義務感を分析モデルに組み込み，統制することで，投票参加に効果を持たない結果となったと思われる。事実，後者の効果を認めない報告ではモデルに投票義務感が含められている。これは，政治的有効性感覚が投票義務感を高めるという因果関係を示唆するが，関連の深い両者に因果関係を想定するとき，当然のことながら逆の因果関係も存在する[13]。

そもそも政治的有効性感覚は「個人の政治的行為が政治過程に影響を及ぼしたり，及ぼし得る感覚，すなわち，個人が市民の義務を果たす価値があるという感覚」(Campbell et al., 1954, 187頁)とされ，Rikerらの「市民の義務」においても，「政治システムにおいて個人の有効性を確認することから得られる満足感」(Riker & Ordeshook, 1968, 28頁)とされている点で投票義務感と関連が深い[14]。

12　他方において，政治的有効性感覚は，投票参加に対する効果そのものへのアプローチから，政治不信や政治的疎外意識研究への広がりを通して投票参加や棄権が説明されてきた(山田，2002；山本，2006)。

13　これらの分析はそのほとんどがクロスセクショナル・データを用いた一時点の分析である点でも，政治的有効性感覚や後述する政治的関心が投票義務感を規定するという逆の因果も想定できる。

14　政治的有効性感覚については，内的有効性感覚と外的有効性感覚との区別(Balch, 1974; Abramson, 1983)が知られるが，Kinder (1998)は，外的有効性感覚を「参加の原因であるよりは，政治的活動の効果である」(傍点は原文)とし，内的有効性感覚を「それ自体が独立に――多少は――参加に寄与している」(Kinder, 1998 = 2004, 180頁)としている。また，実証的な分析では，Finkel (1985, 1987)が，パネル調査データを用いて，政治的活動と政治的有効性感覚の相互因果的な分析を行った。その中で，投票参加が外的有効性感覚を促進するとしている。したがって，本書では，内的有効性感覚が投票義務感を促進する効果に着目する。

しかしながら，両者は同義ではない。金（2014）は政治的有効性感覚の測定指標に関する先行研究の整理の中で，政治的有効性感覚の測定指標として投票義務感に相当する質問項目が度々用いられてきたことを指摘し，更に，実証分析の中で，投票義務感に相当する質問項目が他の政治的有効性感覚の測定指標と時系列的変化の類似性が見られないこと，また，確証的因子分析の結果，投票義務感に相当する質問項目を政治的有効性感覚の構成変数とする妥当性が低いことを指摘している。また，三船（2008）は政治参加の深化[15]と政治的有効性感覚の分析の中で，政治的有効性感覚が低くとも市民が投票に参加する可能性は高いが，個別的接触や住民運動等の上位カテゴリへの参加に対しては政治的有効性感覚が求められることを指摘する。つまり，政治的有効性感覚は投票参加そのものに影響を与えるとは考えにくく，投票参加，投票義務感，政治的有効性感覚の三者の関連では，政治的有効性感覚の高さが投票義務感を高め，その結果，投票参加をもたらすという因果関係が想定され，投票義務感を形成する一要因として政治的有効性感覚が位置づけられる[16]。

「社会動員仮説」は個人を取り巻く「外的要因」の側面から説明したものであり，社会的ネットワーク，つまり，個人を取り巻く人間関係や

---

15 三船は，政治参加のモードが「＜投票参加＞－＜選挙活動＞－＜個別的接触＞－＜市民・住民運動＞」，および，「＜投票参加＞－＜個別的接触＞－＜選挙活動＞－＜市民・住民運動＞」という二次元の累積階層構造の形態をとる参加の深化過程を示している。

16 同様に，政治的関心も投票義務感と関連が深い。三宅ら（三宅他，1967）は政治的関心についても，投票義務感が政治的関心を規定するとし，両者の関連を報告している。また，Blais（2000）は，投票義務感の形成要因として政治的関心が強く関連していることを指摘している。更に，Kam（2007）は，市民の義務の高さが，より柔軟な候補者の政策位置や候補者の情報検索をもたらすとしており，投票義務感が政治的有効性感覚や政治関心以外の他の要因に影響を与えることを指摘している。このように，投票義務感は他の多くの心理的要因と関連が深い。その意味で，投票義務感とはどのように形成されるのかについて，投票義務感を従属変数とする本書の焦点は意義深いものであると考える。

ネットワーク，集団への所属や加入，そこで行われる電話や人を介した投票依頼等の動員によって参加を説明することを特徴としている。これら動員の効果は，アグリゲート・データのマクロレベルによる実証（石川，1984；Cox, Rosenbluth & Thies, 1998；浅野，1998），サーベイ・データによるミクロレベルの実証（Rosenstone & Hansen, 1993；綿貫，1986）の両側面からアプローチが試みられてきた[17]。また，Matosら（Matos & Barros, 2004）のように，社会集団の効果についての演繹モデルも提示されている。

組織や集団への加入や，そこで繰り広げられる動員が，なぜ投票参加を促進するのかという，動員がミクロレベルで機能するメカニズムについて，三船（2007）はMatosらの演繹モデルを援用し，組織加入が投票義務感を高め，それがコスト感覚を下げることで投票参加を促進する効果を計量分析モデルにより示した。また，Rosenstoneら（Rosenstone & Hansen, 1993）は，集団のリーダーによる直接的な動員と家族や友人，近隣の人間や同僚などを介した間接的な動員とを区別し，間接的な動員では，集団やネットワークにおける集団の規範が利用されると説明する。以上からすれば，人間関係やネットワーク，集団への所属や加入という，個人を取り巻く「外的要因」と投票参加という個人の意思決定との間には，市民の持つ心理的な要因，中でも，投票義務感が媒介していると考えることができよう。

第3に，「合理的選択仮説」は数理的アプローチに基づいた合理的選択モデルによる説明である。投票参加は自己の効用最大化が前提とされ，投票に参加することによって得られる効用が参加のコストを上回るとき，個人は投票に参加するとされる。しかし $R = P \times B - C + D$（Riker & Ordeshook, 1968）で示されるように，投票には様々なコストがかかり，そのコスト感覚は投票参加を抑制する。こうしたコストとしては，距離や時間など投票所まで足を運ぶ労力や，政党や候補者に関す

---

[17] 動員の効果は，投票参加だけではなく投票外参加に対してもその効果が認められている（西澤，2004）。

る情報収集や意思決定のためのコストもあろう[18]。これら投票にまつわるコスト感覚と投票参加の負の関連、つまりコスト感覚が投票参加を抑制する効果については、ほぼ見解の一致が見られている（蒲島、1988、1998；小林、1997、2008；西澤、1991）。

　しかし、このコスト感覚は一様に投票参加を抑制しているわけではない。コスト感覚には天候の良し悪し、特に投票日の雨の影響も投票率を下げる要因として挙げられるが（田中、1980；山田、1992；浅野、1998）、それは単に雨の効果だけではなく、雨と低い投票義務感との交互作用が投票参加にネガティブな効果を持つとされている（Knack, 1994）。また、Blais（2000）は、投票義務感を高・低群にグループ分けした分析により、Rikerらのモデルにおける各要因が効果を持つのは投票義務感の低い群であることを示している。つまり、投票義務感の低い群において、コスト感覚は投票参加に負の関連を持ち、他方、投票義務感の高い有権者はコストのかかるどのような状況にあっても投票に向かう。したがって、投票義務感とは、まず投票参加を決めた上で選択肢を考慮する2段階の意思決定プロセス（平野、1999）をもたらす基礎的な要因として、合理的な計算によれば、コスト感覚の大きさ故に効用が負となる投票においても、それを克服し、参加をもたらす要因として位置づけることができる。

　ところで、Rikerらのモデルに対して、個人の内的な私的財的側面から視点を移し、個人を取り巻く人間関係やネットワーク、集団といった外的な要因との関連の中で捉えたのがUhlaner（1986, 1989a, 1989b, 1993）である。中でも、「市民の義務」、すなわち、D項については、集団のリーダーによる選択的誘因の操作として捉えられ、それが、集団特有の参加への義務感を遂行する感覚を強め、投票の規範的効用を増加させるとする（Uhlaner, 1993）[19]。そして、この集団における投票の規

18　その他、Niemi（1976）は投票しないことのコストを挙げる。つまり、「投票したかどうかを尋ねられたとき、『投票していない』という心理的なコスト」（Niemi, 1976, 117頁）である。これはRikerらの「市民の義務」に背くコストとして扱われている。

19　Uhlanerの集団やグループ、他との人間関係の観点を取り入れるアプロー

範的効用に関連するものとして,「社会的承認」や「他者によって認められたり受け入れられたいという願望」等が挙げられている(Uhlaner, 1989a)[20]。こうした点からは,投票義務感は個人の意思決定を表わす合理的選択モデルにおいても「外的要因」との関連の中で捉えられるべきと示唆される。

　一方において,投票参加に対する説明だけではなく,投票方向をも含めたモデル・分析の中でも投票義務感の効果が示されている。蒲島(1998)は,どの政党に投票するのか,棄権を選択するかにおいて,投票義務感の低さが「選択としての棄権」と関連することを示し,逆説的に投票参加に対する投票義務感の効果を提示した。また,この「選択としての棄権」について,平野(1999)は,その意思決定のプロセスに着目し,「まず投票に行くと決めた上で,候補者(政党)を見比べ,良いと思われる候補者(政党)に投票した」という2段階の意思決定プロセスや,合理的選択モデルに近い意思決定プロセスを想定した計5つのプロセスを設定し,これらの違いを生み出す要因として,投票義務感が他の変数に比べて最も強く関連していると指摘している[21]。そして,投票義務感が,投票参加を決めた上で選択肢を考慮する2段階の意思決定プロセスに大きく関連するとしている。

　以上,投票参加を説明する4つのモデル,すなわち,「資源動員仮説」,

　チは投票義務感,すなわち,RikerらのD項目に対してだけではなく,P, B, Cに対しても行われる。また,Schwartz(1987)は,集団やグループといった下位単位でのPの認知が効果を持つと論じている。その意味ではP項もD項と同等以上に集団的・ゲーム論的意味を持つ変数であると考えられる。なお,投票義務感以外の他の要因に着目したパラドックスの解決方法については,河野(1997)や平野(2001)に詳しい。

20　Uhlanerは他に,「連帯」や「個人の歴史や友好とその利点を経験したいという願望」等を挙げ,「関係財」(relational goods)の概念を提出し,それが互酬性を獲得するとしている。これは,後述の社会関係資本(Putnam, 1993, 2000)とも関連が深い。

21　「選択としての棄権」を投票義務感以外で説明する研究も報告されている。例えば,「疎外による棄権」を基に,投票方向および投票参加を統一的に説明したものとして,山本(2006)がある。

「投票動機仮説」、「社会動員仮説」、「合理的選択仮説」、更には投票方向を含めたモデルを概観する中で、投票義務感は如何にそれぞれのモデルとかかわっているのかについて確認を行った。いずれのモデルにおいても、投票義務感は投票参加を説明する主要な独立変数として、また、媒介変数として機能し得ることが確認された。また、いずれのモデルにおいても、そこで設定されている諸変数との関連が想定され得るものであることが確認された。これらの先行研究は、投票義務感が投票参加をもたらす要因となること、更に、投票参加を直接的に規定すると同時に、他の心理的な要因に影響を与えることで間接的に投票参加をもたらすことを示唆するものである。しかし、投票義務感を捉えるとき、次の2つの点について更なる検討が必要であると思われる。すなわち、投票義務感の性質と投票義務感の形成過程とに対する検討である。

まず、そもそも投票義務感は、一面的な性格であるのかについての検討が求められよう。Rikerら(Riker & Ordeshook, 1968)の「市民の義務」は、市民の中に内在する規範、すなわち、選挙・投票に対して自発的な参加を促す規範として捉えられている。しかし、仮にそれが外在する規範によって左右されるようなものである場合、その性質によっては、必ずしも「市民の義務」が前提とする、投票の自発的な参加を促すものであるとは限らなくなってしまうと考えられる。次に、先述のとおり、投票義務感は投票参加を説明する諸モデルにおいて、主要な独立変数としての機能を持っている。そして、これはモデルとしての位置づけに留まらず、実証研究においてもその効果が示されてきた。つまり、投票義務感は投票参加を説明する要因の中で、無視できない大きな位置を占めるといえるが、そうであるにもかかわらず、必ずしもその形成過程が明らかにされてきたとはいえない。したがって、投票義務感を従属変数とする議論の中でそれを規定する要因の議論が求められるといえよう。

ここで、投票義務感の性質とその形成過程を検討する上での重要な視点としては、社会関係に基づく視点と、そこにおける個人と社会や集団との相互作用に関する視点が挙げられる。なぜなら、投票参加の意思決定をミクロレベルのモデルでのみ捉えるアプローチでは、投票義務感が

何処で獲得されるのか，すなわち，その源泉については必ずしも明確にはならないからである。

ミクロレベルのモデルは，定義された各要因を変数とする個人内の関数で表され，個人を取り巻く周囲の環境は，各要因の値を間接的に決めるに過ぎない。しかし，ミクロレベルのモデルであるとはいえ，投票参加の諸モデルの多くは，社会関係を前提としたモデルとなっている。投票参加を説明する各モデルは，個人の属性や資源，また，個人の自己利益という観点から見たミクロレベルのモデルだけではなく，社会や人間関係の中での個人を想定したモデルへと広がりを持っていることを考えれば，投票義務感は個人としてのレベルにおいてだけではなく，その社会や人間関係のレベルにおいても捉えられなければならない。先述のように，合理的選択理論における「市民の義務」は，ミクロレベルから個人を取り巻く人間関係やネットワーク，集団へとその概念が拡張されてきた。これは，投票義務感を個人レベルの内的な要因だけでなく，個人を取り巻く人間関係やネットワーク，集団といった外的な要因との相互作用で捉えることである。つまり，投票義務感を形成する源泉を考えるとき，個人を取り巻く「外的要因」との相互作用として捉え直すことで，その形成過程を明らかにできよう。

これは，投票義務感の性質に対する議論にも繋がる。個人を取り巻く「外的要因」との相互作用で投票義務感を捉えるならば，社会や集団がどのように形成されているかによって，投票義務感も異なったものになると考えられる。つまり，個人を取り巻く人間関係やネットワークや集団がどのような特徴を備え，どのような規範を持つのかによって，異なる性質の投票義務感が形成されると考えられる。こうした，社会関係との相互作用の中で規範を捉える見方は，Putnam（1993, 2000）が提出した社会関係資本，すなわち，集団における人間関係とそこで形成される規範の議論ともその背景を共有している。以下，社会関係の視点，特に社会関係資本論の視点から投票義務感の性質とその形成過程について議論を行いたい。

1－6　社会関係から見た投票義務感の二面性

　社会関係と個人の規範との関連，すなわち，マクロ的な側面とミクロ的な側面との関連で，市民の政治意識や政治行動を捉える視点において，Almondら（Almond & Verba, 1963）は，両側面を連結し得る環として政治文化に焦点を当てた。そこでは，政治文化の類型として，「参加型」，「臣民型」，「未分化型」が提示されたが，そのうち，「参加型」と「臣民型」との違いは，政治システムに対して能動的にかかわるか，受動的にかかわるかの違い，つまり自発的な参加を伴うか否かの違いであると考えることができる。「参加型」は，政治システムのインプットとアウトプットに対して明白に指向する傾向とされ，「臣民型」は，政治システムのアウトプットへの指向の頻度は高いが，インプット過程や積極的参加者としての自己に向かう指向はゼロに近いとされる[22]。この政治文化の議論は，政治システムと市民のかかわりにおける多面性を提示し，参加の類型が示されたといえるが，こうした観点から見れば，より個人に内面化された参加の規範，つまり，投票義務感についても同様に一面的なものではなく，多面的なもの，多面性を持つものであることが考えられよう。

　多面的な投票義務感の可能性を指摘するものとして，投票義務感に関連する実証分析においては，Downsの公共財的性格の側面としての「長期的効用」やRikerらの「市民の義務」についての質を問う研究が報告されている。例えば，小林（1997）はJESⅡ調査データの分析の中で，「D」は若干影響を持つものの「アメリカのような投票に参加することが民主主義の価値を維持するというような長期的利益についての認識が日本ではあまりみられない」（小林, 1997, 153頁）とし，また，三宅・西澤（1997）は，「義務」とは「公民の教科書で定義するような義

22　Almondらによれば，「未分化型」政治文化においては，インプット，アウトプット，および，積極的参加者としての自己への指向はいずれもゼロに近づくとされている。

務ではなく，社会的な『圧力』に対して応える意味においての『義務』を指しているのではないか」（三宅・西澤，1997，198頁）と指摘している。そして，有権者が投票を義務と考える例としては，地域の有力者に対する忠誠の証しとして投票があるような農村や，会社ぐるみで特定の候補者を応援する場合が挙げられている。また，綿貫（1976）は，投票義務感の性質への直接の言及ではないが，日本人の政治参加の仮説整理において，農村部における政治参加の高さを，「参加それ自体の意義を強要する社会的圧力や社会規範の結果といえる」（綿貫，1976，214頁，傍点は原文）としている[23]。以上の指摘は，所属する社会や集団における規範や社会的圧力に従うことを意味しており，社会的圧力の有無といった，状況に応じて行動が選択される規範であると考えられよう。

　これら投票義務感の性質を考慮した上で，投票義務感が投票参加を促進する効果については，サーベイ調査による実証的な分析においても確認されている。例えば，平野（1999）は「有権者としての義務を果たすこと」，「知人・友人などからの依頼や期待にこたえること」のそれぞれが，投票参加に影響を及ぼしていることを確認している。同様に，Knack（1992）も「支持する候補者や政党が勝利する見込みがなくても投票に行くことが重要かどうか」で測られる投票義務感と「仮に投票に行かなかったことを知られたとき失望したり怒ったりする友人や隣人，親類がいるかどうか」で測られるサンクションとが投票参加を最も強く予測する変数であることを示している。また，社会的圧力が参加をもたらすことについては，Gerberら（Gerber, Green & Larimer, 2008）が郵送フィールド実験調査において，家庭や隣人に投票参加を公表するとされた郵便を受け取った実験群で，他と比べて投票参加が高い割合であった結果から社会的圧力の効果を示している。

　こうした投票義務感の性質の違いは，次の言葉で置き換えることもで

23　綿貫は更に実証分析の中で，「農村居住（単に物理的環境のみならず，農村の社会構造やその規範への包摂をも意味する）」が直接的に政治参加に対して効果を持っていることを示した。

きる。すなわち,「協調」と「同調」とである[24]。選挙の結果を集合財と捉えた場合,「協調」は——仮に選挙結果がどのようなものになるとしても——投票においてフリー・ライドするのではなく,他の有権者と自発的に協調すること,更には,民主主義制度という集合財を維持していくことへの投票義務感であると考えられる。一方で,より実質的には,ある特定候補者の支持者集団においては,その候補者の当選が支持者集団の公共財となり,投票によって,その候補者を当選させるという目的に向かって協力することに対する投票義務感となろう。逆に「同調」は,「自分の所属する集団と一つの『まとまり意識』を維持していたいというコンサマトリーな目標」や,「社会的に逸脱者だというようなレッテルを貼られることを回避したい」(池田・村田, 1991, 212頁)という動機から,自分を取り巻くネットワークや集団からの社会的圧力に同調することで,他者からの期待に応えようとする投票義務感であると考えられる。より実質的には,ある特定候補者の支持者集団においては,その候補者を当選させるための動員に同調することへの投票義務感となろう[25]。

---

[24] 同調とは,Asch(1951)やDeutschら(Deutsch & Gerard, 1955)で知られるように,社会や集団の規範や,他者の期待に応えることである。そもそも社会規範は「社会や集団において個人が同調することを期待されている行動や判断の基準,基準枠」(小関, 1999)ともされる点で,「自発的に協力すべし」というような規範であっても,「周囲や周囲の働きかけに倣って行動すべし」というような規範であっても,どちらにおいても同調するという行為を含んでいる。ただし,本書では同調を,有権者自身の周囲にあるネットワークや集団からの社会的圧力に「同調」するという意味で捉えている。池田ら(池田・村田, 1991)は,不確実な状況下で社会的現実を確定しようとする「事実」「知識」の認知に由来する影響を認知的影響,逸脱者のレッテルを貼られるのを回避したいという,人々の行動を同調方向へ統制する影響を統制的影響と呼び区別しているが,本書における「同調」はこの区別では統制的影響の側面である。

[25] 社会規範が投票参加をもたらすメカニズムについては,シグナリングの議論からも説明できる。Posner(2000)は,社会や集団において自分が「良いタイプ」として認知されるためのシグナル,シンボル行動として投票参加

フリー・ライドという観点からは次のように考えることもできる。つまり，フリー・ライドできる状況であるか否かにかかわらず，投票には参加すべきであるというような義務感や，フリー・ライドできる状況であっても，フリー・ライドを選択せず自発的な協力を行い，投票に参加すべきと感じる義務感である。こうした側面は，協調的な側面として捉えることができるであろう。また，サンクションを受け，フリー・ライドできず，投票に参加せざるを得ない状況下においても自発的に協力するような場合もある。これもやはり，協調的側面として捉えることができるが，逆に，そのような状況に応えて投票に参加する場合には，同調的な側面と捉えることが可能であろう。

　以上のように，投票義務感を社会関係の視点から捉えるとき，必ずしも一面的なものではなく，「協調」・「同調」の２つの側面が考えられる。合理的選択仮説が想定するように，棄権を投票におけるフリー・ライドと捉えた場合，投票義務感が「協調」・「同調」のどちらの側面を備えているとしても，一方では「協調」，すなわち，自発的な協力によって，他方では「同調」，すなわち，社会的圧力への同調によって，投票におけるフリー・ライドは克服され，投票参加のパラドックスは解消される。これは結果として，政治システムに対する入力という目的を果たすであろう。しかし，それぞれの入力が如何なる意味を持つのかについては，全く異なったものとなるであろう。したがって，「協調」・「同調」がどのような社会・集団で形成されるのか，つまり，「協調」・「同調」

を位置づける。つまり，投票参加が社会や多くの人に承認されるための基準としての認識として存在する場合，棄権者は信頼できない人間，すなわち，「悪いタイプ」との烙印を押される。これを回避するため，また，自身も協力の相手を求めているが故に，「良いタイプ」の人間は投票に参加し，シグナルを送る。また，一方で，特定の状況下において他の人間が如何に振舞うか，つまり，特定の状況下における最も効果的な振る舞いを選択するようなゲーム論的，合理的選択論的な意思決定においても，シグナル，シンボル行動として投票参加が機能する。特定の候補者を応援する社会的圧力が課された場面では，投票に参加しないことは，応援しないことを意味し，その集団においては「悪いタイプ」として認識されることになる。

を分けるのはどのような社会であるのかを探ることが求められる。

そもそも規範とは「集団の成員に理解されたルールや基準」(Cialdini & Trost, 1998)であり、個人の外に存在する、つまり外在化されている基準と捉えられる[26]。したがって、投票義務感とは選挙・投票への参加をめぐる内面化された規範と捉えることができるが、内面化の過程においては、如何なる規範が外在化しているのかという規範の質に目を向けた議論が重要となる。つまり、「協調」・「同調」の区別から見れば、社会や集団から求められる要求に対し、仮にそれが自身の考えと異なるものであったとしても、それに応えることがよしとされている規範が存在し、それが投票義務感として内面化されるのであれば、同調的な投票義務感としてそれに応えるものとして働くと考えられる。他方、集団やネットワークにおいて、自発的に協力することがよしとされている規範が存在し、それが投票義務感として内面化されるのであれば、協調的な投票義務感として自発的な参加を促すものとして働くと考えられる[27]。

このように、外在する規範が内面化されるとき、そもそも社会や集団における規範がどちらの規範を備えているのかによって、そこで獲得される投票義務感は異なったものになると考えられる。投票義務感の獲得を、外在的な社会的規範と政治的社会化などを通じたその規範の内面化によって形成されると捉えるならば、そもそもの源泉である社会的な規

---

[26] 一方においては、外在化されている規範が内在化されたものとして捉えることもできる。規範が外在するのか内在するのかについて、すなわち、規範の所在については、その定義は一定ではなく外在化された基準と、内在化された信念という2つの主張が存在するとされる(北折、2000)。

[27] こうした規範の内面化の過程では、「外在的な規範に従おうとする内面的志向」や「『規範に従うべき』という外在的なメタ規範の内面化」という視点も考慮されるべき重要な視点であると考えられる。しかしながら、いずれにおいても外在的な規範が「協調」・「同調」のどちらの性質を備えているかによって、内面化される規範も異なるものになると考えられる。前者では、外在的な規範が如何なるものであるかによって、規範に従おうとする内面的志向の程度は異なるであろうし、後者では、そうした「外在的なメタ規範」が内面化されているのであれば、その社会に存在する「協調」・「同調」のいずれかの外在的な規範が獲得されることになると考えられる。

範や社会的な源泉といった「外的要因」への着目が重要となる。

　内面化の過程においては，投票義務感がより抽象的であるのか，具体的であるのかの視点で区別を行うこともできる。前者を抽象的投票義務感，後者を具体的投票義務感とすれば，個人の中で，様々な経験やエピソードとともに，特定の状況が想起されるようなかたちで獲得されている具体的投票義務感と，それらがより抽象化されたかたちで獲得されている抽象的投票義務感とが存在すると考えられる。

1－7　社会関係資本論から見た投票義務感の形成

　社会や集団における規範としての「協調」と「同調」とは如何なる社会によって形作られるのか，そして，この両者を分かつ集団の特徴は一体どのようなものであろうか。「協調」はフリー・ライド可能な状況下にあっても，それを行わない自発的な協力と捉えることができるが，Putnam（1993, 2000）は，「水平的なネットワーク」・「信頼」・「互酬性の規範」といった特徴で構成される社会関係資本が蓄積された社会では，社会的ジレンマ状況下においても協調行動が導かれ，フリー・ライドが克服されることで，結果としてそれが政府のパフォーマンスを向上させるとした[28]。

　選挙において棄権をすることをフリー・ライドという視点で捉えると，そこでは意図的なフリー・ライドも存在するかも知れないが，仮にフリー・ライドを意図しなかったとしても，選挙結果によって生じる

---

[28] 社会関係資本を蓄積させる特徴的なものとして，Putnamの他にも様々なものが議論されている。例えば，「情報ポテンシャル」，「規範と効果的な制裁」，「ヴォランタリーな社会組織」（Coleman, 1990），「コミュニティの持つ価値と規範の共有」，「信頼」，「自発的社交性」（Fukuyama, 1995）などが挙げられる。これらの議論で共通するのは，囚人のジレンマや共有地の悲劇，集合行為のジレンマを理論的な背景として，社会関係資本が合理的選択におけるコスト負担感覚を低下させること，また，フリー・ライドを克服させるものとして信頼や，協力，規範，および，それらに深くかかわるものとして自発的な団体加入が議論されている点である。

利益を享受できることから，結果としてフリー・ライディングを行っているのと同じ状況を招いてしまう。つまり，参加によって如何にフリー・ライドを解消するかが重要となるが，先述のとおり，投票義務感はRikerら（Riker & Ordeshook, 1968）の議論においてはフリー・ライドを解消する要因として位置づけられることからすれば，フリー・ライドを克服する社会関係資本の議論を，投票義務感の形成要因の議論に当てはめることで，その形成についても議論できると考えられる。

社会関係資本そのものが持つ性格として，Coleman（1988, 1990）は社会関係資本の公共財的側面を強調したが，Putnamは私的財的側面との両側面を持ち合わせていると位置づける。したがって，潜在的に公共財・私的財の両側面を持つ社会関係資本をその形成要因とするアプローチは，投票義務感における公共財的性格と私的財的性格の両者を包含し得るものである。つまり，信頼および互酬性の規範は社会的ジレンマ状況下でも協力行動を選択する規範であり，フリー・ライドを抑制し，「協調」を促進するものとして捉えられる。社会関係資本における公共財獲得のための協力の規範は，政治的な場面においては政治的な義務感や投票義務感であると考えられる。また，社会関係資本は私的財的な性格も含んでいる点で，義務を果たすことによる満足感というコンサマトリーな効用に関する議論へと拡張可能な概念であろうし，社会関係資本が社会的な外的環境と，政治意識の形成や個人的な意思決定といった内的環境とを関連づける媒介変数ともなり得る。

しかしながら，社会関係資本の議論を投票義務感の議論に当てはめるとき，依然，解決されない問題が残る。すなわち，Putnamに代表される社会関係資本においては，分析の焦点は集団や組織，団体に向けられ，「水平的ネットワーク」における「協力への規範」が重視されるが，「垂直的ネットワーク」における「同調への規範」が政治参加に与える効果の大きさや，その可能性については考慮されてこなかったばかりではなく，逆に否定的な効果にのみ焦点が当てられてきた。これらの背後には，「接合型（bridging）」，「結束型（bonding）」という社会関係資本の分類（Putnam, 2000）や，「信頼」と「安心」との区別（山岸, 1998；Yamagishi, 2003）が密接に関連すると考えられるが，これらと政治参加

との関連が現実にはどのようなものであるのかについては，実証を伴う分析も乏しく，あまり議論されてこなかったといえる。そこで，上記の分析を行うのに先立ち，Putnam（2000）の接合型(bridging)と結束型(bonding)の社会関係資本の区別を基に，社会関係資本における諸特徴について整理を行ったのが表1－1である。

　接合型，結束型の社会関係資本は，まず，ネットワークや集団の構造・特徴としては，構造的空隙（structural holes）(Burt, 2001)に伴う開放性の有無や，その開放性故に集団のメンバーが異質的となるか同質的となるか，また，紐帯の強さ（Granovetter, 1973)や団体加入の自発性等で特徴づけられる。そして，その集団で培われる信頼や互酬性が一般的か特定的かで区別される。前者は，協力や主として協調の規範を生み，正の外部性をもたらすが，後者は，サンクションや主として同調に特徴づけられる規範となり，そのような集団は負の外部性をもたらしかねない。また，信頼に関して，山岸(1998, 1999)は「信頼」と「安心」との区別を行い，「信頼」を「社会的不確実性が存在しているにもかかわらず，相手の(自分に対する感情までも含めた意味での)人間性の故に，相手が自分に対してそんなひどいことはしないだろうと考えること」とし，「安心」を，そもそも「社会的不確実性が存在していないと感じること」と定義する。この信頼と安心との区別は，それぞれ接合型

表1－1　社会関係資本の諸特徴

	接合型	結束型
構造的空隙（Burt, 2001）	開放	閉鎖
メンバー	異質的	同質的
紐帯（Granovetter, 1973）	弱い紐帯	強い紐帯
団体加入	自発的	非自発的
信頼	一般的信頼	特定的信頼
互酬性	一般的互酬性	特定的互酬性
規範	（主として）協調　協力	（主として）同調　サンクション
外部性	正	負
信頼－安心（山岸，1998）	信頼	安心
人間関係	水平的	垂直的

注）著者作成

と結束型に対応している(Yamagishi, 2003)。そして，社会関係資本論におけるそもそもの特徴である，集団における人間関係の方向性の特徴を加えるならば，接合型は水平的人間関係，結束型は垂直的人間関係となると考えられる。

こうした社会関係資本の諸特徴と，先述の投票義務感の性質，すなわち，「協調」と「同調」との関連については，次のように考えることができる。つまり，投票においてフリー・ライドせず，他の有権者と協調して民主主義制度という集合財を維持したり，特定候補者の支持集団においては，その候補者を当選させようと協力したりすることへの投票義務感は接合型の諸特徴を備える。一方で，自分を取り巻くネットワークや集団からの社会的圧力に同調することで他者からの期待に応えようとしたり，より実質的には，特定候補者を当選させるための動員が社会的圧力となっている状況で，そうした圧力に同調したりすることへの投票義務感は結束型の諸特徴を備えていると考えられる。

社会関係資本が政治参加・投票参加を促進する効果が議論されるとき，そのほとんどは接合型の社会関係資本として議論されている。その場合，接合型の社会関係資本の概念は，政治参加，投票参加においても団体や組織への加入や，そこにおける信頼，互酬性の規範に着目することで参加を説明する有用な概念として位置づけられてきた(La Due Lake & Huckfeldt, 1998; Knack & Kropf, 1998)。また，日本における文脈でも，サーベイ・データの分析を中心にその関連が示されてきた(平野，2002；池田，2002)。これらの研究は，Putnamの議論に基づき，水平的なネットワーク，団体への加入，そこで培われる信頼や互酬性の規範を重視し，そうした信頼や互酬性の規範が，協調行動を通して投票参加を促進するという理論的な前提に立脚している。つまり，公共財への肯定的な態度，すなわち，協調の側面としての投票義務感を通じて参加が促進されると主張している。この点に関して，例えば安野ら(安野・池田，2002)は，社会関係資本としての集団参加が投票義務感を促進することを報告している。また，Knackら(Knack & Kropf, 1998)は，社会関係資本と投票参加との分析の中で合理的選択のモデルを挙げ，投票参加のパラドックス，市民の義務に触れ，社会関係資本と投票参加との

関連，および投票義務感と投票参加との間の社会関係資本の影響を認めている。社会関係資本が「市民の義務」を通して，少なくとも部分的には投票参加を増加させるとしている。この意味では，「協調」としての投票義務感は，水平的な人間関係に基づく接合型としての社会関係資本を基盤として形成されると考えられるであろう。

　他方，垂直的人間関係に基づく結束型で特徴づけられるような社会関係資本によっては，「協調」としての投票義務感が促進されるとは考えにくいと考えられてきた。例えば，福元(2002)は社会関係資本と参加との議論の中で，社会関係資本による参加を，主体的契機を必ずしも必要としない社会動員と捉え，「上からの動員と矛盾するとは限らず，ともすれば市民から自発性を奪い，人々を受身の状態にとどめおきかねない」(福元, 2002, 243頁)と指摘している。そして，日本で団体加入や政治集会への参加を取り上げたとしても，それは上からの動員を測定している可能性があることを示し，それらの測定をもって社会関係資本論の成立を結論づけることに危険が伴うとしている[29]。この意味では，「同調」としての投票義務感は，垂直的人間関係に基づく結束型の社会関係資本を基盤として形成されると考えられる。しかし，水平的な人間関係を重視したPutnamの議論に対して，垂直的な人間関係であっても社会関係資本が蓄積され得ることも指摘されている。例えば，Pekkanen(2006)は社会関係資本と日本における自治会をめぐる議論の中で，階層的とされる自治会ではあるが，その加入は完全に自由意志に基づいたものであることを指摘し，そこでの活動を通して，信頼と協力が獲得され，社会関係資本を形成し維持するとしている。また，池田(2002)は，政治参加行動を従属変数とした分析の中で垂直的な参加組織にも一定の効果が存在することを指摘し，「Putnam的な水平組織の絶対視が正しいのかどうか，今後の検討が必要である」(池田, 2002, 11頁)とし，ま

29　住民投票の事例であり，且つ逆説的な事例ではあるが，伊藤ら(伊藤・渡辺・松井・杉原，2005)は，新潟県巻町の原発建設を問う住民投票の際に，地縁・血縁に基づく垂直的人間関係において，「投票しないように」働きかけが行われていたことと，それが圧力として機能していたことを報告している。

た，Ikedaら（Ikeda & Richey, 2005）は，垂直的・水平的ネットワークと政治参加との分析の中で，「人々は政治的な議論を通して彼らの目上のアドバイスを受けていて，社会的圧力のために渋々参加しているのではない」（Ikeda & Richey, 2005, 255頁）と指摘している。

　これらの垂直的人間関係における参加への効果の違いを分けるのは，その集団における規範が「協調」であるのか「同調」であるのかであると考えられる。Putnamの社会関係資本論では，集団における人間関係が水平的であるか垂直的であるかを理論的基盤とし，そこで蓄積される一般的信頼感，一般的互酬性の規範が議論されてきた。確かに，恩顧・庇護主義関係に基づくような垂直的人間関係は特定的信頼，特定的互酬性を生み，また，集団内における圧力やサンクションを通して「同調」としての投票義務感を築くであろう。しかし，垂直的人間関係に基づく集団であっても，「同調」ではなく，一般的信頼や一般的互酬性が蓄積されれば，「協調」としての投票義務感として参加を促進するような社会関係資本として機能し得るのである[30]。

　つまり，これは従来議論されてきたような接合型と結束型のみを対峙させる社会関係資本の捉えられ方だけでは，多様な社会，集団の特徴を十分に説明できないことを示唆する。また，これは山岸（1998）の信頼と安心の議論に対しても同様の指摘ができる。信頼と安心との区別について，山岸は両者を背反するものとして捉えているが，このような信頼

30　垂直的人間関係に基づく集団における規範が，特定的信頼，特定的互酬性に特徴づけられるような特徴を持つとされるのは，垂直的人間関係において構造的空隙が水平的人間関係に劣ると考えられているからである。しかし，垂直的な人間関係であっても，その人間関係が閉鎖的ではなく，開放的であれば，垂直的協調関係を特徴とした集団となり得るであろう。中根（1967）は集団の構造として，開放的な「タテ」組織と排他的な「ヨコ」組織とを提示する。これは，接合型，結束型の社会関係資本における構造的空隙の捉え方とは異なる。すなわち，中根は「タテ」組織を底辺のない三角形と捉える。そこでは，下方に開放されているので新しい成員の加入はその接点を持つ個人の承認で済むが，「ヨコ」組織は，すべての成員が繋がっているので，新たな成員の加入は全員の承認が必要となると指摘する。

と安心とを対立的に捉えるアプローチでは，両者はそれぞれ収束していくために，低信頼である安心は一般的信頼の阻害要因となってしまうと考えられている。山岸は日本における安心社会の崩壊を指摘したが，そうした，安心の崩壊の状況にあっては，信頼を如何に形成するのかが重要であるとされる。

ただし，必ずしも両者が対立するものではなく，変化・転化し得るもの，また，相互作用としても捉えられる見方もある。林ら(林, 2004；与謝野・林, 2005；林・与謝野, 2005)は，進化ゲーム論的なアプローチにおいて，コミットメントに基づく安定的な社会関係である安心が，一般的信頼を形成すると位置づける。林らは，信頼は究極的には周囲の人々の信頼性に還元しているという「還元アプローチ」(山岸, 1998)に基づいている。そこでは，人が他人を信頼するのは，現在の相手が実際に信頼できるか，これまで付き合っていた相手が実際に信頼できる相手であったか否かが重要であるとされている。したがって，安心こそが信頼を生むと捉えられており，一般的信頼にのみに焦点を当てるのではなく，安心の持つ要素にも焦点を当て，安心が信頼に転じ得ることを示したものである。

また，佐藤(1998, 2005)は，数理社会学的なアプローチから，コミットメント関係と信頼を相互作用メカニズムで捉える。人は他者同士がコミットメント関係にある状況を模倣することで，他者を信頼し他者と協力することを学び，結果として信頼が高まるとされる。つまり，コミットメント関係にあるエージェントが，それとは独立したエージェントとの信頼関係を促進することを示し，間接的に信頼関係に寄与しているとしている。

このように見ると，信頼，安心どちらかの側面を重視するのかということではなく，それぞれの形成過程におけるプロセスや両者の関係が重視されるべきであると考えることができる。これらのことは社会関係資本と投票義務感，ひいては投票参加との関連において，人間関係が水平的であるのか垂直的であるのかだけではなく，社会や集団における規範が「協調」であるのか「同調」であるのかも踏まえた上で捉えるべきであるとの視座が与えられよう。社会関係資本，および「協調」・「同

調」という投票義務感の質に着目すれば，接合型の社会関係資本においては，自発的団体加入や一般的信頼，互酬性の規範と結びついた水平的な人間関係が，「協調」としての投票義務感と結びつき，結束型の社会関係資本においては，自発性の低さや垂直的な人間関係が，上からの動員という意味で「同調」としての投票義務感と密接に結びつくと考えられる。したがって，本書では両義務感の性質の違いと，水平的・垂直的人間関係の違いを基に，前者を「水平的協調に対する義務感」，後者を「垂直的同調に対する義務感」として区別する。

ただし，この両者の区別は民主主義にとって，必ずしも前者が「望ましいもの」，後者が「望ましくないもの」を意味するわけではない。鹿毛（2007a, 2007b）は，第二次世界大戦前後の団体参加の分析において，「『上からの』動員を通して，市民活動の基盤となるような参加意識や参加経験の蓄積が進む可能性がある」（鹿毛, 2007a, 134頁）とする。そして，「『上からの』動員を通した参加は，ある種の『強制』であるが，同時に多くの市民にとってはある程度自発的なものであった可能性」（鹿毛, 2007a, 135頁）を指摘する中で，従来の参加研究における「自発的」・「非自発的」の二項対立を疑問視し，仮に，「非自発的」な団体参加であっても，そこでの学習を通して，後の団体参加が促進され得ることを示している。この議論を，団体参加による政治参加・投票参加への効果を想定する社会関係資本の議論に敷衍することも可能であろう[31]。

ところで，「協調」・「同調」，そして水平的・垂直的人間関係に基づいたこれら両義務感の区別からは，近年の投票率の低下に対してどのような説明が可能であろうか。まず，Putnam の社会関係資本論からの説明は，水平的社会関係の衰退として捉えることができる。つまり，ヴォランタリーな団体加入の低下が，対面的なコミュニケーションの低下，および社会関係資本の低下を招くとした議論である。そこでは，協調の規範は衰退し，状況に応じてフリー・ライドが選択されてしまい，投票参加は抑制されると考えられる。そもそも，日本においては，自治会を中心とする地域の近隣組織によって社会関係資本が育成・供給されてきた

31　事実，鹿毛自身も社会関係資本論を理論的背景としている。

(Pekkanen, 2003, 2006；辻中・ペッカネン・山本, 2009)。しかし，内閣府国民生活局(2003)は2時点間の時系列比較ではあるが，Putnamに倣った定量的分析の中で，日本における社会関係資本が，全体として隣近所づきあいを中心に減少してきていることや，都道府県レベルでの時系列比較の中で，相対的に豊かな社会関係資本を保持していた地方部においてそれが減退していると指摘している[32]。

　他方で，これを動員の低下から説明することもできる。例えば，Skocpol（2003)は社会関係資本から導かれる地域主義や，コミュニタリアンの議論に対して批判的な検討を加え，メンバーシップの衰退は，Putnamのいうような，社会関係資本やそこから導かれる地域主義の衰退ではなく，団体や組織の「全国化」・「専門化」によって，専門家による市民の動員が消極化した「政治的動員の欠如」であると指摘する。他方，選挙制度の変更が動員を低下させたとの指摘もある。谷口(2004)は，日本における中選挙区制から小選挙区制への移行は，「組織の側からみれば，支持候補が敗北したときのリスクが大きくなり，小選挙区制では中選挙区制よりも『勝ち馬』に乗りたいというインセンティブがいっそう高くなる」(谷口, 2004, 103頁)ことにより，小選挙区では組織票動員は進まないことを示した。先述のとおり，政治的な動員は，投票参加をはじめとする政治的行動に対して大きな影響を持っている（Rosenstone & Hansen, 1993)。動員が特に垂直的人間関係に基づくものであるとすれば，政治的動員の衰退は，従来機能していた垂直的人間関係を崩壊させ，そこにおける規範や，ひいては，社会的圧力の効力をも衰退させたと考えられる[33]。

　つまり，近年の投票率の低下に対する社会関係資本や動員の観点から

32　同様に，内閣府経済社会総合研究所(2005)も，内閣府国民生活局(2003)とのより短期間での比較ではあるが，社会関係資本を示す「信頼」や「近所での付き合い・ネットワーク」が低下していることを示している。
33　社会関係資本，動員の両視点からの説明として，辻中ら(辻中他, 2009)は，自治会による選挙運動が減少傾向にあること，また，社会関係資本が自治会による選挙運動実施の有無に対する規定因になっていることを指摘している。

の説明は，水平的人間関係，垂直的人間関係どちらにおいても，社会における人間関係の衰退が示されている。それぞれの衰退を通して，「水平的協調に対する義務感」，「垂直的同調に対する義務感」の低下がもたらされてきたと考えられる。しかしながら，社会関係資本や動員の低下によって何故，両投票義務感が失われたのかも重要な問題となる。つまり，Putnam的な社会関係資本の減少においても，Skocpol的な政治的動員の欠如においても，そこで何が失われているのかを明らかにする必要がある。Putnam（2000）は団体への加入が，ダイレクトメールを中心としたリクルートメントによる「三次」集団化となっていることを挙げ，Skocpol（2003）は団体や組織の「全国化」・「専門化」による「メンバーなき政策提言」が政治的動員を失わせたとする。両者に共通する失われたものとは，コミュニケーションやメンバーシップが展開される「時間」と「場所」であると考えられる。本来，そうした「時間」と「場所」で展開される政治的社会化や学習，更には，認知を周囲の状況との関連で捉える正統的周辺参加（Lave & Wenger, 1991）を通して，日常生活の中で社会や集団における規範の獲得が行われる[34]。しかし，「時間」と「場所」の喪失はこれらの機会を奪ってしまい，規範の獲得を妨げていると考えられる[35]。

---

[34] Stolle（2001）は日常生活における分析視点を提示し，ドイツ，スウェーデン，アメリカの比較分析の中で，一般的信頼への両親による社会化の効果や他人に裏切られた経験の一部の効果を示している。

[35] なお，社会関係資本とインターネットの関連では，インターネットの普及が社会関係資本を補完するとの指摘もある（Lin, 2001；宮田, 2005a, 2005b）。確かに，インターネットの普及は人間関係の相互作用を促進させ，社会関係資本を蓄積させるかもしれない。しかしながら，本書が焦点を当てる「時間」と「場所」という側面に照らせば，インターネットの普及・利用は，政治的社会化過程における現実的・対面的な「時間」と「場所」の喪失を招くであろう。また，Uslaner（2003）もインターネットと社会関係資本の正の相関を指摘するものの，信頼の構築により重要であるのは，幼少期に獲得する価値観や若い時期の経験であることを指摘している。

1−8 まとめ

　本章では投票義務感の議論，および投票参加の諸理論を概観することを通して，第1に，投票義務感が広く従来の投票参加を説明する各モデルにかかわっていることを示し，投票義務感の位置づけを行った。投票義務感は資源や属性変数といった要因と投票参加という政治的行動とを繋ぐ媒介変数として機能するものである。また，社会や集団における規範意識の認知として形成された投票義務感が，個人の意思決定プロセスにおいては，コスト感覚を克服し，それが様々な政治意識に関する変数に対して影響を与え得る原因変数となることで投票参加をもたらしていると考えられる。

　第2に，その投票義務感は，社会関係の中で捉えられるとき，自発的な参加を促す側面にのみ焦点が当てられるような一面的なものとしてだけで捉えられるのではなく，社会的圧力に同調する側面を含めた，「協調」・「同調」という二面性を持ち得ることを提示した。この投票義務感の二面性は，更に人間関係の方向性，および「協調」・「同調」からの検討から，「水平的協調に対する義務感」，「垂直的同調に対する義務感」として位置づけられる。こうした二面性の視座は，理論的に社会関係資本論における不備を補い得る。すなわち，Putnam の社会関係資本論で主として焦点が当てられた，水平的ネットワークにおける「協調」のみならず，水平的・垂直的なネットワークと「協調」・「同調」によって組成される多面的な規範への着目は，接合型と結束型とが対峙する従来の社会関係資本の議論では難しかった多様な社会の説明を可能にする。また，そもそも社会関係資本論は政治文化論と比較してより可変可能な理論として位置づけられていたが，多面的な規範，および，変化への着目は，その分析枠組みの視座を与えることになろう。こうした，規範の多面性の提示は，日本の民主主義に関する議論，中でも規範的な観点からの議論に対して，大きなインプリケーションを持つ。特に，1990年代以降の投票率の低下に代表される，有権者レベルの社会的・政治的変化が実質的に意味しているものを明らかにできるであろう。これは，日本

の政治，社会のあり方を国際的な比較の観点から論ずる際の視座を得て重要な知見をもたらすものとなるとも考えられる。

　第3に，投票率の低下について，従来の社会関係資本や動員からの説明に共通するのは，「時間」と「場所」の喪失と，そこにおける「水平的協調に対する義務感」，「垂直的同調に対する義務感」の低下であることを指摘した。「時間」と「場所」の喪失は，社会や集団における規範の獲得を断念させ，結果として，政治的場面においては，投票に対する参加の規範，すなわち，投票義務感の獲得も困難にする。また，「時間」と「場所」の喪失は同時にそこにおける成員の経験，ひいては，「記憶」の喪失をも意味していると考えられる。「記憶」は投票義務感を形成する「外的要因」，つまり，個人を取り巻く社会や集団における規範と個人とを媒介し得る要因として位置づけることが可能であり，社会関係資本や動員の効果の中で中心的な位置を占めると考えられる。なぜ，対面的なネットワークへの参加が政治参加や投票参加をもたらすのか。そして，なぜ，政治的動員を受けることが参加をもたらすのか。なぜならそれは，社会や集団における規範――「協調」であっても「同調」であっても――が，その社会や集団を構成する成員に共有され，記憶され，保持されるからである。単に，社会や集団，団体に所属し，その規範に接するだけでは行動には至らない。記憶を介し，行動選択時点においてもその規範が保持されるとき，初めて行動へと至ると考えられるのである。第2章においては，「記憶」，特に投票行動研究における「記憶」の概念についての詳細な検討を行い，こうした「記憶」が投票義務感の形成に対して果たす役割について論じたい。

第 2 章

内的要因としての政治的エピソード記憶

2-1 はじめに

　投票行動研究の歴史を辿ると，そこには，より外的な規定要因から意思決定のブラック・ボックスの中へという分析の焦点の移動が認められる。これは，認知心理学的アプローチの発展を背景としたものであり，政治心理学・投票行動研究における認知心理学的アプローチの展開でもある。このような分析焦点の移動について，池田(1991)は，投票行動研究が有権者のデモグラフィックな特性による分析から，政治的態度などの心理的要因を導入した経緯に触れ，かつての投票行動研究が「心のメカニズム」に十分注意を払ってこなかった点を指摘し，更に自身の研究ではスキーマ理論等の認知心理学的な理論やモデルを導入し，そうした「心のメカニズム」をより内側から解明することを試みている。
　本章は，こうした「心のメカニズム」を解明する認知心理学的な変数として，従来の投票行動研究ではあまり取り上げられてこなかった「記憶」，特に「エピソード記憶」に焦点を当てる。そして，それが投票義務感および投票参加に及ぼす影響の可能性を指摘することで，これまでの投票参加研究の知見に対して認知心理学的な側面からの再解釈を施すことを目的とする。
　本章では，第1に，認知心理学の発展，およびその発展に伴う政治心理学・投票行動研究の歴史的展開を概観し，認知心理学研究における記

憶研究，中でも「時間」・「場所」に関連づけられた，出来事の記憶である「エピソード記憶」の位置づけを行う（2－2）。第2に，政治的出来事にまつわる「政治的エピソード記憶」の概念を提出し，これまでの投票行動研究の諸モデルとの関連を議論する（2－3）。続いて，投票行動研究における「政治的エピソード記憶」を用いた認知心理学的アプローチの意義と有用性を論じる（2－4）。第3に，「政治的エピソード記憶」が投票参加という投票行動に対して直接影響を与え得ること，また，投票義務感に対してもその形成を促進し得ること，更に，投票義務感を媒介して，間接的にも投票行動に対して影響を持ち得ることを議論する。その上で，「政治的エピソード記憶」が「外的要因」と「内的要因」とを繋ぐ媒介要因として機能する可能性を示し，（2－5）。最後にまとめを行う（2－6）。

2－2　政治心理学・投票行動研究における認知心理学の位置づけ

　投票行動研究における「記憶」の議論に先立ち，そもそも「記憶」を扱う政治心理学は，他の研究領域とどのように関連づけられるのかについての位置づけを行い，次いで，心理学史における認知心理学の発展，およびその発展に伴う政治心理学・投票行動研究の歴史的展開を概観したい。

　政治心理学とは「心理的要因ないしは心理学的知識と研究方法を応用し，人間の政治行為のもとになるもの，あるいは人間の政治的な事柄に対する行動の取り方を理解し，解明しようとする学術研究分野」（フェルドマン，2006，3頁）である。その位置づけは，「政治学と社会心理学の交錯する領域」（堀江，1980，3頁），政治社会学との「姉妹科学関係」（栗田，1994，6頁）であり，心理学のみならず他領域との接点も多い。したがって，政治心理学の発展においては，心理学における認知心理学の発展に伴って，認知心理学的なアプローチが大きな位置を占めるようになっており，その学際化も進んでいる。これは，ISPP（国際政治心理学会）機関誌である*Political Psychology*誌の掲載論文の推移においても

明らかである(Bar-Tal, 2002; 亀ヶ谷, 1995)[1]。

一方で，同時に心理学の一領域という視点で位置づけるならば，そこでは心理学における方法論やアプローチを政治的事象に応用するのみではなく，心理学に対する貢献も求められているといえる。つまり，「政治心理学」(political psychology)であるのか「心理的政治学」(psychological political science)であるのかの問題である。Krosnickら(Krosnick, 2002; Krosnick & McGraw, 2002)は，心理学の目的は人間性についての一般化であるので，「その名前に忠実な」(true to its name)政治心理学者の関心は政治的文脈にのみ適用される関係の確認や説明にあるのではなく，一般的な法則を説明するために政治的文脈を利用することにあるとする。しかし，現実に政治心理学において優位なのは，その研究が心理学ではなく政治学のサブタイプ(subtype)であると強調する「心理的政治学」であると指摘する。

確かに，先にも見たように，政治心理学の定義では，その多くが心理学的知識や研究方法の政治学への適用と位置づけられている(フェルドマン, 1989, 2006)。その意味では，政治学における政治心理学の位置づけは「心理的政治学」としての性格が強くなるであろう。しかし，「『政治心理学』の名で発表されているほとんどすべての研究が主に心理的政治学であるように見えるが，この研究のいくつかは基礎理論構築に大いに役に立つかもしれない」(Krosnick, 2002, 210頁)というように，必ずしも，心理学的知識と研究方法の政治学への応用に留まるものでもなく，心理学に対する貢献可能性も大いにあるといえる[2]。

---

1 Bar-Tal (2002)は1979年から1998年までの，亀ヶ谷(1995)は1979年から1993年までの*Political Psychology*誌への掲載論文の内容分析を行っている。その中で，Bar-Talは政治心理学において認知理論が大きな位置を占めてきたことを，また，亀ヶ谷は同誌における学際化が進んでいることを指摘している。
2 Krosnick (2002)は，心理的政治学と政治心理学の区別において，研究がどちらか一方であるのか，両方であるのかについての研究者自身意識する必要性を指摘する。本書は，認知心理学的アプローチの側面から投票行動研究の知見に再解釈を施すことを目的の1つとしている点で，心理学的政治

心理学史における認知心理学

政治心理学における発展をもたらした認知心理学とは如何なるものであるのか。認知心理学の歴史を繙くと、人の意識をどのように捉えるのかという問いに対し、内観法により意識の内容を細かに分割する「構成心理学」、意識を排し客観的な観察に注目する「行動主義心理学」、意識を全体として捉えようと試みる「ゲシュタルト心理学」、そして、無意識の領域までその範囲を広げた「精神分析」といった枠組みの中でも、構成心理学から行動主義心理学を経て、認知心理学へと至るという流れに位置づけられることが多い。それは、構成心理学における内観法に対する批判から「純粋に客観的で実験的な自然科学の一分野」(Watson, 1913, 158頁)として意識・認知を排除し、客観的な観察に注目する行動主義心理学が生まれ、客観的な観察に始終した行動主義心理学に対する批判から情報処理的なアプローチを採る認知心理学が生まれたとされている(Braisby & Gellatly, 2005；高野, 2006)[3]。そして1960年代の、いわゆる「認知革命」を経ることによって「行動主義的な研究は激減し、かわって、認知心理学的な研究りが基礎的な心理学の主流を占めるようになった」(高野, 2006, 12頁)。つまり、行動主義心理学においてブラック・ボックスの中に押し込められてきた意識や認知を解明する流れとして、それらに焦点を当てた認知心理学が登場したと位置づけることができる。

政治心理学の歴史

政治心理学の領域においても、その発展はマクロレベルからミクロレ

学とみなされるであろう。また、心理学に対して貢献可能かどうかについては限界があろう。しかしながら、心理学に対する貢献を試みる「政治心理学」に対して貢献することが本書の目的の1つでもある。したがって、本書で政治心理学と言うとき、必ずしもそれは、「その名前に忠実な政治心理学」(Krosnick, 2002)ではなく、括弧付きの「政治心理学」とは区別される。

3 ただし、それは必ずしも行動主義心理学の批判(アンチテーゼ)ではなく、科学的方法論などの点で行動主義心理学からも多くを受け継いでいるともされる(Braisby & Gellatly, 2005；サトウ・高砂, 2003)。

ベルへ，更には，有権者個人の内部，つまり意思決定のブラック・ボックスの中へという視点の移動であり，そこにおける認知心理学的アプローチの発展であった。

McGuire（1993）は1940年代から1990年代までの政治心理学を3期に分け，主要な理論，およびそこで用いられた方法論とともにそれぞれの時期のトピックスを示した。まず，第1期である1940〜50年代は「パーソナリティと文化」の時代とされ，環境決定論が主要な理論であり，精神分析やマルクス主義（唯物史観），S‐R行動主義などが好んで用いられ，方法論的には記録やインタビューなどの内容分析，統計分析では相関係数が用いられたとされる。続く第2期である1960‐70年代は「政治的態度と投票行動」の時代とされる。ここでは，合理的人間が主要な理論となり，主観的効用最大化のモデルや，「認知→感情→行動」モデル，準拠集団の概念が，方法論的にはサーベイ調査や参与観察，因子分析が用いられた。第3期である1980‐90年代は「政治的イデオロギーと意思決定」の時代とされる。主要な理論は情報処理理論であり，認知的ヒューリスティック（cognitive heuristics）や意思決定理論，スキーマ理論等が用いられ，方法論としては，実験操作やコンピュータ・フローチャートが，そして，パスモデルやSEM（構造方程式モデル）が主に用いられた[4]。そして，1990年代以降，2000年代にかけての政治心理学・投票行動研究の展開を第4期とすると，第4期は，個人間・

4　政治心理学の流れとしては，Searsら（Sears, Huddy & Jervis, 2003）のように，20世紀の心理学における3大学派である「精神分析」「行動主義心理学」「ゲシュタルト心理学」の流れから政治心理学を位置づける見方もある。Searsらは，精神分析からは1940〜50年代に支配的となったパーソナリティ研究が生まれ，行動主義心理学は長らく大衆の政治意識（mass political attitude）研究を支配し，政治的社会化研究においては初期の政治的態度が後のそれを決定するという行動主義心理学の仮定に立つとする。そして，ゲシュタルト心理学は（Heiderのバランス理論やFestingerの認知的不協和等），認知的斉合性（cognitive consistency）の仮定の下，態度研究へ適用されたとする。また，それは，後の社会的認知（social cognition）研究へと繋がり，心理学における認知革命の影響を受けるかたちで，情報処理アプローチ，ヒューリスティックを用いた研究へと発展したとされる。

対人関係研究（interpersonal）や集団間研究（intergroup），および脳科学・ニューロサイエンス研究という2つの流れに集約される（McGuire, 1993; Sears, Huddy & Jervis, 2003）。McGuire（1993）は，先の3つの時代の政治心理学が，社会的要因から影響を受けると同時に，社会に対して影響を与えるものであるにもかかわらず，個人に存在するパーソナリティや態度，イデオロギーといった個人内要因（intrapersonal topic）のプロセスに大きく焦点を当ててきたことを指摘し，3つの時代に続く第4期は，別の個人内要因ではなく，個人間・対人関係研究や集団間研究プロセスの研究が飛躍するとした。

また，Huddy（2002）は，これまで政治心理学において主に用いられてきた方法論は実験やサーベイ調査であったが，実験においては，得られる知見が非常に人工的である点で外的妥当性を失いがちであること，また，サーベイ調査においては，得られる安定的で一貫性を持った結果が，政治的態度における短期変動を覆い隠してしまう点を指摘する。また，方法論的多様性を持つ政治心理学において，新たな方法論としての脳科学・ニューロサイエンスは，政治心理学における最も基礎的な研究を修正する可能性を提示し，とりわけそれは認知と感情・情動（emotion）の相互作用の領域であろうとしている[5]。

以上のように，政治心理学においては認知心理学的アプローチの発展により，確かに，理論的発展・方法論的発展を伴って，よりミクロレベルへと分析の焦点が移動してきた。しかし，個人間・対人関係研究や集団間研究プロセスへの発展に見られるように，それらの認知心理学的アプローチの発展によってもたらされたものとは，個人内要因にのみ焦点

---

[5] 脳科学・ニューロサイエンスは政治心理学において，感情研究に対する貢献という点で評価されることも多い。例えば，Marcus（2002）は，感情・情動（emotion）や推論（reason），意識，記憶などを脳が如何に生み出すのかについては，外部からの観察や内観法，自己報告（self-report）といった，不確かでしばしば誤った方向へ導きかねない方法論（devices）によって行われてきた点を指摘する中で，人間の判断の研究の中心に感情・情動（emotion）を置く流れは一見，遅れてやってきたように見えるが，明らかな流れであり，それは部分的にはニューロサイエンスの研究者の業績が可能にしたとする。

を当てるばかりではなく、個人の外、すなわち、「外的要因」に対する視点の重要性を認識することでもある。

投票行動研究の歴史

以上は、これまでの政治心理学一般の流れであるが、投票行動研究に絞って見ると、その発展は、同様に外的な規定要因による説明から、認知心理学的アプローチによる意思決定のブラック・ボックスの中へという、内的な規定要因への分析焦点の移動が顕著である[6]。

投票行動研究は、コロンビア・モデルに代表される社会的属性に着目した「社会学モデル」(Lazarsfeld, Berelson & Gaudet, 1944; Berelson, Lazarsfeld & McPhee, 1954)から、政党帰属意識や争点態度、候補者イメージなどの心理学的要因に着目した「ミシガン・モデル」・「心理学モデル」(Campbell et al., 1954; Campbell et al., 1960)に、更には心理学における「認知革命」の影響を受けるかたちで、スキーマ理論を中心とした「認知心理学モデル」へと発展してきた(Conover & Feldman, 1984; Hamill, Lodge & Blake, 1985; Lodge & Hamill, 1986; Miller, Wattenberg & Malanchuk, 1986)[7]。

投票行動研究は市民、中でも有権者の政治的行動を最終的な従属変数として説明しようとするものである。そして、社会学モデルで設定されたような社会的な状況や属性変数による行動の説明から、属性変数と行動との間を埋める心理的媒介変数の模索であったといえる。こうした模

---

6 投票行動研究の研究対象を大別すれば、「参加」に対する研究と、「方向」に対する研究との2つがあると考えられるが、本書の焦点はこのうち「参加」である。外的な規定要因から認知心理学的アプローチへの移行という視点で投票行動研究の歴史を繙くにあたり、「参加」と「方向」は、ここで紹介する各モデルにおいて、そのアプローチを大きく共有していると考えられる。したがって、ここでは投票行動研究の歴史として両者を区別せず議論を進めていく。

7 認知心理学モデルは、社会学モデルにおける「コロンビア学派」、心理学モデルにおける「ミシガン学派」に対して、「ストーニブルック学派」ともされている。

索を先述のMcGuire（1993)の分類に照らし合わせれば，第2期の「政治的態度と投票行動」の時代に該当し，「ミシガン・モデル」・「心理学モデル」がそれに相当すると考えられる。そこでは，政治的行動を説明する心理的媒介変数としての様々な「態度」が模索され，例えば，政党帰属意識や候補者評価等の変数が用いられた[8]。

しかし，これらの態度理論に基づくアプローチをしても，態度そのものはブラック・ボックスのままであり，有権者個人の中でどのように態度が形成されるのか，また，その形成された態度が如何に行動に影響を与えるのかについての解明は不十分であった。したがって，認知革命以後の認知心理学的アプローチの発展の中で，態度や意識など媒介変数そのものへと分析の焦点が移動してきたといえる。これは，ブラック・ボックス内部のプロセスに踏み込もうとするアプローチであり，それはMcGuireの第3期に相当し，「意思決定」に焦点が当てられ，主にスキーマ研究や印象形成のオンライン・モデルなどの認知心理学的モデルが模索されたといえる。

以上のミシガン学派に代表される，ブラック・ボックス化された態度を扱う第2期から，認知革命後のブラック・ボックス内部の解明を行おうとした第3期への移行は，より科学的な方法論の獲得であったと同時に，外的な要因そのものを単なるシステムへの入力情報として位置づけることによって，分析の対象から切り離すことであった。これは投票行動研究においては大きな転換点であったともいえる。したがって，第4期においてはMcGuireのいうように，社会的要因から影響を受けると同時に，社会に対して影響を与える個人を前提とした研究，すなわち，「外

---

[8] これは，日本においても同様であり，社会学モデル（綿貫,1976,1986）や，社会心理学モデルによる心理的な要因での検討がなされてきた。心理的要因として三宅(1989)は，日本の投票参加について，投票動機仮説を挙げる，そして，投票率の増減を説明する3つの仮説（社会動員仮説・合理的投票仮説・投票動機仮説）との比較の中で，「最も一般的で説明力の高い仮説」（三宅,1989,184頁)とする。投票動機仮説を構成する主な変数としては，政治的関心や政治的有効性感覚，政治的義務感，政治的信頼，政党支持強度といった「政治的関与」（蒲島,1988)が挙げられている。

的要因」に再び目を向け，その相互作用として捉える個人間・対人関係研究や集団間研究として社会関係資本論（Putnam, 1993, 2000）やネットワーク分析（Huckfeldt & Sprague, 1991, 1995）へ広がりを見せたとも考えられる[9]。

一方，新たな方法論の獲得により，ブラック・ボックスそのものを直接観察するアプローチ，すなわち，脳科学・ニューロサイエンスによるアプローチも発展を遂げた。これは，認知心理学の発展とも密接に関連するが，認知心理学的アプローチをしても直接観察することが困難であったものを観察可能にした。脳科学・ニューロサイエンスのアプローチを用いた研究は，*Political Psychology*誌上（2003: Vol.24, No.4）でも特集が組まれた他[10]，日本においても，『レヴァイアサン』誌上（2009: 44号）で特集が組まれ[11]，方法論的可能性や問題点についても議論がなされ，中でも，意思決定モデルの構築において注目されている（Tingley, 2006; 蒲島・井手, 2007; 井手, 2012）。また，脳科学・ニューロサイエンスのアプローチは，感情・情動研究においても広く活用され，感情・情動が持つ役割についての研究が進められている（Westen, 2007）。

これらの新たな展開は，対極的な2つの展開をなしていると考えられる。つまり，「外的要因」から「内的要因」へという分析焦点の移動に対して，個人の外へ再び焦点を向け直し，個人を取り巻く「外的要因」

9　ネットワーク分析への展開が「外的要因」への視点の移動であったことは，用いられる調査方法の変化からも位置づけることができる。前田（2003）は，ミシガン学派に代表される全国規模の学術世論調査では，地域あるいは個人の属性に偏りのないよう標本抽出されるため，その時点で調査対象者は接触する社会的環境から切り離されてしまうが，それに対してネットワーク分析はネームジェネレータやスノーボール調査などを用いた方法論的克服であったとする。

10　Cacioppo & Visser（2003），Winkielman & Berridge（2003），Lieberman et al.（2003），Heberlein, Adolphs, Pennebaker & Tranel（2003），Morris, Squires, Taber & Lodge（2003），Phelps & Thomas（2003），Raichle（2003），Albertson & Brehm（2003）．

11　春野・田中・川人（2009），山岸（2009），加藤・井手・神作（2009），長谷川・長谷川（2009）．

の再認識を行った，個人間・対人関係研究や集団間研究のアプローチと，認知化・学際化の流れの中で，更なる「内的要因」の解明へと焦点を進めた，脳科学・ニューロサイエンスのアプローチである[12]。

しかし，「外的要因」にのみ着目することによっても，「内的要因」にのみ着目することによっても，政治的行動の更なる解明には必ずしも繋がらない。なぜなら，「外的要因」への視点の再移動は，媒介変数の必要性に再び直面するであろうし，「内的要因」への傾斜は，かつて，認知革命以後の心理学でそうであったように，ともすれば，モデル化による認知の説明やそれに伴う実験場面が，現実の世界とはかけ離れた実験室的な状況下でのモデルをもたらすことにもなりかねず，果たしてそれが現実の状況を反映しているのかという生態学的妥当性(ecological validity)の問題を引き起こしかねないからである[13]。これは，政治学における近年のシミュレーション研究や実験等の方法論的発展に適用して考えれば，より考慮されるべき問題でもあるといえる[14]。

ただし，政治心理学・投票行動研究が心理学的・学際的領域である以上，心理学分野における認知心理学や脳科学・ニューロサイエンスの発展に追随するかたちで，政治的な事象にまつわる「意思決定」や「行動」のモデルが提出され，「内的要因」を捉える流れは更に加速し進んでいくであろう。他方，認知を突き進めていくと「すべてのものは主観的世界にすぎないという考え方に近づいていくが，われわれはどこかで客観的世界と結びついている」(荒木, 2003, 23頁)のであり，認知プロ

---

[12] 争点投票をめぐる空間モデル等の合理的選択モデルのアプローチによる実証分析も，投票行動研究においては重要な位置を占める。ただし，合理的選択モデルは規範モデルとしての意味合いが強い。したがって，ここで挙げたいくつかのアプローチやモデルにおいて適用されるし，いずれのアプローチやモデルにおいても適用されてきたと考えられる。

[13] なおこれは，Robinson (1950)による，集計データからミクロレベルでの関係を推測する際に生じ得る，所謂，生態学的誤謬(ecological fallacy)の指摘とは異なる。

[14] 政治学におけるシミュレーションや実験アプローチについては，河野・西條(2007)に詳しい。

セスを突き詰めることによって政治的行動を解明することについては客観的世界，すなわち，「外的要因」への留意が必要となるであろう。そこでより求められるのは，「外的要因」と「内的要因」とを繋ぎ得るアプローチであるが，それを可能にするのもやはり認知的アプローチであると考えられる。なぜなら，そもそも政治心理学における認知的アプローチは，「外的な政治世界についての情報は内的な記憶構造に構成（organize）され」，「これらの記憶構造は人々が如何に政治的出来事を解釈や評価するのか，また，意思決定を行うのかを決定する」（McGraw, 2000, 807頁）という前提に立つからである。つまり，認知的アプローチは，「外的要因」と「内的要因」との相互作用の視点に立ったアプローチであり，個人の外的世界と個人の内的世界との境界に立つアプローチでもある。そこで更に重要な役割を果たすと考えられるのは，現実の外的な政治世界についての情報を構成し，政治的出来事の解釈や評価，および意思決定をもたらす役割として位置づけられた，認知的アプローチにおける「記憶」であると考えられよう。以下，そもそも「記憶」とは如何なるものかについて，そのメカニズムと「記憶」の種類について整理を行いたい。

2－3　認知心理学におけるエピソード記憶

　人の判断を情報処理として扱う立場において，記憶は，記銘・保持・想起という３つの主要なプロセスに分けられる[15]。つまり，日常における外界からの様々な情報を覚え（記銘），それを保ち（保持），後に思い出し（想起），想起された情報は様々な判断に用いられる。また，記憶のメカニズムにおける区分として，保持される時間の長さが異なる短期記憶（Short-Term Store）・長期記憶（Long-Term Store）の区分や，短期記憶

15　人間の記憶を一連の情報処理過程と捉える立場では，この３つのプロセスをそれぞれ，符号化（encoding）・貯蔵（storage）・検索（retrieval）とすることもある。本書も情報処理モデルに立つものであるが，過去の自分の行動を「思い出す」という意味で，「想起」を用いている。したがって，他のプロセスについてもそれに合わせ，記銘・保持とした。

に情報を送るための感覚記憶(Sensory Register)が知られている(Atkinson & Shiffrin, 1968)[16]。更に，短期記憶と概念的に類似した，認知活動の一時的な記憶としての作動記憶(working memory)も知られている。日常生活の中で，外界から入ってきた様々な情報は感覚記憶，短期記憶を経て長期記憶に保持され，判断の際に長期記憶から取り出されると考えられる[17]。

　長期記憶はこれまで様々な分類がなされてきたが，本書で着目するのは有権者が日常で触れる政治的な経験・エピソードの記憶である。Tulving (1972, 1983)は，長期記憶をエピソード記憶(episodic memory)と意味記憶(semantic memory)とに分類した。エピソード記憶とは個人的な出来事や経験を記憶したり思い出したりする記憶であり，「時間」・「場所」に関連づけられた記憶で，「覚えている」(remember)という想起意識を伴うとされる。一方，意味記憶とは，個人にかかわることとは独立した，世界に関する知識の記憶であり，「知っている」もしくは「分かる」(know)ということに関連する記憶である。Tulving (1983)は，両者の違いについて詳細に検討を行っているが，表2－1はそのうちの主要なものをまとめたものである[18]。

　このうち，特に，保持されている記憶情報の特徴，すなわち，「情報における相違点」の視点からエピソード記憶を捉えるならば，エピソー

16　この区分は「二重貯蔵モデル」として知られている。したがって，厳密には，短期貯蔵(Short-Term Store)・長期貯蔵(Long-Term Store)，そして，感覚登録器(Sensory Register)との訳語を用いるのが適当であるかもしれないが，本書中の他の表現に合わせて「記憶」の訳語を用いた。
17　記憶のシステムについてはその性質から様々な区分がなされる。その他の分類や，感覚記憶・短期記憶・長期記憶の詳細については，例えば森(1985, 1995a, 1995b)に詳しい。
18　両記憶の区分は「情報における相違点」，「操作における相違点」，「応用に関する相違点」という3つのカテゴリーに分けられ，計28の区分特性についてそれぞれ検討されている。本文中の表2－1に掲載しなかった「応用における相違点」ではそれぞれ，他分野への応用可能性や他分野での解釈が示されている。詳細については，Tulving (1983)，太田(1988)を参照されたい。なお，記銘・検索の過程は「操作における相違点」に相当する。

ド記憶は、感覚を源(source)に持ち、事象・エピソードを情報の単位とし、時間的な体制化が行われている記憶である。そして、自己に関する記憶であり、自分が経験したという個人的信念に基づいている[19]。他方、意味記憶は理解してはじめて記憶として保持される。情報の単位は事実や観念、概念であり、概念として記憶の体制化がなされる。そして、個人的なものではなく誰もが共通に持っている万物(世界)に関する記憶であり、他の事象との関連の中で真実性が判断される。

エピソード記憶と意味記憶との違いを他の記憶分類から整理することも、両者の違いを位置づける上で有益である。表2－2は他の代表的な

表2－1　エピソード記憶と意味記憶の区分

区分特性	エピソード記憶	意味記憶
情報における相違点		
源	感覚	理解
単位	事象・エピソード	事実・観念・概念
体制化	時間的	概念的
指示	自己	万物(世界)
真実性	個人的信念	社会的一致
操作における相違点		
登録	経験的	象徴的
時間的符号化	有・直接的	無・間接的
感情	より重要	重要でない
推論能力	制限あり	豊富
文脈依存性	より顕著	顕著でない
被干渉性	大	小
アクセス	意図的	自動的
検索の質問	時間？　場所？	何？
検索の影響	システムの変化	システムは不変
検索のメカニズム	共働的	開示的
再現意識	記憶された過去	表出された知識
検索の報告	…を覚えている	…を知っている

注）Tulving (1983)；太田(1988)より作成

19　個人史のような自身の経験にその範囲を狭め、そこに焦点を当てる場合には、エピソード記憶は更に、自伝的記憶(autobiographical memory)として分類されることもある。

表2-2 記憶システムの分類

記憶システム	宣言的・非宣言的	検索
手続き記憶	非宣言的	潜在的
意味記憶	宣言的	潜在的／顕在的 ※
エピソード記憶	宣言的	顕在的

注) 意味記憶を潜在的，顕在的どちらに分類するかについては議論の分かれるところである。

記憶分類とエピソード記憶，意味記憶とを整理したものである。

 まず，特定事象の想起意識を伴うか否かという，潜在記憶(implicit memory)と顕在記憶(explicit memory)との観点からエピソード記憶と意味記憶とを分類すれば，エピソード記憶は顕在記憶に，意味記憶は潜在記憶に分類される(Schacter, 1987; Schacter & Tulving, 1994)[20]。つまり，エピソード記憶は想起意識を伴い，「覚えている」ものであり，意味記憶は想起意識を伴わない「知っている」もしくは「分かる」という記憶である[21]。

 Squire (1987)は長期記憶を宣言的記憶(declarative memory)と手続き記憶(procedural memory)とに分類したが，宣言的記憶とは，意識的想起

---

[20] 潜在記憶と顕在記憶について，太田(1995)は次のように定義する。すなわち，潜在記憶とは「自分の経験として思い出す意識，すなわち特定事象の想起意識のない記憶」であり，顕在記憶は「そのような想起意識のある記憶」(太田, 1995, 209頁)とされる。なお，意味記憶を潜在記憶に分類するか，顕在記憶に分類するかについては，議論の分かれるところである。Tulving (1983)の分類においては，潜在記憶に分類されるが，後述のSquire (1987)の分類では，顕在記憶に分類される。これは，Squireの分類における特徴である宣言的記憶と非宣言的記憶において，意味記憶は宣言的記憶に分類されることによるものである。本書では，Tulvingの提示したエピソード記憶に焦点を当てる。したがって，意味記憶の分類にあたっても，Tulvingの分類を採用した。

[21] エピソード記憶と意味記憶との違いは心理学の実験手続きにおいては，その特徴である「覚えている」，「知っている」という特徴に着目し，エピソード記憶と意味記憶それぞれの操作化を行うRemember／Know テスト (Gardiner, 1988; Rajaram, 1993)が用いられている。

が可能で，その内容について述べることが可能な記憶であり，それに対し手続き記憶は，特定の事実やデータ，特定の時間や場所での出来事とは関係のない，技能や認知的操作の記憶であるとされる。つまり，エピソード記憶，意味記憶ともに，言語によって記述可能な記憶であるといえる。また，Tulving（1983）は，両者とも情報や知識の習得，保持，利用に関連した記憶のシステムであること，手続き記憶との対比の中で，両記憶が命題記憶（propositional memory）であることを挙げている。命題記憶とは，知識の真偽をたずねることや，内観可能な記憶のことであり，命題記憶は宣言的記憶に分類される。

このように，エピソード記憶と意味記憶とには相違点もあれば，類似点もあるが，両記憶の関連は如何なるものであるのか。Linton（1982）は，日誌法による自身の6年間にわたる記憶調査の中で，エピソード記憶は繰り返されることによって，意味記憶へと変形していくと主張する。つまり，個々のエピソードは，繰り返されることで時間や場所の情報が抜け落ち，意味記憶化していくと考えられる[22]。また知識の獲得という点から見れば，エピソードの繰り返しによって，知識が獲得され，更には意味記憶ネットワーク（Collins & Quillian, 1969; Collins & Loftus,

---

[22] 脳科学，ニューロサイエンスの視点からもエピソード記憶と意味記憶とが別の側面を持つことが指摘される。例えば，両側の海馬を含む側頭葉内側領域を手術により切除した，所謂，症例H.M.については多くの研究蓄積がある（例えば，Scoville & Milner, 1957; Milner, Corkin & Teuber, 1968; Corkin, 1984; Corkin, Amaral, Gonzalez, Johnson & Hyman, 1997）。これらの研究からは，短期記憶や過去に獲得した知識，すなわち，意味記憶については保たれているものの，強い前向性健忘と一部の逆向性健忘とが引き起こされ，出来事の記憶，すなわち，エピソード記憶に障害が認められることから，エピソード記憶と意味記憶との区分が支持されている。一方で，Tulvingら（Tulving, Hayman & Macdonald, 1991; Tulving, 2002）は，前向性健忘患者である症例K.C.において，エピソード記憶を伴わなくとも意味記憶が形成されることを指摘している。これは，両者が独立したシステムである可能性を示唆するものであり，エピソード記憶と意味記憶の関連については多くの議論の余地があるともいえる。

1975)を形成すると考えられる[23]。

　こうした抽象化の過程は，同様にスキーマについてもいえる。スキーマとは，「特定事象に関する属性的・因果的・相関的・規約的な知識や信念の構造」(池田, 1991)であるが，日常のエピソード記憶は繰り返され，構造化されてスキーマへと発展すると考えられている(Nelson, 1978)。換言すれば，スキーマ内の知識の多くは繰り返されたエピソードによってもたらされ，その一方でスキーマは新しいエピソードを解釈するのに用いられる(Cohen, 1986, 1989)。

　以上のように，エピソード記憶は，意味記憶やスキーマ形成の源泉になっていると考えられる。ただし，すべてのエピソード記憶が意味記憶に回収され，スキーマとして構造化されるわけではなく，場合によっては個人的なエピソードはそのままのかたちで長期にわたり詳細かつ正確に保持されるものでもある(Cohen, 1986)。したがって，抽象化や一般化されない一回限りの経験であっても，エピソード記憶として正確に，鮮明に保持され得る。これは，有権者は，ただ一度の経験であっても，その記憶に基づいて判断を下すことができるということを示している[24]。

23　Collins & Quillian (1969)は各概念が上下に組織された階層構造による階層的ネットワーク・モデルを提唱し，Collins & Loftus (1975)は階層的ネットワーク・モデルを発展させ，概念間の意味的関連性に着目した活性化拡散モデルを提唱する。いずれにおいても，各概念がノードとして表され，また各概念間は，リンクというかたちで繋がるネットワーク構造をなすとされる。

24　なお，スキーマと意味記憶は，知識を対象としている点で類似性を持つが，知識としてのスキーマは「語彙の内的構造の表現に終始した従来の意味記憶(semantic memory)研究と立場を異にする」(川崎, 1985, 172頁)とされる。つまり，スキーマは意味記憶と異なり，単なる知識構造としてだけでなく，一連の行動やスクリプトやステレオタイプへの広がりを持っている。

2－4　政治的エピソード記憶

　エピソード記憶の視点から有権者の日常を捉えると，有権者は，日常，様々なかたちで政治的な出来事を経験し，それらは個々のエピソードとして記憶の中に蓄積され，政治的な判断――例えば投票や候補者評価――を求められた際に活用していると考えられる。つまり，有権者は，日常触れる様々な政治的な経験・情報を記憶し，その記憶が投票行動に直接，影響を及ぼすこともあれば，それらが投票行動にまつわる心理的な変数を構成することで判断に影響を及ぼすこともある。逆にいえば，有権者の投票行動や投票行動にまつわる心理的な変数は，日常の経験の積み重ねによって形成されていくと考えられる。

　ここで，抽象化された意味記憶やスキーマ，および個別具体的なエピソード記憶という視点で両者を捉えると，政治的経験は抽象的・具体的の両記憶として保持されていることが想定される。確かに，有権者の認知構造として，抽象化，一般化されたスキーマも存在するであろう。また，その情報，すなわち，記憶された情報に従って判断を求められると考えられる。しかしながら，有権者の日常において，同じような政治的経験が複数回あるとは限らず，抽象化，一般化された意味記憶やスキーマと同時に，抽象化されていない個別具体的なエピソード記憶も存在し得る。

　以上から，政治的記憶を整理すれば，エピソード記憶と意味記憶とに分類され，政治的な記憶も，日常生活の中で触れる様々なエピソードにまつわる記憶と，そうしたエピソード記憶の蓄積による意味記憶，つまり，政治的知識としての記憶とに分けることができる。したがって，「政治的エピソード記憶」を概念的に定義すれば，「個人の経験を通して形成される，政治的な出来事にまつわる時間や場所に関連づけられた記憶」とすることができる。この「政治的エピソード記憶」と政治的知識の区別は，例えば選挙に関する記憶に限定してみても，「前回の選挙では投票をした」，「選挙期間中，候補者と握手をした」，「駅前で演説しているのを見た」，「掲示板で候補者のポスターを見た」といった時間・場

所に関連づけられ,「覚えている」エピソード記憶と,その繰り返しによって得られる,「○○候補は△△党の候補である」,「××候補は当選何回である」といった知識として「知っている」意味記憶とに分類できる[25]。

こうした「政治的エピソード記憶」,政治的知識は有権者の中に多く蓄積されていると考えられる。しかしながら,従来の投票行動研究において,エピソード記憶の概念が明示的に用いられることはほとんどなかった。ただし,これまでに提出された投票行動モデルのいくつかは,ミクロレベルの視点に立ち,情報処理プロセスにおける記憶システム,ひいては,「政治的エピソード記憶」の働きを暗黙のうちに仮定していると考えることができる[26]。そこで,そうしたモデルの中で本書のテーマである投票参加の文脈上で重要と思われるものについて概観したい。

記憶は,先述のとおり,記銘・保持・想起の各プロセスに分けられる。まず,如何に記憶が保持されるのかという保持のプロセス。次に,保持される記憶の源は如何なるものであるのかという記銘のプロセス。最後に,保持された記憶を如何に処理し,思い出すのかという想起のプロセスの分類を前提として,それぞれが,如何に投票行動・投票参加にかかわるとされてきたのかについて投票行動のモデルを概観する。しかし,各プロセスは必ずしも独立したものではなく,記憶遂行においては密接に関連する。したがって,モデルによっては各プロセスを横断するようなものも存在すると考えられるが,本書においては主に次のような

---

25 「○○候補は△△党の候補である」といった知識としての記憶も,TVニュースを見たという自己の経験に裏打ちされるような場合にはエピソード記憶に分類できる。Tulving (1983) は,両記憶は相互依存的であることを指摘し,意味記憶システムに向けられた質問であっても,エピソード内容の意味的側面を習得した後であれば,エピソード記憶システムから想起した情報を基に答えることができるとしている。

26 マクロレベルのアグリゲート・データ分析においても,記憶の性質を仮定できると考えられる報告がなされている。中村(2006)は時系列分析の中で,政党支持率,内閣支持率はともに,一時点で受けたショックの影響が長期間にわたって継続するという長期記憶性を示している。

枠組みで議論を進める。まず、保持のプロセスにおいてはスキーマ研究、政治的知識研究を取り上げる。これは、保持されている記憶の構造にかかわるものである。次に、記銘のプロセスにおいては有権者が接触する政治的情報を取り上げる。そして最後に、想起のプロセスにおいてはオンライン・モデル、メモリーベース・モデルといった情報処理方略について触れる。

政党スキーマと政治的知識

　投票行動研究における記憶研究アプローチの代表的なものはスキーマ研究である(Conover & Feldman, 1984; Hamill et al., 1985; Lodge & Hamill, 1986; Miller et al., 1986; Kuklinski, Luskin & Bolland, 1991; Lodge, McGraw, Conover, Feldman & Miller, 1991)。同アプローチでは、有権者の中にどのような政治的な記憶がスキーマとして存在しているのかに焦点が当てられてきた。つまり、政治的スキーマ研究で前提となっているのは、主に知識や認知構造としてのスキーマであり、これは、意味記憶ネットワーク(Collins & Quillian, 1969; Collins & Loftus, 1975)を基礎として、感情までを含めた連合(連想)ネットワーク・モデル(associative network model of memory)へと広がりを見せている(Judd & Krosnick, 1989; Lodge & Taber, 2000)[27]。

　政治的知識そのものを対象とした研究では、政治的知識を測定した上で、それが、属性・心理的要因と関連していることや(森川・遠藤, 2005；今井, 2008a, 2008b)、投票行動との関連では、政治的知識が持つ、投票行動を説明する要因群への条件づけ効果が示されている(今井, 2008c)。また、より直接的に政治的知識が政治参加を促進する効果も指摘されている(Delli Carpini & Keeter, 1996；稲葉, 2005)。

　一方で、池田ら(池田, 1991, 1994, 1997；池田・西澤, 1992；稲増・

---

[27] 連合(連想)ネットワーク・モデルは、意味記憶モデルと異なり、感情がノードとしてネットワーク構造の中に位置づけられることにその特徴を持ち、「感情ネットワーク・モデル」とも呼ばれる。感情の役割については、投票行動研究においても重要な位置を占めるようになっている。

池田, 2007)は, 政党支持概念に代わる変数として政党スキーマを提唱する。政党認知としてのスキーマは, 投票方向に関する大きな説明力を持つが, 他方, 投票に参加する動機を十分に説明するものではない。確かに, 投票方向が決まることで参加がもたらされるとも考えられるが, より直接的に投票参加の動機を説明する必要がある。これに関しては, 例えば平野ら(平野・亀ヶ谷, 1994)は,「投票するかしないか」に関する意思決定では動機的なスキーマが主として働くとし, 投票を促進するものとして,「苦戦しそうな政党を助けたい」や「棄権はできるだけしたくない」といった下位スキーマや, Richardson (1986)の習慣的投票に関連した「いつも投票している」という「習慣投票スキーマ」を挙げている。

　以上のように, これまでの投票行動研究においても保持された記憶に焦点を当てた研究がなされてきた。McGraw (2000)は政治的記憶 (political memory)の研究は創造的で変化に富んだものであったと指摘する。確かに, これらのスキーマ研究や政治的知識研究においては, それらを測定し, 記憶の様々な側面から投票行動に対する効果の分析が行われ, それぞれ, 政治参加との関連も指摘されてきた。しかし, そこではエピソード記憶と意味記憶の観点から見れば, 意味記憶としての側面, ひいては, より抽象化された記憶にのみ焦点が当てられてきたといえる。スキーマや知識の源泉となる有権者の日常, つまり, エピソード記憶が仮定されているとはいうものの, 主に抽象化された記憶に焦点が当てられ, エピソード記憶そのものが持つ効果については考慮されていない。つまり, 個人の日常の経験という側面で捉えれば, 豊富に存在するであろう「時間」や「場所」といった個別具体的な情報を敢えて捨象したものを基にモデルが構築されてきた。

政治的情報への接触

　「政治的エピソード記憶」の源を考えるとき, 日常で触れる政治的な事象にまつわる情報も, その源泉となると考えられる。こうした, 情報と投票行動との関連については, これまでその量や質に焦点が当てられてきた。情報量という点で, 境家(2005a)は, 選挙情報への接触が投票

参加を促進することを明らかにし,堀内ら(堀内・今井・谷口,2005)は,フィールド実験の結果から,情報量の増加は投票参加を増加させることを示した。他方,情報の質という点から,境家(2005b)は,有権者が触れる選挙情報の源泉を「直接キャンペーン」,「マスメディア」,「パーソナル」という3つのルートに分け,日本における「直接キャンペーン」ルートへの接触率の高さを指摘している[28]。これらの研究は,政治的な情報への接触が投票参加を促進することを示しているが,そこでは有権者が持つ記憶が前提とされていると考えられる。なぜなら,情報接触の時点と投票参加との間にはタイムラグが存在しており,情報は有権者自身に保持されていなければ,それらが効果を持つとは考えられないからである。

情報はどのルートを辿ろうとも,すべて有権者の個人の経験として受け止められると考えられる。したがって,政治的な情報に接触した際,その情報は,まずは政治や選挙にまつわるエピソード記憶として保持されるであろう。そして,それらのうち,エピソード記憶として保持されるものもあれば,後に,意味記憶やスキーマを形成していくものもあると考えられる。境家は「日本の選挙過程においては,政治的情報媒介者intermediaryを経由しない『0段階』あるいは『無段階』の情報フローが(他のルートと比較して)相当量存在する」(境家,2005b,167頁)と指摘するが,これをエピソード記憶の視点から見れば,その特徴である,「時間」や「場所」によって体制化された,政治や選挙にまつわる直接的,個人的な経験と捉えることが可能であり,エピソード記憶が相当量保持されていると考えることができる。

また,有権者がどのような情報に接触するのかという点では,有権者の先有傾向に伴う情報への接触,すなわち,選択的接触(Lazarsfeld

---

28 具体的には次のようなチャンネルが挙げられている。例えば,「直接キャンペーン」ルートには,候補者ポスター,候補者ビラ,選挙公報,連呼,街頭演説などが,「マスメディア」ルートには,候補者経歴放送,候補者新聞広告,候補者政見放送,テレビ選挙報道,「パーソナル」ルートには,家族の話し合い,友人・親戚のすすめ,熱心な人の勧誘などが含まれる(境家,2005b)。

et al., 1944)が挙げられよう。ただし，選択的接触の効果については必ずしも明らかにされているとはいえない[29]。これは，Searsら(Sears & Freedman, 1967)が指摘するように，選択的接触研究が直接的・即時的な観測ではなく，回顧的な自己報告(self-report)に依拠した選択的記憶(selective memory)によるものであるとされる。その意味では，先述の保持のプロセスと併せて考えれば，接触した情報は，後にエピソード記憶として保持されるという一連のプロセスを示していると考えることもできる。

　以上のように，情報接触によるアプローチにおいては先の情報接触と後の投票行動の関連について，その時間的距離，すなわち，タイムラグを媒介する要因として，有権者が持つ記憶が前提とされている。しかし，投票行動・投票参加に至るプロセスやメカニズムについては記憶そのものを考慮したアプローチが採られてきたとはいえない。これは，ともすれば，情報という外的な環境要因による刺激が，反応という行動を，直接，決定するという行動主義的な前提に陥りかねず，「記憶」そのものをブラック・ボックス化しているに過ぎない。したがって，情報への接触と後の行動とを繋ぐもの，つまり，保持された記憶がどのように用いられるのか，その処理の過程を考慮に入れる必要があろう。

オンライン・モデルとメモリーベース・モデル

　情報処理のプロセスと，保持された記憶の利用のされ方に目を向けると，人間の情報処理には限界があることを前提とした情報処理のモデルが求められるようになった[30]。つまり，合理的選択モデルが前提とする，すべてを記憶し，判断に記憶のすべてを用いるような，記憶の想起と政治的判断とが直接的に対応するメモリーベース(memory-based)・モデル(Kelley & Mirer, 1974)では有権者の認知的負担が大きく，人間の情報処理能力や有権者の判断における合理性の確保の点から見ても現実的な

29　御堂岡(2000)のように，選択的接触の効果を示す報告もある。
30　例えば，人間の短期記憶の容量は7 ± 2チャンク(Miller, 1956)として知られている。

モデルとは言い難い。したがって，限られた情報処理能力の下で有権者の認知的負担が小さく，同時に一定の合理性を持つ判断を担保する認知的倹約家(cognitive miser) (Taylor, 1981)として行動することを前提とした投票行動のモデルの提示が求められてきた。

認知的負担の軽減という点で，Lodgeら(Lodge, McGraw & Stroh, 1989; McGraw, Lodge & Stroh, 1990; Lodge & Stroh, 1993; Lodge, 1995; Lodge, Steenbergen & Brau, 1995)は，オンライン・モデルとして，印象駆動型(impression-driven)の処理を提唱する。そこでは，有権者はキャンペーンの詳細ではなく，それらの情報によって形成された全体的評価を参照することで，候補者の評価を行うとされる。つまり，印象駆動型の処理では，有権者は限られた情報処理下において，すべての記憶を保持・利用することはできず，選挙期間中，キャンペーンの様々な情報に触れても，その詳細をすべて覚えるのではなく，忘れてしまうものもあると考えられている。換言すれば，有権者はキャンペーンの詳細ではなく，それらの情報によってその都度，統合・更新された全体的な印象から候補者の評価を行うとするモデルである。

他方，Fiorina (1981)は，有権者は政府の業績の良し悪しを基に判断を行い投票するという業績投票モデルを提唱し，保持された記憶，情報は投票行動の意思決定においてどのように利用されるのかという点で，一定の合理性を持った投票行動のモデルを示した。これは，回顧的投票ともいわれるが，回顧とはすなわち，過去を振り返ることである。Fiorinaは「直接的な経験による評価」(SRE：simple retrospective evaluations)と「間接的な情報による評価」(MRE：mediated retrospective evaluations)とを挙げる。前者は，自分自身の家計の状態や仕事上の経験といった，個人の直接的な経験や印象から得られる評価であり，後者は，政府のパフォーマンスに関する，マスメディア情報などから形成される評価である。記憶の視点から見れば，前者は有権者の直接的な経験，つまり，エピソード記憶の積み重ねによってもたらされる評価であり，後者は，定性的な評価，つまり，形成された意味記憶的な評価を含んでいると考えることができる。

また，Popkin (1991)は，日常生活や，メディア，選挙キャンペー

ンを通じて得られる情報がインフォメーション・ショートカット（information shortcut）や単純な手がかり（cue）として利用されることを提示している[31]。これは，必ずしも，専門的な知識や政治的洗練度の高さを要求することなく，少ない情報の下でも判断が合理的に行われることを示したものでもある。

　以上の判断は，保持している情報の中から利用し易い情報に焦点を当て，それらを用いたものである。利用し易い情報という点に着目すれば，これらの判断は認知的ヒューリスティクスを用いた処理とも関連が深い。ヒューリスティクスとは簡便な解法や法則とされ，Kahnemanら（Tversky & Kahneman, 1974; Kahneman, Slovic & Tversky, 1982）は，限られた事例の中から全体を判断する際に，それがどれだけ代表しているかに影響を受ける「代表性（representative）ヒューリスティック」，記憶の中にどのくらい当てはまる例があるかに影響を受ける「利用可能性（availability）ヒューリスティック」，最初の推論や判断を参考にする「係留と調整（anchoring and adjustment）ヒューリスティック」を挙げる。とりわけ，個人が保持している記憶の中からその時に利用し易いものを用いる処理方略とは，利用可能性（availability）ヒューリスティクスと関連すると考えられるが，投票行動研究との関連においては，サーベイ調査における回答と利用可能性ヒューリスティクスとの関連が主に指摘されてきた（Zaller & Feldman, 1992; Zaller, 1992; Feldman, 1995）。

　有権者の情報処理とそれに伴う投票行動との関連では，必ずしも記憶されたすべての情報を利用するとは限らないモデルが構築されている。つまり，利用し易い記憶を利用していると考えることができる。したがって，オンライン・モデルとメモリーベース・モデルとの違いのようなモデルの違いであっても，それは矛盾し対立するモデルとしてではなく，個人間，個人内における異なる処理方略として，また，混在するモ

31　日本における実証研究として，野村（2008）は「所得税負担感」，「家計満足度」といった日常生活を通じて得られる情報に基づく態度が，「政府支出の多寡に対する意見」という政策に対する意見に影響を与えることを示している。

デルとして捉えられているのである。

　このような処理方略の違いは，政治的洗練度の違いや動機の程度の違いなどによってもたらされると考えられるが，中でも，オンライン・モデルが用いられるのは，政治的洗練度が高い場合であるとされている（Hastie & Pennington, 1989; McGraw et al., 1990; Lavine, 2002）。近年では，脳科学・ニューロサイエンスの視点からも，政治的洗練度の違い，および認知の処理過程の違いに焦点が当てられている。Liebermanら（Lieberman, Schreiber & Ochsner, 2003; Lieberman, 2003, 2009; Lieberman, Gaunt, Gilbert & Trope, 2002）は，認知過程における2つの仮説的な処理システムであるX-システムとC-システムとを提示する。X-システムとは，自動的（spontaneously）・無意識的（nonconsciously）な処理であり，またC-システムとは，X-システムによる一貫した処理が困難になった際に補われる意識的な処理であるとされ，相互作用の役割を担っている。そして，両者の脳の活動部位も異なり，X-システムが，外側側頭皮質，扁桃体，基底核，C-システムが，前頭前野，前部帯状回，側頭葉内側部でそれぞれ構成されるとされている[32]。これは，エピソード記憶と意味記憶を掌る部位の違い（Garrard & Hodges, 1999; Graham, Simons, Pratt, Patterson & Hodges, 2000）にも対応していると考えられ，X-システムは意味記憶を用いた処理，C-システムはエピソード記憶を用いた処理に対応するとも考えられる（Lieberman et al., 2003）。また，Schreiberら（Schreiber & Iacoboni, 2004）はfMRIを用いた政治的洗練度を検証する実験において，政治的洗練度の違いによって脳の活動部位が異なることを示し，Liebermanらの提示したモデルを部分的に確認している。以上のような政治的洗練度に着目した議論から導き出されるのは，次のような有権者の姿である。すなわち，X-システムが用いられ，意味記憶やスキーマによる，自動的・無意識的な政治的判断が行える政治的洗練度の高い有権者と，C-システムが用いられ，エピソード記憶による意識的な政治的判断を行う政治的洗練度の低い有権者とであ

32　X-システム，C-システムの詳細や，各システムにおける脳部位等の詳細はLieberman（2009）に詳しい。

る。また，政治的洗練度の高い有権者であっても，X‐システムによる判断が困難となれば，C‐システムを用いた判断を行うというような，政治的判断や政治的意思決定における処理システムの相互作用を行う有権者の姿である。

　これまで，投票行動研究において政治的洗練度の高さは，合理的な判断，推論を行う有権者のあり方として捉えられてきたが，記憶研究の視点で捉え直すと，抽象化された記憶を用い，自動的・無意識的に政治的判断を行える政治的洗練度の高さは，必ずしも過去の自己の政治的経験とその記憶そのものを反映するモデルとはいえない。確かに，政治的判断において，オンラインの印象駆動型の処理や知識構造やカテゴリー，スキーマの形成は，有権者の認知的負担を軽減しながら，合理的な判断，推論を説明できるであろうし，そうした有権者の姿は自動的・無意識的に政治的判断を行える政治的洗練度の高さを描き出すであろう。しかし，これらのモデルが焦点を当てるのはより抽象化された記憶の側面である。そもそも，これらのモデルの前提にあるのは，日常触れる情報であり，その記憶によって情報処理モデルが維持されるということである。日常の記憶とは，日々の経験の記憶でありエピソード記憶である。そのエピソード記憶がなければ，知識構造やカテゴリー，スキーマが形成されることはない。また，一方で，日常のエピソード記憶はすべてが，知識構造やカテゴリー，スキーマに回収されるのであろうか。確かに，エピソード記憶は知識構造やカテゴリー，スキーマといった認知構造を形成し得るであろう。しかしながら，先述のとおり，知識としての意味記憶やスキーマは繰り返されることで形成されていると考えられることから(Linton, 1982; Nelson, 1978)，知識としての意味記憶やスキーマの源泉となるエピソード記憶ではあっても，すぐさま想起不可能になるとは考えにくく，日常のエピソード記憶そのものが政治的判断に利用される可能性までは否定されていないといえる。

　したがって，記憶をすべて用いるわけではないという，これらの情報処理のモデルが現実的なモデルであるとはいえ，そこで用いられる記憶は必ずしも抽象化された記憶である必要はなく，政治的な判断に際しては，「政治的エピソード記憶」を用いた判断も十分に行われていると考

えられるし，記憶研究という視点からは，個別具体的なエピソード記憶の観点からの議論も求められる。

2−5　政治的態度・投票行動を形成する政治的エピソード記憶

　これまで，投票行動研究における認知心理学的アプローチの既存のモデルを概観する中で「政治的エピソード記憶」の位置づけを行ってきた。認知心理学的アプローチ以前の政治心理学・投票行動研究は，政治的態度や政治意識を独立変数とし，最終的な従属変数である投票行動を説明してきたが，「政治的エピソード記憶」はこれらの既存の独立変数である政治的態度や政治意識に対しても，その形成を促進する効果を持つと考えられる。

　そもそも，態度とは「経験に基づいて組織化された，精神的および神経的準備状態」(Allport, 1935)であり，信念と評価で構成される。また，連合(連想)ネットワーク・モデルにおいては，信念と態度は次のように考えられている。すなわち，信念は概念間のリンクで表現され，態度はポジティブ，ネガティブな感情を伴うリンクとして表現される(Lodge & Taber, 2005, 458-459頁)。このように見れば，経験に基づく組織化によって構成される態度とは，エピソード記憶の蓄積とその抽象化であると捉えることもできる。また，連合ネットワーク・モデルのネットワーク構造は，意味記憶のネットワークを前提としている点で，エピソード記憶から形成された意味記憶の総体と考えることもでき，連合ネットワーク・モデルにおいてはそのネットワークの中に出来事の概念も組み込まれている(Bower, 1981)点で，エピソード記憶はそれらを形成する重要な要因となっている。

　このように見ると，政治的態度は有権者の日常の経験やエピソード，および，その記憶によって支えられているものであり，換言すれば，有権者が日々触れる，政治的な経験・情報とそのエピソード記憶が政治的態度や政治意識を形成すると考えられる。他方，投票行動という「行動」そのものに焦点を当て，最終的な政治的判断や投票行動を直接説明

するモデルにおいても，「政治的エピソード記憶」は重要な役割を果たすと思われる。そこで，以下，投票行動・投票参加といった行動レベルにおける先行研究を概観する中で，「政治的エピソード記憶」の位置づけを確認したい。なお，過去と現在とを繋ぐという「記憶」が持つ最大の特徴の視点から，過去の投票行動と，現在の投票行動の関連に焦点を当て，習慣的投票・適応学習を取り上げる。更に，過去と現在とを繋ぐ役割としての記憶を取り上げるときに，重要となるであろう記憶の正確さについても触れる。

投票参加経験と習慣的投票・適応学習

過去の自己の行動に焦点を当て，過去の自己の行動と，その記憶とを利用することを前提としたモデルが習慣的投票である。これは，有権者にとって認知的負担の少ない投票方法の1つでもある。Richardson (1986) は日本における投票行動の特徴として，強い政党支持を持たないにもかかわらず，一貫して同一政党に投票を行う習慣的投票者の存在を示した。また，投票方向についての習慣的投票者の存在や，投票参加についての習慣的投票者の存在は実証研究によっても報告されている (Gerber, Green & Shachar, 2003; Green & Shachar, 2000; Plutzer, 2002; Fowler, 2006)。

習慣的投票のメカニズムを説明するモデルでは，政治や選挙にまつわる有権者自身の直接的な参加の経験と後の行動とがかかわっており，過去の投票行動の経験が後の行動を継続的に規定するということを前提にしていると考えられる。しかし，これらの議論はそのメカニズムにおける媒介要因をブラック・ボックスの中に押し込んでしまっている。したがって，先の行動が直接，後の行動を規定すると考えるのではなく，後の行動との間に媒介する要因の存在とその解明が必要となろう。媒介要因に求められる条件としては，先の行動時点と当該選挙という異なる時点を埋めるものであるという視点から，適応学習モデルによる説明が考えられる。このモデルによれば，習慣的な投票は参加経験が学習されたときに形成される。Bendorら (Bendor, Diermeier & Ting, 2003) はシミュレーション・モデルにおいて，「良い (good)」，「悪い (bad)」としてコー

ド化された過去の行動の結果を基に，要求(aspiration)のレベルを変化させ投票参加に至るとしている。また，荒井(2006)は，評価を経由した適応学習の視点から，投票をはじめとする6項目の政治参加形態を用い，参加経験とその評価が後の参加に対して影響を与えることを示し，過去の参加経験そのものが次回の参加に肯定的に影響することを示している。

　過去の経験そのものが，現在の意思決定の中で利用されるという点では，Schank（1982)に代表される事例ベース推論(Case-based reasoning: CBR)の考え方とも一致している。事例ベース推論は，現在直面している状況が，過去に直面した事例とどのように類似しているかを基に判断を下す処理方略である。そこでは，記憶構造パケット(Memory Organization Packets: MOP)と呼ばれる記憶の束が想定されるが，そこに含まれる記憶の種類としては，エピソード記憶が想定されている。これは，すなわち，エピソードの蓄積と，その蓄積を基に意思決定を行う点で，エピソード記憶がダイレクトに意思決定および行動に繋がるとする考え方である。

　また，エピソード記憶が意思決定や行動選択に与える効果は消費者行動研究でも示されている。消費者行動研究においては，AIDMAモデル(Hall，[1924] 1985)，すなわち，Attention（注意），Interest（関心），Desire（欲求），Memory（記憶），Action（行動)という消費者の一連の購買プロセスを示した古典的なモデルが知られている。これは，関心や欲求といった心理的要因が記憶を媒介して行動に影響を与えることを示したものである。また，情報処理過程においてエピソード記憶の想起喚起が行われると，そうでない場合と比べて広告や製品に対する評価を上昇させたり，製品特性の考慮や製品特性への注意を減少させる(Baumgartner, Sujan & Bettman, 1992; Sujan, Bettman & Baumgartner, 1993)。これらの知見は，エピソード記憶の保持と想起とが行動選択場面において他の心理的要因の効果以上にエピソード記憶自体が行動選択を左右する要因となることを示している。

　エピソード記憶が意思決定や行動に与える効果は，投票行動研究にも当てはめることができる。つまり，投票参加という行動選択場面におい

ても，政治的事柄にまつわるエピソード記憶が行動を左右するのである。「先の選挙では投票に行った」という投票参加経験の記憶や，「先の選挙ではこの政党に投票した」という投票方向の経験の記憶は，先の選挙における自己の行動という点で，自己における過去の事例であり，且つ，それは，「時間」や「場所」に関連づけられたものであることから，有権者にとっての「政治的エピソード記憶」と捉えることができる。この記憶が次の選挙時点まで保持されるのであれば，異なる時点を繋ぐ媒介要因となり，有権者自身の投票にまつわる「政治的エピソード記憶」が，次の選挙における投票参加や同一政党への投票に対して効果を持ち得るといえよう。加えて，選挙運動期間中に候補者と握手をしたり，演説を聞いたりした記憶も，「時間」や「場所」に関連づけられた「政治的エピソード記憶」であると考えることができる。更に，新聞やテレビ等のメディアを通して得た政治にまつわる記憶も，それが，新聞やテレビを見た「時間」や「場所」などとともに保持されていれば，「政治的エピソード記憶」に分類することもできるであろう。ただし，本書では，これらの「政治的エピソード記憶」のうち，主に投票参加経験，すなわち，投票に参加したことの記憶に焦点を当てる。なぜなら，本書が焦点を当てる従属変数である投票義務感，ひいては，投票参加を考えるとき，独立変数として設定される「政治的エピソード記憶」として，投票参加の経験の記憶を用いることは，他の「政治的エピソード記憶」を用いることに比べて，より従属変数との整合性を保つことができ，一連の抽象化のプロセスとして扱うことが可能になると考えられるからである[33]。

　これら「政治的エピソード記憶」を用いて分析を行う際には，保持された記憶について，その正確さも考慮しなければならない。なぜな

---

[33] 他の「政治的エピソード記憶」と投票行動との関連については稿を改めたい。また，従属変数となる投票行動についても，本書においては投票方向ではなく投票参加に焦点を当て，エピソード記憶によって促進される投票義務感と投票参加を検討する。確かに，投票方向の記憶が投票方向に対して持つ効果の可能性は十分に考えられるが，こちらについても，稿を改め分析を行いたい。

ら，不正確な記憶は忘却によってもたらされ，情報としての確信度を失うと考えられるからである。例えば，投票参加にまつわる参加経験の記憶を例にとった場合，一方で，現実に参加した経験があっても，それが投票に行ったという正確な記憶として保持されなければ，その経験がその後の投票義務感や投票参加を促進することはないと考えられるし，他方で，現実には参加しなかったにもかかわらず，参加したという不正確な記憶を持った場合にも，やはりその不正確な記憶はその後の投票義務感，投票参加を促進することはないと予想される。また，同じ正確な記憶であっても，例えば棄権したことの正確な記憶は，正確な参加の記憶や不正確な記憶と比較して，その後の投票義務感に対して抑制する効果が予測される。仮に，棄権についての正確な記憶がそれ以後の選挙における投票義務感や投票参加を抑制する効果を示すならば，それは民主主義の将来を考える上で重大なインプリケーションを持つものとなろう。

　これまでの投票行動研究において，調査における標本の不正確な記憶，記憶違いや誤答は欠損値として扱われることが多く，社会調査における誤答とバイアスの関連として研究が蓄積されてきた（宮野，1986；岩崎，1992）。したがって，記憶違いそのものに焦点が当てられることはあまり多くなく，不正確な記憶である記憶違いそのものに，投票行動を説明する効果があるのか否かについての検討は行われてこなかったという点でも，記憶の正確さの考慮は意義があると考えられる。この他に，感情・情動（emotion）についても，「政治的エピソード記憶」と投票参加の関連を考える際に考慮すべき要因である。そもそも記憶研究においては，意味記憶のネットワーク構造（Collins & Quillian, 1969; Collins & Loftus, 1975）の中に感情・情動が組み込まれ，連合（連想）ネットワーク，もしくは感情ネットワークとして，記憶ネットワークに感情を導入したモデルとして議論されてきた（Bower, 1981, 1991）。そして，投票行動研究において感情・情動研究は，これらのネットワーク構造を前提として議論されてきた。例えば，Lodgeら（Lodge & Taber, 2000, 2005; Morris, Squires, Taber & Lodge, 2003; Taber, 2003）は，動機づけられた政治的推論（political reasoning）における「熱い認知」（hot-cognition）仮説を提示する。これは，過去に評価したすべての社会的政治的概念と

感情とがそれぞれノードとなり，ノードが相互にリンクすることによってネットワークを構成し長期記憶に保持されるというものである。そして，あるノードが処理の対象となったとき，リンクされた各ノードがともに活性化され作動記憶に取り出される。その際，ともに活性化された感情ノード——ポジティブもしくはネガティブ——が判断に用いられる。また，脳科学・ニューロサイエンスの方法論的発展によっても感情・情動の重要性が指摘されている（Westen, 2007）。

　以上のように，感情・情動は，ネガティブ・ポジティブという2つの側面によって考慮されてきたが，記憶研究，エピソード記憶の観点からも感情の要素は重要なものであると考えられる。なぜなら，自己の経験がエピソード記憶として記憶されるとき，当然そこではポジティブな感情を伴う経験として記憶されるものもあれば，ネガティブな感情を伴う経験として記憶されるものも存在すると考えられるからである。したがって，「政治的エピソード記憶」と投票参加との関連においても，感情の役割は重要な位置を占めるであろう。例えば，選挙において，「政治的エピソード記憶」としての過去の投票参加の記憶がポジティブな感情とリンク・保持されていなければ，当該選挙において投票参加を促進するとは考えにくく，逆に，過去の投票参加の記憶がネガティブな感情とリンク・保持されていれば，投票参加を抑制することに繋がると考えられる。ただし，本書においては，これら感情・情動の役割については直接の分析対象としては扱わない。これは，感情・情動の効果を考慮するには，より厳密な調査デザインや実験デザインが求められるからである。本書は，調査データにおける二次分析を行うが，仮に感情・情動に相当する代理変数を用いて分析を行うとしても，非常にかけ離れたものを用いなければならないことが予想されるからである。したがって，本書においてはより直接的にエピソード記憶を扱うことで，エピソード記憶そのものの効果について確認を行いたい。

2−6　まとめ

　本章は，認知心理学的な変数として，従来の投票行動研究ではあまり

取り上げられてこなかった「記憶」に焦点を当て，それが，過去の行動・経験と後の行動とを繋ぐ媒介要因になることを検討した。そして「記憶」が持つ，政治的態度や政治的意識に及ぼす影響の可能性を指摘することで，これまでの投票参加研究の知見に対して，認知心理学的な側面からの再解釈を施すことを目的とした。特に，「記憶」の中でも「エピソード記憶」に焦点を当て，政治的事柄にまつわる「政治的エピソード記憶」の概念を提出したが，投票行動研究における「政治的エピソード記憶」研究の有効性については，以下のような点が考えられる。

　第1に，心理学においてエピソード記憶の概念が記憶研究に与えた影響について，太田(1988)は，(1)記憶のタキソノミー，すなわち分類を進めたこと，(2)いくつかの研究テーマを生み記憶研究の幅を広げたことを挙げている。これらは心理学における記憶研究についての言及であるが，政治心理学の文脈にも適用できる。太田は，記憶のタキソノミー，すなわち，分類に関して，それまでの心理学における多くの記憶実験がエピソード記憶と意味記憶とを一緒に扱ってきたことを挙げている。政治心理学・投票行動研究でも，記憶という点においては主に政治的なスキーマ，ひいては，知識についての側面を中心に焦点が当てられ，これまで「記憶」の種類については論じられておらず，有権者が記憶する情報の内容や，有権者個々の経験やエピソードに関する記憶についてはほとんど扱われてこなかった。その意味では，エピソード記憶と意味記憶との分類は，政治学における記憶研究においても記憶のタキソノミーを進め，有権者が持つ政治的な知識や情報にはどのようなものがあるのかを明らかにしていくことが可能になろう。

　一方で，記憶研究の幅については，「エピソード記憶は，われわれの個人的経験の記憶であるので，日常の実際のわれわれの記憶に注目せざるを得ないであろう」(太田，1988，3頁)ともされる。すなわち，心理学における実験室的研究から日常への広がりを指摘しているが，これは政治学においても同様である。有権者の政治にまつわる記憶は，彼らの日常から形成されたものである。したがって，エピソード記憶の概念を政治学に取り入れ，有権者の政治的なエピソード記憶を分析対象とすることで，彼らの日常に迫った分析が可能になる。

第2に，投票行動研究における認知的アプローチによる説明は，「心のメカニズム」の解明であると同時に，政治のリアリティを求めるものでもあった(池田，1997, 2007)。「政治的エピソード記憶」を用いることで，「時間」や「場所」といった個別具体的な情報を敢えて捨象することなく，市民の政治にまつわる一次的な記憶を分析に用いることが可能となり，更に政治のリアリティに目を向けることができる。また，市民の政治に対する現実的な認識，すなわち，市民の政治に対する現実感に迫ることも可能になろう。

　本章では，「政治的エピソード記憶」を「外的要因」と「内的要因」とを繋ぐ媒介要因として提示した。これは，前章で論じたように，「外的要因」としての社会関係や社会関係資本論に「記憶」のアプローチを適用することにも繋がる。そこで，社会関係資本論に「記憶」のアプローチを用いることによって生じるであろう議論に対する1つの解答を示したい。すなわち，社会関係資本をマクロレベル・ミクロレベルのどちらで捉えるべきかという問題である。そもそも，社会関係資本は，「人間関係の構造の中に備わっているもの」(Coleman, 1990, 302頁)や「社会構造の中に埋め込まれた資源」(Lin, 2001, 29頁)として，社会構造やマクロレベルの視点における他者との関係性の中で捉えられ，一方で，アグリゲート・データの分析を伴った議論が行われてきた(Inoguchi, 2000; 鹿毛，2007a, 2007b; 坂本，2005a, 2005b)。他方，ミクロレベルにおいても多くの実証研究があるものの，その基礎づけはあまり行われてこなかった。社会関係資本は集団や団体における他者との関係性の中で蓄積されるのみならず，政治・行政パフォーマンスに効果をもたらす点で，参加集団や参加団体といった限定的な関係を超えて機能し得るものである。したがって，そうした関係性の枠を超えてもなお機能するならば，それは，個人の中に蓄積され得るミクロレベルの点でも捉えなければならない。なぜなら，参加集団や参加団体における他者との関係性の中にのみ蓄積される規範であるとするならば，その関係性を超えた個人は非協力的になると考えられるからである。Putnamは，マクロレベルの視点で「協力がかつてうまく行ったことの表れ」(Putnam, 1993 = 2001, 216頁)が市民的積極参加のネットワークであ

るとするが,ミクロレベルの視点に立つならば,「協力がかつてうまく行ったこと」とは,すなわち,その「記憶」であると考えられる。したがって,ミクロレベルの視点から社会関係資本を定義すれば,それは「信頼,協力,規範共有の経験の蓄積・記憶によってもたらされる,自発的協力を導き,非協力行動(フリー・ライド)を阻害する心理的要因」とすることができよう。

第 3 章

仮説

3－1　はじめに

　これまで，投票参加を促進する投票義務感について，それを形成する要因として，「外的要因」，「内的要因」の両要因から議論を行い，「外的要因」としては社会関係資本，「内的要因」としてはエピソード記憶に焦点を当ててきた。本章では分析に先立ち，これまでの議論から導き出される仮説を提示する。仮説は，「外的要因」，「内的要因」の両要因がそれぞれ投票義務感形成に与える効果を導くものであるが，本書の最終的な従属変数である投票参加に対しては，両要因を統一的に扱う仮説を提示する。これは，認知心理学的アプローチによって，主観的世界である「内的要因」を分析すると同時に，個人を取り巻く客観的世界である「外的要因」との繋がりを考える必要があるからである。

　本章では，まず，これまでの議論から導き出される「外的要因」，「内的要因」，すなわち，「外的要因」においては社会関係資本，「内的要因」においてはエピソード記憶のそれぞれが投票義務感を促進するという仮説の提示を行い，次いで，それらが最終的な従属変数である投票参加に対して持つ効果についての仮説を提示する。また，両要因を統一的に扱う分析モデルについても同様に仮説の設定を行う（3－2）。そして，分析に使用するデータについての説明と意義づけを行ったのち（3－3），従属変数である投票義務感と投票参加とについて（3－4），また，主要

な独立変数となる社会関係資本とエピソード記憶について(3－5)，変数定義の妥当性の検討を行う。

3－2　仮説と分析モデル

本書は，「外的要因」と「内的要因」とのそれぞれが，まず，投票義務感を促進し，次いで，それを経由するかたちで最終的な投票参加を促進するという因果関係を想定した枠組みに基づいている。したがって，本書で提示される主な仮説は次の3つの仮説である。

仮説1：社会関係資本が投票義務感を促進する(外的要因)
仮説2：政治的エピソード記憶が投票義務感を促進する(内的要因)
仮説3：「外的要因」・「内的要因」によって高められた投票義務感が投票参加を促進する(統一的分析)

以下，それぞれの仮説について作業仮説を提示するが，上記の仮説は，仮説1と仮説2がクロスセクショナル・データの分析を，仮説3がパネル・データの分析を前提としている。クロスセクショナル・データとパネル・データとを分けて段階的に仮説を設けたのは，まず，クロスセクショナル・データ分析において各年度における「外的要因」と「内的要因」の効果を確認した後で，パネル・データ分析による統一的な分析によってその効果を改めて確認することで，分析結果をより一般化し，更なる妥当性を示すためである。

仮説1：社会関係資本が投票義務感を促進する(外的要因)

第1章で議論したとおり，社会関係資本については，接合型・結束型の区別に基づく協調の側面と同調の側面とが想定される。したがって，仮説1については，両側面の存在を前提とした上で，それに基づく以下の作業仮説が導かれる。

作業仮説1-1：社会関係資本は水平的人間関係や一般的互酬性の規範といった特徴を持った側面と，垂直的人間関係や特定的互酬性といった特徴を持った側面との二面性を持つ。

作業仮説1-2：水平的人間関係や一般的互酬性の規範といった特徴を持った社会関係資本は「協調」を促進し，垂直的人間関係や特定的互酬性といった特徴を持った社会関係資本は「同調」を促進する。

作業仮説1-3：協調的側面の社会関係資本は抽象的投票義務感を促進し，同調的側面の社会関係資本は具体的投票義務感を促進する。

　作業仮説1-1は，社会関係資本が投票義務感を促進するという仮説を検証するにあたって，そもそも社会関係資本は一面的なものではなく，二面性を持つことを確認する。Putnam（2000）で指摘されるような，接合型・結束型に基づく区別から導かれる，水平的人間関係や一般的互酬性の規範といった特徴を持った側面と，垂直的人間関係や特定的互酬性といった特徴を持った側面との二面性を持つと考えられる。

　次いで，作業仮説1-2においては，作業仮説1-1で得られた両側面が，「協調」や「同調」を促進する効果を確認する。山岸（1998）の信頼と安心との区別に基づけば，信頼は接合型，安心は結束型に対応する（Yamagishi, 2003）。したがって，水平的人間関係や一般的互酬性の規範といった特徴を持った社会関係資本は，接合型や信頼の側面として表わされる「協調」を促進し，他方，垂直的人間関係や特定的互酬性といった特徴を持った社会関係資本は，結束型や安心の側面として表わされる「同調」を促進すると考えられ，前者は社会関係資本の「協調的側面」，後者は社会関係資本の「同調的側面」として位置づけることが可能になる。

　作業仮説1-3では，協調的側面と同調的側面とが投票義務感に対して持つ効果を確認する。投票義務感には個人の中で様々なエピソードと

ともに特定の状況が想起されるかたちで獲得されている具体的投票義務感と，それらがより抽象化された抽象的投票義務感との区別が想定される。「協調」・「同調」と投票義務感とのかかわりを考えるとき，特定的互酬性を伴うような同調の側面は，特定の状況を想起させ，逆に，それに比べれば，一般的互酬性や一般的信頼を伴うような協調の側面は，より一般化された抽象的なかたちとなって投票義務感に効果を持つと考えられ，協調的側面の社会関係資本は抽象的投票義務感を促進し，同調的側面の社会関係資本は具体的投票義務感を促進すると考えられる。そして，協調的側面が投票義務感を促進するのであれば，それは「水平的な協調に対する義務感」と位置づけることができるであろうし，逆に，同調的側面が投票義務感を促進するのであれば，それは「垂直的な同調に対する義務感」と位置づけることができよう。

　また，両投票義務感の相互の関連においては，次のような効果も想定される。つまり，特定の状況が想起される具体的投票義務感は，それが投票に対する規範として，より抽象化するならば，抽象的な投票義務感を形作り，他方で，抽象的投票義務感の存在は，特定の状況下においてフリー・ライドするか否かの個別の選択に対して効果を持つ具体的投票義務感に対して効果を持つであろう。したがって，どちらの投票義務感が重要なのかという問題ではなく，両投票義務感は相補的な役割を担っていると考えられる。そこで，「協調」・「同調」がどちらか一方の投票義務感を促進するというような一方向の流れではなく，両投票義務感に対して効果を持ち得ることも確認する。

仮説２：政治的エピソード記憶が投票義務感を促進する(内的要因)

　仮説２については，政治的エピソード記憶と投票義務感との関連を探るものであり，更に次の作業仮説が導かれる。

作業仮説２−１：投票に参加したことの正確な記憶は，不正確な記憶に比べて，その後の投票義務感を促進する。

作業仮説2-2：投票義務感が高いほど，投票に参加したことの正確な記憶を保持する。

　まず，作業仮説2-1において，投票参加にまつわるエピソード記憶と投票義務感との関連について扱う。これは以下の推論によって導かれる。すなわち，政治参加経験がその後の参加を促進するという知見（Bendor et al., 2003; 荒井，2006）から，過去の投票参加行動が後の投票参加行動を促進することが想定される。しかし，その行動と行動との間，つまり選挙と選挙との間には時間的な隔たりが存在しているため，行動そのものが，後の行動を，直接，規定するとは考えにくく，時間的な隔たりを媒介する要因が求められる。

　ここで，時間的な隔たりを有権者個人の中で媒介できるものは，習慣的投票者（Richardson, 1986）に表わされるような「いつも投票している」という記憶（平野・亀ヶ谷，1994）であり，自身の行動にまつわる記憶が重要となる。投票参加の経験は，エピソード記憶と意味記憶との記憶の区分（Tulving, 1972, 1983）では，自身の行動の記憶を伴う点でエピソード記憶によって支えられ，その役割を担う。また，エピソード記憶は，投票の意思決定に際して1つの判断材料を提供するだけでなく，それが，より抽象的な意味記憶やスキーマの形成に寄与する（Nelson, 1978; Linton, 1982; Cohen, 1986）という点から考えると，投票参加にまつわる「政治的エピソード記憶」が，より抽象化した概念である政治的スキーマや政治的態度をも規定し得る。こうした点から，過去の投票参加にまつわるエピソード記憶は，参加経験とその後の参加行動とを媒介する要因として働いている傍らで，当該選挙では，より抽象化・規範化したかたちである投票義務感を促進すると考えられる。

　加えて，投票参加にまつわるエピソード記憶が投票義務感を促進するのは，それが現実にも参加し，投票に行ったと記憶している「正確な記憶」である場合に限られる。他方，現実には参加しなかったにもかかわらず，参加したという不正確な記憶を持った場合には，その不正確な記憶は投票義務感を促進することはないと予想される。これは，不正確な記憶が忘却によってもたらされ，情報としての確信度に欠けるからであ

る。また，同じ正確な記憶でも，正確な不参加の記憶，つまり，棄権したことについての正確な記憶は，不正確な記憶と比較して投票義務感を促進するのではなく，逆にそれを抑制すると考えられる。これは，習慣的投票者とは逆に，「習慣的非投票者」の存在が予想できることによる。

　なお，考慮すべき問題として，そもそもの投票義務感の高さ，すなわち，$t-1$期の投票義務感がある。この点については，そもそもの投票義務感の高さを統制変数として組み込み，統制することで，エピソード記憶の効果を確認する必要があるが，この，そもそもの投票義務感の高さは，正確な投票参加のエピソード記憶の保持に対しても影響を及ぼすと考えられる。これは作業仮説2-2の投票義務感と正確な投票参加のエピソード記憶の関連に示される。したがって，作業仮説2-2においては，投票参加にまつわるエピソード記憶を正確に保持させる要因について，そもそもの投票義務感の高さを考慮する。これは，そもそもの投票義務感が高ければ，選挙，投票に対する心理的なコミットメントも高いことが予測されることから，自己の投票行動・投票参加にまつわるエピソード記憶を正確に保持し続けることが可能になると考えられるからである。また，本書が焦点を当てる「政治的エピソード記憶」は主に投票参加にまつわるエピソード記憶であるが，選挙運動期間中の候補者との接触の記憶である，候補者にまつわるエピソード記憶を用いた分析も補足的に行う。これは，候補者への接触はエピソード記憶の特徴である時間と場所の情報がより多く付随すると考えられることによる。

　ただし，分析においては作業仮説2-2，2-1の順で進める。これは，次の理由による。すなわち，選挙における投票の機会は——選挙権年齢に達し，初めて選挙権を付与されるときを除いては——，繰り返し経験するものである。また，投票参加と投票義務感との関連において両者は双方向的なものであり，投票義務感が投票参加を生み，その投票参加が新たな投票義務感を生むと考えられる。したがって，特定の一時点の選挙を切り取れば，投票義務感が投票参加に先行するからであり，時系列に沿ってそれらの効果を確認するためである。

仮説3：「外的要因」・「内的要因」によって高められた投票義務感が投

票参加を促進する（統一的分析）

　仮説3は，先の仮説1と仮説2とを統合し，且つ，時間次元をもモデルに取り込む。投票義務感だけではなく，最終的な従属変数である投票参加に対する効果について，パネル・データ分析により実証する。この仮説3からは，更に以下の作業仮説が導かれる。

作業仮説3-1：「協調」・「同調」が投票に参加したことの正確な参加の記憶を促進する。

作業仮説3-2：投票に参加したことの正確な記憶は，不正確な記憶に比べて，その後の投票義務感を促進する。

作業仮説3-3：投票義務感が高いほど，投票参加が促進される。

　作業仮説3-1は「外的要因」としての「協調」と「同調」とが「内的要因」としての「政治的エピソード記憶」である投票参加にまつわるエピソード記憶に対して持つ効果を確認するものである。これは，「外的要因」と「内的要因」とを統一的に考えるとき，「外的要因」が「内的要因」を経由して投票行動に効果を持つと考えられるからである。したがって，ここでは，「内的要因」，すなわち，投票に参加したことの正確な記憶に対する効果を確認する。次いで，作業仮説3-2は先の作業仮説2-2と同様の仮説をパネル・データ分析の中で確認する。投票義務感については，これまでと同様に，抽象的投票義務感と具体的投票義務感との両者について分析を行い，その効果を確認する。そして，作業仮説3-3において，最終的な従属変数である投票参加の分析を施す。そこでは，これまで分析に投入されてきた「外的要因」としての「協調」・「同調」と，「内的要因」としての投票参加にまつわるエピソード記憶，および，抽象的投票義務感と具体的投票義務感とを同時に投入し，投票参加に対する投票義務感の効果を確認する。

　ここで，「外的要因」としての「協調」・「同調」の効果の大きさの違

いについて，どちらがより効果を持ち得るのかについて，パネル・データ分析の推定では，「協調」の側面のほうが投票義務感，投票参加のいずれに対しても効果が大きいことが推測される。これは，「協調」の側面における自発的な協力の規範は，繰り返されることでより強化されると考えられることから，時間次元を取り込んだパネル・データ分析においては，「協調」の側面のほうがより大きな効果を示す結果になると考えられるからである。

以上のように，仮説3においては，「外的要因」が「内的要因」を経由して投票参加を促進することを確認する。ただし分析の順序としては，作業仮説3-1は最後に補足的な分析として行うこととする。これは仮説2と同様，時系列に沿った流れの中で分析を進めることによるものである。

3-3 データ

分析に際し本書で用いるのは，全国面接調査であるJESⅡ調査データおよびJESⅢ調査データである。両調査はともに，日本人の投票行動についての全国時系列パネル調査である。JESⅡ調査(Japanese Election Study Ⅱ)は1993年から1996年を対象とした7波に及ぶパネル調査で，母集団は全国満20歳以上の男女，標本数は3,000人で全国計205市区町村205地点からの層化2段階無作為抽出である。面接調査を中心に実施され，回収率は最も高い第2波(1993年：77.3%)から最も低い第4波(1995年：59.3%)までの幅を持つ。また，調査期間中の国政選挙としては1993年・1996年の衆議院と1995年の参議院とを含んでいる[1]。

また，JESⅢ調査(Japanese Election Study Ⅲ)は2001年から2005年を対象とした9波に及ぶパネル調査であり，母集団はJESⅡ調査同様，全

---

[1] JESⅡ調査の詳細については，蒲島・綿貫・三宅・小林・池田(1998)を参照されたい。なお，調査年度とパネルの対応は次のとおり。1993年(事前：第1波，事後：第2波)，1994年(第3波)，1995年(事前：第4波，事後：第5波)，1996年(事前：第6波，事後：第7波)。

国満20歳以上の男女，標本数は3,000人で，全国計201市区町村201地点からの層化2段階無作為抽出である。面接調査を中心に実施され，回収率は最も高い第9波（2005年：86.3％）から最も低い第3波（2003年：39.6％）までの幅があり，調査期間中の国政選挙としては2001年・2004年の参院選と2003年・2005年の衆院選とを含んでいる[2]。なお，JESⅢ調査では，2003年の統一地方選時の調査も含んでいるが，JESⅡ・JESⅢ両調査を併せても，こうした地方選を対象とした調査は，2003年における1度の調査でしかないため本書の分析からは除外した。

更に，JESⅢ調査では，JESⅡパネル調査全波継続回答者348人に対して，2001年の事前・事後調査（1波・2波）において追跡調査が実施されている[3]。この継続標本に対するデータセットを補足的に用いることで，両調査の橋渡しを行いたい。

これらの両データを分析に用いる意義は，主に次の2点にある。第1点は，両調査によって1990年代から2000年代にかけての時期をカ

---

2 JESⅢ調査の詳細については，池田・小林・西澤・平野（2002），池田・小林・平野（2003，2004，2005），池田（2007）を参照されたい。調査年度とパネルの対応は次のとおりである。2001年（事前：第1波，事後：第2波），2003年（統一地方選：第3波，事前：第4波，事後：第5波），2004年（事前：第6波，事後：第7波），2005年（事前：第8波，事後：第9波）。なお，ここで示した最も低い回数率である3波は統一地方選を対象とした調査であり，その選挙パターンに沿った3種類の調査票が用意された。国政選挙を対象とした調査のうち，最も低い回収率は，2波の41.8％であった。

3 この標本は，正確にはJESⅢ調査として表記されるべき標本であるが，次の理由により，本書では便宜上JESⅡ継続調査として表記する。第1に，この標本は，JESⅡ調査におけるサンプリング・デザインに基づいたものであり，JESⅢのサンプリング・デザインとは独立していることから，JESⅢの第1波・第2波の標本とは異なるものとして扱われるべきものであると考えられること，第2に，JESⅢの2001年参院選時の調査を除いて，これらの継続調査は行われていないことが挙げられる。なお，JESⅡ継続標本は，JESⅡ調査における全7波の調査への全波継続回答者を対象としている性格上，投票率や投票義務感のような質問項目に対しては，極めて高い数値となることには留意しなければならない。

バーすることができる点である。既に見たように，日本における投票率の低下の転換点は1990年代にあり，2000年代にかけて下降と上昇とを示している。両調査を用いることによって，この時期における有権者の投票参加が実質的にどのような状況にあったのかを探ることが可能になる。特に，両調査は基本的な調査設計を引き継いだ調査である点で，クロスセクショナル・データとしてこの期間を連続的に分析するには有効な調査データであるといえる。

第2点は，両調査がパネル調査という特徴を持つ点である。パネル調査は同一標本に対して継続的に調査を行う調査方法である。したがって，調査の継続が前提にあるため，調査設計の段階で多くの質問項目が各パネルで共通のものとなっている[4]。確かに，異なる調査によるクロスセクショナル・データを用いた分析によっても，同時期の分析は可能であろうが，その場合，調査設計やサンプリングが異なるデータを用いることになるため，パネル調査として実施されているJES Ⅱ・JES Ⅲ調査データを用いる意義は大きい。また，同一標本に対して継続的に行われた調査データを用いることは，記憶の効果を扱う点においても有用である。クロスセクショナル・データにおいても，回答者の回想データを用いることで記憶の効果を測ることもできるが，特に，記憶の正確さを考慮に入れる本書の視点からすると，同一標本の過去の時点における回答が存在するパネル・データの分析によって，初めて記憶の正確さの確認が可能となる。また，パネル調査として設計された両調査ではあるが，これまでパネル・データの特性を活かした分析がなされてきたとはいえない。両調査に対してパネル・データ分析を施すことで，JES Ⅱ 調査，JES Ⅲ 調査を最大限に活用することができる。

本書の仮説を検証する上で，両調査データを用いた分析にも限界がある。1つは，調査データそのものに内在する限界であり，もう1つは調査データを用いる仮説検証の方法論的問題である。まず，JES Ⅱ 調査，

JES Ⅲ調査は基本的な調査設計を引き継いだ調査ではあるが，実際には異なる調査設計に基づいた調査である。したがって，両調査間では標本が異なり，1990年代から2000年代にかけての厳密な意味での標本の連続性を確保することはできない。ただし，先述のとおり，JES Ⅲ調査においては，第1波・第2波において，JES Ⅱ調査における全パネル（第1波から第7波）回答者に対して調査を行っている。この標本を補足的に分析に用いることで，少なくとも部分的には両調査間の断絶を緩和させることが可能になる。

なお，本書が焦点を当てる1つの側面は「政治的エピソード記憶」であるが，記憶研究の多くは実験室的な環境によって行われ，記憶の記銘・保持・想起のプロセスを前提とし，特に記銘については厳密な統制が行われている。本書では，調査データを用いるため，回答の多くは被調査者の想起，すなわち，自己報告によって成り立っていることから，実験室的環境で求められるような厳密な統制は行うことができない。本書は，有権者自身が過去に経験した政治的な経験や行動の記憶が，後の投票行動にどのような影響をもたらすのかという視点に立っている。したがって，焦点を当てるのは，保持・想起のプロセスであり，長期記憶である。もちろん，記銘のプロセスも重要な要因となる。しかし，調査データを用いる分析ではそれらの考慮が難しいことから，本書では記銘のプロセス自体は扱わず，調査データに用意された属性，その他の可能な限りの変数を用いて，統制を行った上で分析を行う。

3-4 従属変数

ここでは，分析に用いる従属変数である投票義務感と投票参加とについて，これらの変数における予備分析を行い，その妥当性について確認する。なお，これら従属変数の変数作成方法については補遺2（197-200頁）を参照されたい。

仮説検証に際しては，投票義務感と投票参加という2つの従属変数が段階的に設定されるため，投票義務感は投票参加に対する分析においては独立変数として投入される。

投票参加

　本書の最終的な分析の焦点である投票参加については，選挙時の調査パネルにおいて設定されている投票参加にまつわる変数を用いる。これは，後述の投票参加にまつわる「政治的エピソード記憶」について，その正確さを確認するために用いる変数と同一となる。図3－1はJESⅡ・JESⅢ調査におけるデータ上の投票率と実際の投票率とを示したものである。

　一般に，多くの調査において，調査データにおける投票率は実際の投票率を上回ることが知られているが，本書で用いるJESⅡ・JESⅢ調査も同様である。これを見ると，総じて調査データにおける投票率が実際の投票率を上回っているが，他方，その推移を見ると，その上昇と下降の変動は概ね一致している。なお，JESⅡ継続パネルの標本においては2001年調査で非常に高い投票率となっている。これは，そもそもJESⅡ調査の7波すべてに回答し，且つ，JESⅡ最終調査である1996年から5年後の2001年調査においても回答した標本であり，調査に対して

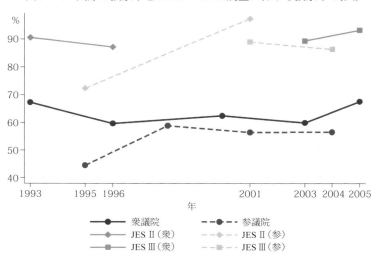

図3－1　実際の投票率とJESⅡ・JESⅢ調査における投票率の推移

非常に協力的な標本であることによるものと考えられる。

投票義務感

　投票義務感に関する質問項目としては，次の2つの質問項目が利用できる。これら2つの変数は，JESⅡ・JESⅢ調査ともに継続して設定されている。
　1つは，「投票に行くことについて，次の中からあなたのお気持ちに最も近いものを1つあげてください」について，「投票に行くことは有権者の義務であり，当然，選挙に行かなくてはならない」，「有権者はできるだけ選挙に参加した方がよい」，「投票に行くかどうかは有権者が決めることなので，必ずしも選挙に参加しなくてもよい」という3段階の質問項目である。そしてもう1つは，「選挙では大勢の人が投票するのだから，自分一人くらい投票しなくてもどちらでもかまわない」に対して，「そう思う」から「そうは思わない」の5段階の質問項目である。
　前者は，投票を「権利」と捉えるか「義務」と捉えるかを問うているが，「義務」として捉える場合，フリー・ライド可能な状況であるか否かにかかわらず，どのような状況にあっても投票に参加するという投票義務感と考えられる。後者は，フリー・ライド可能な状況によってはフリー・ライドする可能性はあるが，フリー・ライドを行わないという投票義務感であると考えられる。つまり，前者がより抽象的な側面を持つのに対し，後者はより具体的な状況を想起し得る側面を持っている。そこで，前者の「投票に行くことは有権者の義務であり，当然，選挙に行かなくてはならない」に表わされる投票義務感を「抽象的投票義務感」，「選挙では大勢の人が投票するのだから，自分一人くらい投票しなくてもどちらでもかまわない」に対する否定的な態度によって表わされる投票義務感を「具体的投票義務感」とする。
　図3－2は，各調査年度における調査回答者の衆参の投票率および両投票義務感の平均値をそれぞれ示したものである。投票率については，衆議院と参議院でそれぞれ異なる選挙制度における数字を直線で結んでいるため，投票率そのものの推移として解釈できないこと，投票義務感については，標本全体の平均値であるため，標本単位の推移を直接確認

できないことに対する留保は必要でるが、各年度の投票率の高低と両投票義務感の高低とを比較する目安になる。また、1990年代から2000年代にかけての有権者の投票に対する意識・態度の変化と捉えれば、推移として捉えることにも一定の意味があろう。これを見ると、抽象的投票義務感の1995年を除いては、投票率の高低と両投票義務感の高低とは概ね一致することが確認できる。

次いで、これら投票義務感に対して各調査年度の平均値の差の検定を行った。これは、投票義務感が各調査年度を通して一様なものではなく、推移し変化し得るものであることを確認するためである。結果は、表3－1に示すとおりである。衆議院、参議院の制度の違いや、そこにおける投票率の違い———一般に参議院で低く衆議院で高い等———も考慮しなければならず、必ずしもすべての調査年度間で差が有意であるとは認められないが、概ね次のことがいえよう。

まず、具体的投票義務感については、1995年における下降と1996

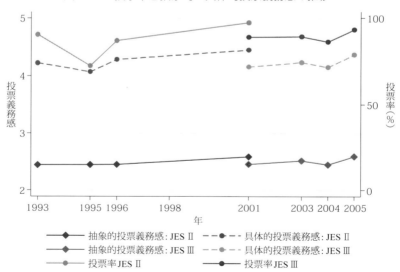

図3－2　投票率と抽象的・具体的投票義務感の推移

注）抽象的投票義務感は3段階の平均値、具体的投票義務感は5段階の平均値。

表3-1 投票義務感の変化

	抽象的投票義務感			具体的投票義務感		
	平均値の差	t値	自由度	平均値の差	t値	自由度
93年-95年	.024	1.174	1374	.154***	4.230	1521
93年-96年	.033	1.488	1125	.000	.000	1175
93年-01年	-.029	-.742	306	-.046	-.642	281
95年-96年	.001	.070	1412	-.131***	-3.577	1355
95年-01年（継）	.003	.089	306	-.075	-.998	280
96年-01年（継）	-.045	-1.136	307	-.057	-.852	279
01年-03年	-.003	-.124	1169	.032	.847	1142
01年-04年	.018	.753	922	.034	.788	913
01年-05年	-.085**	-3.377	713	-.118*	-2.460	702
03年-04年	.033†	1.824	1433	.033	1.028	1408
03年-05年	-.037†	-1.812	1116	-.083*	-2.396	1101
04年-05年	-.084***	-4.699	1399	-.113***	-3.620	1383

注：1) † p<.10 *p<.05 **p<.01 ***p<.001。
2) 平均の差において負は上昇を意味する。
3) 対応のあるサンプルのt検定。

年における上昇，そして，2000年代では，2005年度を含んでいるすべての組合せにおいて，2005年における上昇について差が有意であるといえる。これらは，衆議院と参議院の違いとも考えられるが，2003年と2005年の組合せのように，衆議院同士の選挙間でも差が有意であることが確認できる。次に，抽象的投票義務感についても，主に2005年における上昇についての差が有意であることが確認できる[5]。

ここで興味深いのは，差が有意であった1995年における下降と2005年における上昇は，投票率における上昇と下降とに大きな変動があった年度と対応している点である。また，両投票義務感ともに，2000年代の上昇に対して有意な差が認められる点である。これは，投

---

[5] 一方，JES II 継続標本については，差は有意ではなかった。これは，継続標本がJES IIすべての調査と2001年のJES III調査とに回答した標本であることから，そもそもこのような標本は投票義務感も高いと考えられることによる。つまり，平均値自体が高く，差が小さくなっていると考えられ，有意な差が認められなかったと考えられる。

表3－2　抽象的・具体的投票義務感の相関

抽象的投票義務感	具体的投票義務感			
	1993年	1995年	1996年	2001年(継)
(JESⅡ　1993-2001)	0.229 ***	0.359 ***	0.287 ***	0.429 ***
N	(1856)	(2025)	(1823)	(281)
抽象的投票義務感	2001年	2003年	2004年	2005年
(JESⅢ　2001-2005)	0.368 ***	0.336 ***	0.394 ***	0.362 ***
N	(1992)	(2101)	(2059)	(1479)

注：1）投票義務感については各年度毎のものを使用。
　　2）Spearmanのρ，* p<.05　** p<.01　*** p<.001。

票義務感が両者とも高くなったこと，そして，投票義務感と投票参加との関連を示唆するものであるといえる。加えて，1990年代から2000年代にかけて，参議院選挙において1995年が投票率の底であったこと，そして，1990年代においてあまり変化を示していなかった抽象的投票義務感が2000年代での上昇に有意な結果を示していることから，2000年代，特に2005年の投票率の上昇は，抽象的投票義務感によって左右されていることが示唆される。

　また，両投票義務感で概ね同じ年度の組合せで有意な効果を示していたことは，両者の関連が深いことを推測させる。そこで，両投票義務感について，相関を取ったものが表3－2である。これを見ると，どの調査年度においても有意な関連が確認できるが，1990年代に比べ，2000年代では比較的強い相関となっている。また，1990年代を対象としたJESⅡ調査においては，参議院選挙における関連が衆議院選挙に比べ高かったが，2000年代はその相関は概して高いことが示されている。また，1990年代から2000年代にかけての関連の高さの変化に目を向ければ，2000年代になって幾分相関が高くなっているが，両投票義務感の安定的な関連の深さが確認できる。

3－5　独立変数

　ここで，主要な独立変数である「外的要因」としての社会関係資本，および「内的要因」としての投票参加にまつわるエピソード記憶に対し

て，その操作的定義をしておきたい。なお，変数作成の詳細については補遺3（200-204頁），4（204-207頁）を，また，分析に用いるその他の統制変数については，各分析時にそれぞれ紹介するが，これらの詳細についても補遺5（207-211頁）を参照されたい。

社会関係資本

　本書では社会関係資本に対して，次のような操作的定義を行う。すなわち，「団体加入とそこにおける人間関係，会話によって形成された，個人に内面化された規範」である。Putnam（1993, 2000）での社会関資本の概念は，「水平的ネットワーク」，「信頼」，「互酬性の規範」に特徴づけられるものであったが，本書が想定するのは，そこに存在する協調的側面の規範と同調的側面の規範との二面性である。それぞれに対して，更に操作的定義を行えば，協調的側面は「水平的人間関係，サンクションの否定，一般的互酬性の規範の肯定，フリー・ライドの否定，公共的利益の肯定によって特徴づけられる潜在意識とそれによって導かれる一般的信頼」となり，同調的側面は「垂直的人間関係，サンクションの肯定，一般的互酬性の規範の否定，フリー・ライドの肯定，個別的利益の肯定によって特徴づけられる潜在意識とそれによって導かれる特定的互酬性」となる。

投票参加・候補者にまつわるエピソード記憶

　政治的エピソード記憶としては，JESⅡ・JESⅢ調査では投票参加に関するものと候補者に関するものとが利用できる。投票参加にまつわるエピソード記憶に対しては，次の操作的定義を行う。すなわち，「過去の特定の選挙での，自己の投票参加にまつわる経験の記憶」である。また，候補者にまつわるエピソード記憶については，「当該選挙運動期間中の候補者との接触に対する経験の記憶」とする。

　そもそも，Tulving（1972, 1983）におけるエピソード記憶の概念は，「時間」と「場所」に関連づけられた記憶であった。したがって，投票参加におけるエピソード記憶とは，過去の特定の選挙（時間）で，投票所（場所）に行き，投票した経験の記憶となろう。また，候補者にまつわる

エピソード記憶とは，当該選挙における選挙期間中(時間)に，特定の場所(場所)で，候補者と接触したことの経験とその内容の記憶となる。したがって，上記の操作的定義が導かれる。

ただし，投票参加にまつわるエピソード記憶と，候補者にまつわるエピソード記憶とで対象の選挙が異なる——投票参加においては「過去の特定の選挙」，候補者にまつわるエピソード記憶においては「当該選挙」——のは，JES II・JES III両調査における質問項目の設定によるものである。具体的には，両調査において，投票参加については前回，前々回についての投票参加を尋ねているのに対し，候補者との接触にまつわる質問項目については，調査時点での選挙における，選挙運動期間中の候補者との接触を尋ねていることに基づいている。しかしながら，こうした時間の違いはパネル・データの利点を活用し，分析時に時間の違いを考慮することによって克服できる。

3-6 まとめ

本章では，本書における仮説を提示したが，これはミクロレベルでの分析が前提となっているものである。しかし，本書が焦点を当てる「外的要因」，「内的要因」のうち，「外的要因」である社会関係資本の議論では，そもそも，その分析をマクロレベルの視点で行うのか，ミクロレベルの視点で行われるべきなのかという問題を孕んでいる。

Putnam (1993, 2000)に代表される社会関係資本によって展開される議論の多くは，団体数や団体会員数と行政パフォーマンスとの関連等を探るような，アグリゲート・データを用いたマクロレベルの分析で行われてきた(例えば，Inoguchi, 2000; 鹿毛, 2007a, 2007b；坂本, 2005a, 2005b)。他方で，調査データを用いたミクロレベルの分析(La Due Lake & Huckfeldt, 1998; Knack & Kropf, 1998；平野, 2002；池田, 2002)も一定数存在している。以上とは別に，Skocpol (2003)は行動科学的分析，ひいては，それを用いた社会関係資本論者の調査データによるアプローチを，変化を説明できない「スナップ・ショット」として批判し，変化の記述が可能な時系列的な分析を試みている。

本書は，調査データ，しかも，パネル・データを用いたミクロレベルの分析を行う。パネル・データを用いた分析は，時系列的要素を考慮に入れた分析をも可能にすると考えられる。また，本書が焦点を当てるもう1つの側面である「政治的エピソード記憶」においては，個人が持つ記憶とその認知的な形成過程が分析対象となっている。したがって，個人の変化に焦点を当てている点で，調査データを用いた分析に加えて，個人の変化を捉えることが可能なパネル・データが求められる[6]。

　続く第4章においては，「外的要因」としての社会関係資本が投票義務感形成に与える効果を，第5章においては，「内的要因」としての「政治的エピソード記憶」が投票義務感形成に与える効果を，それぞれ，クロスセクショナル・データ分析によって検証する。更に，第6章において，両者を統一的に扱い，ともにモデルに組み込んだ上でパネル・データ分析を行い，投票義務感，および最終的な従属変数である投票参加についての分析とその結果を提示する。

---

[6] Skocpol（2003）は，継続的調査，すなわち，パネル・データであっても，変化の起源を解明するには期間が短すぎるとして批判を加えている。ただし，本書が着目するのは，Skocpolが焦点を当てるような組織そのものの変化ではなく，市民がその組織や政治的場面の中で，どのような「政治的エピソード記憶」をどれだけ手に入れるのかである。すなわち，市民，個人の変化そのものに焦点が当てられている点で，ミクロレベルのパネル調査データが必要不可欠である。ただし，政治的社会化（Dawson, Prewitt & Dawson, 1977）の観点や長期的な視点に立てば，成人前も考慮したより長期間にわたる分析が求められよう。もちろん，本書もそのような長期的視点に立つものであるが，JESⅡ，JESⅢ調査は有権者を対象とした調査である点で限界がある。

第4章

投票義務感に対する外的要因の効果

4-1　はじめに

　本章は，第3章で示した仮説のうち「外的要因」にまつわるもの，すなわち，仮説1「社会関係資本が投票義務感を促進する(外的要因)」の社会関係資本と投票義務感との関連についてクロスセクショナル・データ分析を行う。クロスセクショナル・データ分析は，年度ごとの分析が施せる点で，それらの結果を比較することによって効果の安定性と変化の可能性を確認できる。

　本章では，第1に，社会関係資本はこれまで考えられてきたような一面的なものではなく，二面性を持つものであることを示す(4-2)。第2に，社会関係資本の二面性と「協調」と「同調」との関連，およびその二面性についてデータ分析から更なる基礎づけを行う(4-3)。第3に，社会関係資本の二面性と両投票義務感との関連について分析を行う中で，社会関係資本が投票義務感を促進し得るものであることを示したい(4-4)。第4に，投票義務感が投票参加に対して如何に効果を持っているのかについて確認を行い(4-5)，最後に，本章のまとめを行う(4-6)

　以上を通して本章では，社会関係資本の二面性と，2つの側面それぞれが異なる性質の投票義務感を形成することとを示すとともに，それぞれの投票義務感を通して，結果として投票参加に至ることを示す。な

図4-1 分析モデル（社会関係資本と投票義務感・投票参加）

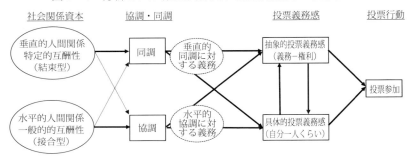

お，本章における分析モデルは図4-1に示すとおりである。社会関係資本の二面性を基盤とした「協調」と「同調」とによって，抽象的投票義務感・具体的投票義務感それぞれの投票義務感が促進され，「水平的協調に対する義務感」と「垂直的同調に対する義務感」とを構成し，結果として投票参加に至ること，および，両投票義務感の間に相補的な関係があることを想定する。図のうち本章で主とする経路は太線で示したものであり，「協調」は主として接合型の，「同調」は主として結束型の社会関係資本によって形成されることを想定するが，「協調」が結束型によって，また，「同調」が接合型によって形成されるような逆の関係も理論上想定されることから，そうした関係については矢印で示した。

4-2 社会関係資本の二面性

これまで，日本における社会関係資本の議論では，その多くは社会関係資本を一次元的な変数として捉えた上での分析が行われている。しかし，第1章で見たように，社会関係資本の議論は，Putnam（1993, 2000）的な構成要素を前提としながらも，より広い範囲で捉えなければならない。他方では，社会関係資本が副次的に生み出す側面，すなわち，「協調」と「同調」とをどのように規定するのかの確認も求められるであろう。

社会関係資本に関しては，JESⅡ・JESⅢ両調査による分析を可能に

するために，主に両調査で継続的に設定されている社会的価値に関する質問項目を用いる。社会的価値に関する質問項目は，JESⅡ調査における1993年と1995年調査，そして，JESⅢ調査における2001年，2003年，2005年調査に設定されている。分析においては，まず，「人間関係」,「サンクション」,「互酬性の規範」,「フリー・ライド否定」,「公共心」の各変数を用いた因子分析によって社会関係資本に相当する因子抽出を行い，その上で，「協調」と「同調」との関連を段階的に確認する[1]。

ところで，上記の変数群は潜在的にすべてが社会関係資本の構成要素であるとも考えられる。つまり，「協調」と「同調」とが，それ自体社会関係資本であるとも考えられるが，本書においてこれらの変数を段階的に用いるのは次の理由による。

まず，先述のとおり「協調」と「同調」とが社会関係資本における副産物として考えられるからである。つまり，社会関係資本をめぐる諸変数が，「協調」もしくは「同調」を経由することによって，従属変数である投票義務感に対して効果を持つことが確認できれば，これらが「外的要因」と個人とを媒介する変数となり得る。次に，JESⅡ・JESⅢ両調査における変数の統一性を図り，各調査を通して変数に継続性を持たせることで，調査間の違い，およびクロス・セクショナルな分析に対して，比較可能な視座がもたらされるからである。JESⅢ調査には社会関係資本をめぐる分析を考慮に入れた調査設計がなされ，その中核となる「一般的信頼尺度」等の質問項目も含まれているが，JESⅡ調査にはこれら社会関係資本の核になる質問項目は含まれていない。したがって，これらの変数のみによる社会関係資本の分析は，JESⅡ・JESⅢ調査を通した分析を困難にする。

表4－1は，作業仮説1－1「社会関係資本は水平的人間関係や一般的互酬性の規範といった特徴を持った側面と，垂直的人間関係や特定的互酬性といった特徴を持った側面との二面性を持つ」について，社会関係資本を測る各変数に対して因子分析を施した結果である。仮に，日本に

---

[1] 変数作成の詳細については補遺3（200–204頁）を参照されたい。

表4-1 社会関係資本の二面性

	1993年		1995年		2001年(継)	
	I	II	I	II	I	II
垂直的(力のある者とない者があるのは当然)	.247	-.101	.347	-.041	.299	-.115
垂直的(上は下に威厳をもって接するべし)	.714	.114	.602	.083	.791	.185
サンクション(しきたりを破る者には制裁)	.350	-.223	.428	-.087	.418	-.191
互酬性(情けがなくなってきているへの否定)	.091	.454	.036	.435	-.044	.537
フリーライド否定(要領のいい人が得)	-.090	.256	-.053	.539	-.186	.547
公共心(社会に目を向けるべき)	-.012	-.030	.002	.052	.045	.171
因子相関 I	1	-.232	1	-.548	1	.011
II		1		1		1

注1) 主因子法,プロマックス回転,2因子固定。
  2) 1996年・2004年は社会関係資本に関する質問項目がないため分析から除外。

おける社会関係資本が一次元的なものであるならば,因子分析において1つの因子に集約されるような因子が抽出されると考えられる。これらの変数に対して予備的分析を行ったところ,各年度を通して2から3の因子が抽出された。そのうち,2つの因子については各年度に共通するものであった[2]。そこで,抽出する因子を2に固定した因子分析によって因子抽出を行った。なお,因子抽出に際しては,主因子法を用い,斜交回転であるプロマックス回転を施した。斜交回転を用いたのは,各調査年度間で両因子の相関を取ることで,社会関係資本における二面

---

[2] 予備的分析として行った因子分析・主成分分析で得られた因子,主成分は次のとおりである。第1因子は,垂直的人間関係やサンクションに肯定的で,互酬性の規範や公共心に対しては低い負荷量,もしくは負の負荷量となっているもの,第2因子は,垂直人間関係やサンクションに対しては低い負荷量,もしくは負の負荷量であり,互酬性の規範やフリー・ライド否定で正の負荷量となる因子であった。また,第3因子は1995年,2001年(継),2005年で確認された。この因子の特徴は公共心に高い負荷量を持ち,他の変数で低い負荷量となるものであった。これらの年度は,パネル調査の後半,もしくは,最後である点を踏まえれば,質問項目の「社会に目を向けるべき」が,調査の実施自体への態度となり,調査に協力的な因子として抽出されたとも考えることができる。

	2001年		2003年		2005年	
	I	II	I	II	I	II
	.259	−.081	.302	.004	.008	.288
	.665	.083	.607	.073	−.048	.428
	.452	−.062	.455	−.044	.021	.546
	−.013	.408	−.133	.275	.346	−.088
	−.040	.576	.002	.788	.808	.028
	.019	.164	.061	.175	.127	.021
	1	−.340	1	−.422	1	−.372
		1		1		1

性について,その関連を調査時点ごとに比較するためである。

抽出された因子を見ると,まず1つは,垂直的人間関係やサンクションに肯定的で,互酬性の規範や公共心に対しては低い負荷量,もしくは負の負荷量で構成されていることが確認できる(第Ⅰ因子,2005年については第Ⅱ因子)。そしてもう1つは,垂直人間関係やサンクションに対しては低い負荷量,もしくは負の負荷量であり,互酬性の規範やフリー・ライドの否定において正の負荷量で構成されていることが確認できる(第Ⅱ因子,2005年については第Ⅰ因子)。

前者を垂直的因子,後者を水平的因子とすると,これら2つの因子はPutnam(2000)が示した社会関係資本の2つの側面,すなわち,「結束型」(bonding),「接合型」(bridging)の社会関係資本の違いに対応する。両者の違いは,主にネットワークの開放性や同質性に起因するものであるが,Putnamは,接合型の社会関係資本を「より広いアイデンティティと互酬性を生み出すことができる」(Putnam, 2000, 23頁)としている点で,垂直人間関係やサンクションに対しては低い負荷量,もしくは負の負荷量であり,互酬性の規範やフリー・ライドの否定で正の負荷量で構成されている水平的因子が接合型の社会関係資本を示していると解釈できる。

一方で,結束型の社会関係資本は,「特定的互酬性の規範と連帯感の動員を強化するのに役立つ」(Putnam, 2000, 22頁)とされている。また,結束型の社会関係資本は,ともすればマフィアのような非社会的な組織と関連が深い。垂直的因子は垂直的人間関係やサンクションに肯定的で,互酬性の規範や公共心に対しては低い負荷量,もしくは負の負荷量

で構成されており，結束型の社会関係資本を示していると解釈できる[3]。

因子間相関に基づき，両因子の関連を見ると，両因子の間で負の相関が認められる。つまり，独立な2つの因子ということでは必ずしもなく相互に負の関連を持ち得るトレードオフの関係にある因子であると考えられる[4]。

ところで，この因子分析には，社会関係資本の構成要素として重要な政治的な会話や自発的な団体加入は含まれていない。これは，JESⅡ・JESⅢの多くの調査年度でこれらの質問項目が設定されていないことによる。そこで，補足的な分析として政治的な会話と自発的な団体加入の両変数が設定されている年度に対して，両者を加えた因子分析を行うことで，それらの要素との関連を確認したい。

因子分析の結果は，表4－2のとおりである。結果を見ると，政治的会話や自発的団体加入は，基本的には独自の因子（第Ⅲ因子）を形成しているが，因子相関を見ると，水平的因子（第Ⅱ因子，2005年については第Ⅰ因子）と正の相関を持っていること，また，垂直的因子（第Ⅰ因子，2005年については第Ⅱ因子）とは負の相関を持っていることが確認できる[5]。Putnamは，接合型の社会関係資本について，公民権運動

---

[3] 接合型，結束型の社会関係資本の違いと両因子の違いについて，団体の開放性や同質性を考慮に入れた分析を行えなかった。両主成分と接合型，結束型の社会関係資本との関連については，多くの検討の余地が残されている。今後の分析課題としたい。

[4] 時系列的な視点で両因子について1993年から2005年までを見ると，基本的には両因子を構成する変数群に大きな違いはないものの，公共心が2000年代で水平的因子に関連するようになってくることが確認できる。これは，JESⅡ調査とJESⅢ調査との標本・調査の違いとも考えられるが，両調査の間を埋める立場にあるJESⅡ調査の継続標本「2001年（継）」でも公共心が出現していることから，1990年代は結束型の社会関係資本と接合型の社会関係資本とが必ずしも明確には分かれていなかったが，2000年代になって，接合型の社会関係資本が明確に出現してきたとも考えることができる点で留保が必要である。

[5] 政治的会話や自発的団体加入は，垂直的因子に対する負荷量が負となっているし，独自因子における垂直的な人間関係にまつわる変数も負の負荷量と

第4章 投票義務感に対する外的要因の効果　119

表4-2　社会関係資本の二面性(政治的会話・自発的団体加入含む)

	1993年			2003年			2005年		
	I	II	III	I	II	III	I	II	III
直的(力のある者とない者があるのは当然)	.195	-.145	-.089	.284	-.024	.005	-.009	.267	-.018
直的(上は下に威厳をもって接するべし)	.731	.061	.056	.569	.013	.009	-.035	.427	-.063
ンクション(しきたりを破る者には制裁)	.292	-.244	-.049	.478	-.051	-.030	-.012	.559	.025
酬性(情けがなくなってきているへの否定)	.009	.554	-.113	-.024	.525	-.160	.480	-.060	-.157
リーライド否定(要領のいい人が得)	-.008	.275	.136	-.034	.539	.144	.661	.014	.112
共心(社会に目を向けるべき)	.050	.007	.315	.104	.139	.337	.101	.070	.358
治的会話	.028	.026	.388	-.049	-.115	.446	-.090	-.048	.453
発的団体加入	-.125	-.018	.278	-.045	-.037	.250	-.052	-.112	.212
因子相関　I	1	-.330	-.193	1	-.438	-.139	1	-.381	.117
II		1	-.041		1	.187		1	-.120
III			1			1			1

) 主因子法、プロマックス回転。

(civil rights movement)を挙げ自発的団体との関連を議論したが，本書において自発的な団体加入が，住民運動，消費者運動，市民運動，婦人運動の団体，生活協同組合への加入等で構成されている点に鑑みれば，政治的な会話や自発的な団体加入の因子が，水平的因子と正の相関を持つことは接合型の側面を示していると考えられ，逆に，垂直的因子と負の相関を持つことは結束型の側面を示していると考えることができる。

4-3　社会関係資本の二面性と協調・同調

次いで，作業仮説1-2「水平的人間関係や一般的互酬性の規範といった特徴を持った社会関係資本は『協調』を促進し，垂直的人間関係や特定的互酬性といった特徴を持った社会関係資本は『同調』を促進する」について，両社会関係資本が「協調」と「同調」に対してどのような効

なっている点で，水平的因子に親和性があるといえる。また，独自因子は，政治的会話や自発的団体加入を中心とする接合型のもう1つの側面としても捉えることができる。

果を持っているのかについて確認するため，表4－1に示した因子分析の結果に基づき，これら2つの社会関係資本因子それぞれの因子得点を独立変数とし，「協調」と「同調」とを従属変数とする重回帰分析（OLS）を行った。統制変数としては，性別（男性ダミー），年齢，教育程度，居住年数，都市規模を用いた。分析にあたっては，JES II 調査において「協調」にまつわる質問項目が設定されていないことから，JES III 調査を中心に2001年，2003年，2005年に対して分析を行った[6]。2004年についてもJES II 調査と同様に質問項目が設定されていないことから分析からは除外した。

「協調」に対する効果は，表4－3に示すとおりである。まず，水平的因子が「協調」に対して効果を持つ結果が認められる。これは，水平的人間関係や互酬性の規範が一般的な信頼を形成するとした，接合型の社会関係資本の議論と整合的である。しかし一方で，垂直的因子が持つ「協調」に対する効果も，2005年を除いては僅かではあるが認められる。これは，Putnamの議論とは異なる結果ではあるが，Ikedaら（Ikeda & Richey, 2005）が指摘するような，垂直的な人間関係に基づく効果であると考えられる[7]。

統制変数では，年齢と教育程度の正の効果と，都市規模の負の効果が確認できる。これらの効果は，協力・協調経験の積み重ねという点から解釈ができる。つまり，年齢や教育を積み重ねることは，協力・協調の経験を積み重ねることに繋がると考えれば，その経験——中でも協力・協調の結果としてうまくいったことの経験——は，「協調」を促進する効果を持つと考えられる。都市規模については，それが負の効果である

6 　JES II 調査では，「協調」と解釈できるような代理変数も存在しなかった。
7 　補足的に2004年についての分析を行った。両社会関係資本変数を2003年で代用したものを投入し，2004年の「協調」に対する同様の重回帰分析を行ったところ，水平的因子のみで有意となった（.098：標準化係数，p<.01）。2005年においてもその効果が認められないことと併せて考えると，2005年にかけて水平的な人間関係や互酬性の規範が一般的な信頼を形成するような，協調としての側面を持つ接合型の社会関係資本が明確に出現したと考えることもできる。

表4-3 「協調」に対する社会関係資本の効果

	2001年	2003年	2005年
性別(男性)	.015	.054*	-.032
年齢	.072**	.091**	-.002
教育程度	.079**	.058*	.036
居住年数	-.002	.010	.017
都市規模	.007	-.091***	-.101***
垂直的因子	.063*	.061*	.030
水平的因子	.179***	.243***	.216***
Adj R²	.030	.064	.046
N	1757	1863	1241

注 1) 数字は標準化係数。
2) * p<.05 ** p<.01 *** p<.001。
3) 2004年は社会関係資本に関する変数が存在しないため分析から除外。

ことから，規模の小さい都市や，町村において「協調」が高いことを意味していると考えられる。そのような地域では都市規模の大きな地域に比べ，より人間関係の密度も高いであろうから，協力・協調の経験の場が多いことが推測される。

次に，「同調」に対する効果は，表4-4に示すとおりである。なお，「同調」について，JES II 調査においては，「同調」にまつわる変数が設定されていなかったため，代理変数として「近所づきあいのために寄付をするか否か」を用いて分析を行った。結果を見ると「同調」に対しては，垂直的因子が安定的に効果を持つ。この結果も，垂直的な人間関係やサンクションが特定的な互酬性を形成する結束型の社会関係資本の議論に沿うものである。一方，水平的因子にも効果が認められ，水平的な人間関係や互酬性の規範が，2005年以外では「同調」をもたらす結果となった。これは，Putnam の接合型・結束型の社会関係資本の議論とは異なる結果である。ただし，係数を見ると，垂直的因子のほうが水平的因子に比べて大きなものとなっている点で，接合型・結束型の議論と矛盾するものではない[8]。統制変数の中では，年齢の正の効果と都市規模

---

8 「協調」に対する効果の分析同様，補足的に2003年変数を用い2004年についての分析を行った。結果は，両因子で有意な結果となった(垂直的

表4－4　「同調」に対する社会関係資本の効果

	1993年	2001年	2003年	2005年
性別(男性)	-.079**	.006	.020	.038
年齢	.137***	.088**	.136***	.005
教育程度	-.070*	.006	.053*	.018
居住年数	.016	.036	-.043†	.052†
都市規模	-.071**	.025	-.069**	-.092**
垂直的因子	.077**	.151***	.132***	.082*
水平的因子	-.074*	.086**	.112***	.031
Adj R^2	.068	.024	.028	.015
N	1356	1750	1846	1239

注1）　数字は標準化係数。
　2）　† p<.10　* p<.05　** p<.01　*** p<.001。
　3）　2004年は、社会関係資本に関する変数が存在しないため分析から除外。
　4）　2005年は同一の従属変数が存在しなかった。2003年の変数を用いた予備的な分析の結果,「人を助ければ,いずれその人から助けてもらえる」との関連が強かった。そこで,2004年の「他人の求めること」を従属変数とする回帰分析における非標準化係数(.976)を2005年の「人を助ければ」に乗じウェイトをかけることで従属変数を作成した。
　5）　1993年は寄付について「近所づきあいを保つため,だまって出したほうがよい」を使用。

の負の効果が確認できる。これは，先の「協調」の効果と同様に，「同調」においても同調経験の積み重ねの視点で解釈できよう。年齢の高さや，都市規模の小ささは，そこにおける，同調経験の頻度の多さを推測させる。「同調」の経験が，良い結果を生じさせたり，何らかのリスクを回避することに繋がるのであれば，経験の多さは「協調」と同様に「同調」をも促進する結果となると考えられる。

　以上，社会関係資本を構成する各変数によって抽出された，水平的因子と垂直的因子とが「協調」と「同調」とにどのような効果を持つのかについてそれぞれ分析を行ったが，これらの結果を併せて考えれば，社会関係資本は「水平的協調」と「垂直的同調」との二面性を持ち得ると

因子で.123，水平的因子で.099。ともに標準化係数，p<.001)。ただし，2005年は水平的因子が「同調」に持つその効果が認められない。この結果も2005年における変化の可能性を示唆している。つまり，結束型の社会関係資本と接合型の社会関係資本とが有権者の意識レベルで，明確な区別がなされるようになったと考えることができる。

考えることができる。つまり，Putnamが提示した社会関係資本に関する接合型と結束型との2つの区別を基盤とし，水平的な人間関係や互酬性の規範が一般的な信頼を形成する「協調」としての側面である「水平的協調」と，垂直的な人間関係に基づき，特定的な互酬性の規範を形成する「同調」としての側面である「垂直的同調」とである。

　他方，垂直的人間関係を特徴とし，結束型に対応する社会関係資本であっても，「協調」を形成し得るし，水平的な人間関係を特徴とし，接合型に対応する社会関係資本であっても，「同調」を形成し得る結果が確認された。これは「協調」と「同調」どちらの側面においても，年齢や都市規模の小ささが共通して効果を持っていたことと併せて考えると，どちらも経験の多さがそれぞれ効果を持つことを示唆しているが，両社会関係資本に基づく「協調」・「同調」の経験が，それぞれ他方に対して効果を持ち得るということであるとも考えられる。以上の点は，Putnamの提示する社会関係資本とは異なる点である。つまり，人間関係が水平的に構成されているのか，垂直的に構成されているのかにかかわらず，「協調」と「同調」との両側面を形成し得るということが示唆される。

　また，これは山岸(1998, 1999)のいう，信頼と安心の区別からは，次のような解釈ができる。すなわち，垂直的人間関係やサンクションを特徴とする垂直的因子が，一般的な信頼で測られる協調的側面を形成し得る結果は，有権者の意識レベルにおいて，信頼と安心とが必ずしも明確に分化しているわけではないということである[9]。

　以上，垂直的因子，水平的因子の両因子と，「同調」と「協調」との関連の中で，社会関係資本における様々な側面を確認してきたが，以後の分析においては主に，安定的に効果が認められた「水平的協調」と

9　その意味では，山岸(1999)の指摘する「安心の崩壊」が日本において起こったことによって，2005年に至ると垂直的人間関係やサンクションを特徴とする因子が「協調」を測った一般的な信頼を形成する効果が認められなくなったと考えられ，「信頼」と「安心」との区別，ひいては，接合型と結束型の社会関係資本が明確に分化するようになったとも考えることができる。

「垂直的同調」との側面に焦点を当て，投票義務感に対する効果について分析を進める。

4－4　社会関係資本の二面性と投票義務感

ここでは，作業仮説1－3「協調的側面の社会関係資本は抽象的投票義務感を促進し，同調的側面の社会関係資本は具体的投票義務感を促進する」について，「水平的協調」と「垂直的同調」とが2つの投票義務感，すなわち，抽象的投票義務感と具体的投票義務感とに対してどのような効果を持つのかについて確認する。

まず，具体的投票義務感に対する効果について，具体的投票義務感を従属変数とし，「協調」と「同調」，および，両社会関係資本の因子得点を独立変数とする重回帰分析(OLS)を行った。統制変数としては，先の分析に用いた属性変数の他に，政治的関心，政治的有効性感覚，政党支持強度を加えた。なお，本書では，両社会関係資本が「協調」もしくは「同調」を経由することを想定しているため，水平的・垂直的両因子のみを投入したモデル(Model 1)，「協調」・「同調」を追加したモデル(Model 2)，その他の統制変数を加えたモデル(Model 3)，および最後にもう一方の投票義務感である抽象的投票義務感を加えたモデル(Model 4)の順に分析を行った。抽象的投票義務感を加えたのは，関連の深いもう一方の投票義務感で統制を行うことの他に，両投票義務感の相補的な効果を確認するためである。JESⅡ調査データについては，変数の揃わない「協調」と「同調」とを独立変数に含めず，両社会関係資本の因子得点のみを投入したモデル(Model 1)のみ補足的に分析を行った。結果は表4－5のとおりである。

分析の結果，水平的・垂直的両因子の因子得点のみを投入したモデル(Model 1)においては，JESⅢ調査の水平的因子で具体的投票義務感を促進する効果が，またJESⅡ調査においては垂直的因子が抑制する効果が認められる。先の因子分析で見たように，両因子は負の相関を持っているので，具体的投票義務感に対する係数の方向がそれぞれ正負逆であることを考えれば，両因子と具体的投票義務感の関連について，水平的

因子は促進し，垂直的因子は抑制するという結果を示唆しているといえる。ただし，「協調」と「同調」とを投入すると(Model 2)その効果は概ね有意ではなくなり，その一方で，2001年，2003年において確認できるように，具体的投票義務感に対しては，主に「同調」の効果が認められる。こうした効果は，他の独立変数を加えたモデル(Model 3)においても概ね有意な結果となった。

　以上の結果は次のことを意味していると考えられる。すなわち，「協調」と「同調」とを投入することによって，水平・垂直両因子の効果が有意でなくなることから，社会関係資本は「協調」や「同調」といった副次的な意識変数を経由することによって投票義務感を形成し得る。そして，2001年，2003年において確認できるように，具体的投票義務感に対しては，「同調」の側面が効果を持つということである。具体的投票義務感に対して「同調」が大きく効果を持つことについては，次のような解釈ができる。つまり，そもそも具体的投票義務感は，「自分一人くらい投票してもしなくてもどちらでもかまわない」という点で，具体的な個別の状況を想起させる内容を持つものである。「同調」は垂直的人間関係や特定的互酬性と親和性が高い垂直的因子と関連が高かったことを考えれば，他人の存在を前提として協力するか否かという側面に対して，より効果を持っているのではないか。つまり，これは，社会的圧力の存在と，投票の場面においてはそうした圧力に従う義務感を示すような側面を持っていると考えることができよう。

　ただし，これらの結果に対して留意が必要なのは，2005年における効果である。同年については「協調」と「同調」とを投入したモデル(Model 2)は一転して「協調」の効果が認められる。また，統制変数を投入したモデル(Model 3)や抽象的投票義務感を投入したモデル(Model 4)では「同調」の係数は，それまでの年度で確認されていた正の係数から一転して，有意な負の係数となり，2005年では，反対に「協調」の側面が効果を持ち，同時に「同調」が抑制効果を持つことを示しているように解釈できる。したがって，具体的投票義務感に対して，「協調」の側面，すなわち，接合型の社会関係資本の効果が表れたとも解釈できる。ただ，これは必ずしも同年以前の結果と矛盾するものではない。

表4－5　具体的投票義務感に対する「協調」・「同調」の効果

JES Ⅱ	1993年	1995年
	Model 1	Model 1
性別(男性)	.022	.041 †
年齢	.195***	.192***
教育程度	.132***	.091***
居住年数	.014	－.012
都市規模	－.070*	.006
政治的関心	—	—
政治的有効性感覚	—	—
政党支持強度	—	—
垂直的因子	－.074*	－.063 †
水平的因子	.020	－.024
同調	—	—
協調	—	—
抽象的投票義務感	—	—
Adj R²	.045	.033
N	1362	1742

JES Ⅲ	2001年				2003年			
	Model 1	Model 2	Model 3	Model 4	Model 1	Model 2	Model 3	Model 4
性別(男性)	.048*	.051*	－.027	－.022	－.013	－.012	－.072**	－.071**
年齢	.263***	.257***	.168***	.087**	.236***	.226***	.130***	.078**
教育程度	.081**	.074**	.027	.010	.158***	.151***	.102***	.084***
居住年数	.007	.004	.016	.018	.019	.021	.026	.022
都市規模	.037	.036	.007	.005	.022	.028	.002	.019
政治的関心	—	—	.210***	.175***	—	—	.219***	.183***
政治的有効性感覚	—	—	.205***	.184***	—	—	.153***	.145***
政党支持強度	—	—	.107***	.081***	—	—	.098***	.065**
垂直的因子	－.030	－.048 †	－.038	－.029	.021	.014	.033	.038
水平的因子	.068*	.053 †	.001	－.011	.058*	.036	－.003	－.004
同調	—	.077**	.040+	.028	—	.085***	.048*	.037
協調	—	.026	.005	－.011	—	.020	.004	－.003
抽象的投票義務感	—	—	—	.242***	—	—	—	.216***
Adj R²	.065	.073	.182	.224	.052	.060	.147	.182
N	1760	1725	1694	1680	1863	1826	1804	1796

注 1) 数字は標準化係数。
　 2) † $p<.10$　* $p<.05$　** $p<.01$　*** $p<.001$。

2001年(継)
Model 1
.181**
.226***
.054
.043
.085
―
―
―
-.008
.026
―
―
―
.085
264

2005年			
Model 1	Model 2	Model 3	Model 4
.006	.008	-.049†	-.035
.229***	.233***	.129***	.067*
.170***	.172***	.112***	.085**
.020	.021	.029	.020
-.076**	-.072*	-.084**	-.072**
―	―	.229***	.184***
―	―	.176***	.163***
―	―	.079**	.029
.007	.007	.017	.002
.059†	.045	-.003	-.009
―	-.047	-.068*	-.047†
―	.078**	.056*	.042
―	―	―	.286***
.056	.063	.162	.231
1249	1230	1212	1208

確かに，有意な係数を年度ごとに追っていけば，2005年での反転が確認され，2005年における変化が示唆される。しかし，「協調」においては，それ以前にも有意ではないものの，係数は安定して正の効果となっていることから，2005年になって，それが明確に出現したといえるかもしれない。

統制変数では，やはりここでも年齢と教育程度の正の効果が安定的である。これらの要因は，先の「協調」・「同調」に対する重回帰分析の中でも効果を示していたことと併せて考えれば，これらの効果を考慮しても，「協調」と「同調」とが具体的投票義務感に対して効果を持っていることを示しているといえる。また，政治的関心，政治的有効性感覚，政党支持強度の効果も安定的である。これらの要因は，三宅ら(三宅他，1967)で指摘された投票義務感と関連の深い要因群であるが，これらの効果を統制しても，「同調」の効果が認められた。

また，Model 4において投入された抽象的投票義務感の安定した効果も確認できる。抽象的投票義務感の投入は，両投票義務感の相補的な効果を確認することの他に，

表4-6 抽象的投票義務感に対する「協調」・「同調」の効果

JES Ⅱ	1993年	1995年
	Model 1	Model 1
性別(男性)	.078**	.020
年齢	.284***	.277***
教育程度	.052	.045†
居住年数	-.010	.010
都市規模	-.025	-.007
政治的関心	—	—
政治的有効性感覚	—	—
政党支持強度	—	—
垂直的因子	-.019	-.050
水平的因子	.006	-.034
同調	—	—
協調	—	—
具体的投票義務感	—	—
Adj R^2	.077	.070
N	1138	1739

JES Ⅲ	2001年				2003年			
	Model 1	Model 2	Model 3	Model 4	Model 1	Model 2	Model 3	Model 4
性別(男性)	.028	.028	-.024	-.018	.035	.038†	-.007	.010
年齢	.406***	.396***	.336***	.296***	.330***	.310***	.229***	.200***
教育程度	.103***	.103***	.086**	.080**	.083**	.074**	.055*	.034
居住年数	-.019	-.020	-.020	-.021	-.004	.002	.006	-.001
都市規模	.000	-.004	-.018	-.017	-.056*	-.049*	-.062**	-.065**
政治的関心	—	—	.113***	.063*	—	—	.150***	.105***
政治的有効性感覚	—	—	.089***	.040†	—	—	.043†	.009
政党支持強度	—	—	.117***	.090***	—	—	.148***	.127***
垂直的因子	-.004	-.017	-.017	-.011	.003	-.011	-.012	-.022
水平的因子	.110***	.089***	.055*	.052*	.056*	.031	.004	.004
同調	—	.085***	.062**	.054*	—	.100***	.065**	.057*
協調	—	.078***	.060**	.060**	—	.038	.024	.024
具体的投票義務感	—	—	—	.238***	—	—	—	.212***
Adj R^2	.138	.155	.192	.237	.099	.112	.160	.182
N	1756	1721	1685	1680	1866	1828	1802	1796

注 1)数字は標準化係数。
2)† p<.10 * p<.05 ** p<.01 *** p<.001。

第4章 投票義務感に対する外的要因の効果　129

2001年(継)
Model 1
.056
.234***
.095
-.072
.015
—
—
—
.116†
-.024
—
—
—
.051
278

	2005年			
	Model 1	Model 2	Model 3	Model 4
	-.018	-.009	-.045	-.031
	.312***	.316***	.214***	.179***
	.128***	.124***	.093**	.063*
	.044	.041	.037	.029
	-.039	-.033	-.037	-.012
	—	—	.162***	.097**
	—	—	.044	-.004
	—	—	.179***	.156***
	.041	.045	.045	.041
	.066*	.050	.016	.019
	—	-.061*	-.077**	-.057*
	—	.067*	.049†	.032
	—	—	—	.286***
	.090	.096	.162	.231
	1247	1228	1209	1208

もう一方の投票義務感で統制し，その上で「協調」と「同調」との効果を見る目的であったが，それは具体的投票義務感に対する抽象的投票義務感の安定的な効果であると確認できる。

次に，抽象的投票義務感に対する効果についても分析を行った。分析に際しては，具体的投票義務感に対する分析と同様に段階的なモデルを作成した。結果は，表4－6のとおりである。なお，JES II 調査データについては，ここでも変数の揃わない「協調」と「同調」とを独立変数に含めず，水平的因子，垂直的因子の両因子得点のみを投入したモデル(Model 1)のみ補足的に分析を行っている。

分析の結果，水平的・垂直的両因子の因子得点のみを投入したモデル(Model 1)においては，水平的因子で抽象的投票義務感を促進する効果が認められる。ただし，「協調」と「同調」を投入すると2001年については有意な効果が残るが，係数を見るとその効果は低くなっており，その他については，その効果は有意ではなくなっている(Model 2)。「協調」と「同調」のそれぞれの効果を見ると，抽象的投票義務感に対しても両者の効果

が認められるが,「協調」については，2001年，2005年でその効果が有意であり，且つ，2003年においても他の年度と同様に正の係数となっている。したがって，抽象的投票義務感に対しては，主に「協調」が比較的安定して効果を持つ結果となっているといえる。これらの結果は，先の具体的投票義務感に対する分析と同様に，抽象的投票義務感においても「協調」・「同調」といった，副次的な意識変数を経由することによって投票義務感を形成することを意味している。

ただし，先の分析同様に2005年の結果については一部留意が必要である。「同調」については，同年でそれ以前の正の効果から一転して抑制効果を持つ。これは，結束型の社会関係資本を示す「同調」の効果が変化した可能性も示唆され，「協調」の側面，すなわち，接合型の社会関係資本の効果が表れたとも解釈できる。しかし，抽象的投票義務感に対しては，「協調」がそれ以前にも効果を持っていたことを考えれば，必ずしも，結束型と接合型の社会関係資本の大転換というわけではなく，結束型の社会関係資本の効果が薄れたに過ぎないのかもしれない。

以上の結果を総合すると，抽象的投票義務感に対する分析においても両側面の投票義務感が存在するといえよう。

ところで，もう一方の投票義務感である具体的投票義務感を投入したモデル(Model 4)について確認すると，いずれの年度においても具体的投票義務感の安定した効果が認められる。先の具体的投票義務感に対する分析で，抽象的投票義務感が具体的投票義務感に対して効果を持っていることが確認されたが，この結果から，両投票義務感が相補的に促進し合っていると考えられよう。

両投票義務感に対する以上の分析結果をまとめると，両投票義務感に対する効果については次のように解釈することができる。まず，具体的投票義務感に対しては，主に同調的側面の効果が強い。したがって，具体的投票義務感は「垂直的同調に対する義務感」としての側面を強く持つと考えられるが，「同調」は主に垂直的人間関係や特定的互酬性によって促進されていたこと，また，具体的投票義務感は「自分一人くらい投票してもしなくてもかまわない」というフリー・ライドするか否かの選択にかかわる投票義務感であることを考えると，垂直的な人間関係にお

いて，投票を促す社会的圧力がかかる特定状況下において，そうした圧力に同調する投票義務感であると考えることができよう。ただし，弱いながらも協調的側面の効果も確認できる。具体的投票義務感が具体的状況においてフリー・ライドしないことを選択させるのであるならば，フリー・ライドに対する否定的な態度によって促進されていた水平的因子とそれによってもたらされる「協調」が，具体的投票義務感を促進する結果となったといえよう。

次に，抽象的投票義務感に対しては，主に協調的側面の効果が強い。したがって，抽象的投票義務感は「水平的協調に対する義務感」としての側面を強く持つと思われるが，他方，「同調」の効果も一部認められる。その意味では，抽象的投票義務感は「水平的協調に対する義務感」と「垂直的同調に対する義務感」との両側面をより備えているともいえる。これは，抽象的投票義務感が投票義務感の質として，より抽象的な側面を持っていることに由来するのではないか。つまり，抽象的投票義務感と具体的投票義務感の相補的な効果を考えれば，「垂直的同調に対する義務感」の側面を持つ具体的投票義務感が抽象的投票義務感に転じるとも考えられる。換言すると，抽象的投票義務感においては，両者の効果がより確認できると思われる。また，両投票義務感は相補的なことを踏まえれば，より抽象化したかたちとしての抽象的投票義務感は，特定の状況を伴う具体的投票義務感によって形成されるし，逆に，そうした抽象化された投票義務感の存在によって，特定状況下においてフリー・ライドを選択しないかたちでの具体的投票義務感を形成するということがいえよう。

4−5　投票義務感と投票参加

ここで，クロスセクショナル・データ分析において，投票参加に対してはどのように効果を持つのかを確認する。最終的な従属変数である投票参加に対しての分析は，第6章のパネル・データ分析でも行うが，クロスセクショナル・データによる分析で年度ごとの効果を確認したい。分析に際しては，両投票義務感を独立変数とし，投票参加を従属変数と

するロジスティック回帰分析を行った。なお，統制変数には属性変数の他，Rikerモデルにおける主観的確率(P)と参加のコスト感覚(C)，および，政治的関心，政治的有効性感覚，政党支持強度，保革イデオロギーとを加えた。結果は表4－7のとおりである。

　まず，投票義務感別の効果では，投票参加に対しては両者の効果が認められるが，主に抽象的投票義務感の安定した効果が認められる。1993年とJES Ⅱ継続標本を除けば比較的安定して有意な結果であり，オッズ比を見ても，具体的投票義務感と比較して概ね大きなものとなっている。こうした両投票義務感の効果については次のように解釈できる。すなわち，両投票義務感が相補的に促進する効果を持っていた先の分析と併せて考えれば，一方においては，具体的投票義務感によって抽象的投票義務感が形成され，投票参加に対しては，その抽象的投票義務感がより効果を持つとの解釈である。ただし，具体的投票義務感も投票参加に対して効果を持ち合わせていることから，必ずしもそのルートだけではなく，他方では，抽象的投票義務感が特定状況下における投票義務感を形成し，それが投票参加を促進する効果を持つとも考えられる。

　なお，時系列的にこの結果を見ると，概ね効果は同じであるが，やはり2005年における変質の可能性が示唆される。2005年においては，それまでの結果と比較して，抽象的投票義務感については有意水準が低下し，また，具体的投票義務感については，それまでの結果と比べて効果が最大になっている。

　統制変数の効果を確認すると，属性変数の中では年齢の正の効果が，更に，心理的な要因の中では，参加のコスト感覚の負の効果が安定的に認められる。これは，先行研究で想定されるような効果であるが，これらについては，効果の大きい投票義務感で統制されてもなお，投票参加を促進，あるいは抑制する効果を持ち得る要因となっているということである。特に参加のコスト感覚は，Rikerら(Riker & Ordeshook, 1968)のモデルにおいては，期待効用差の大きさをすべて相殺してしまうほどの要因として位置づけられていたが，これは，結果として，投票参加のパラドックスを生じさせる。すなわち，「市民の義務」が

第4章 投票義務感に対する外的要因の効果 133

表4-7 投票参加に対する投票義務感の効果

	1993年		1995年		1996年		2001（継）	
	係数	オッズ比	係数	オッズ比	係数	オッズ比	係数	オッズ比
性別（男性）	.544	1.723	-.269	.765	-.455	.634	-3.401	.033
年齢	.040*	1.040	.032***	1.033	.024*	1.024	.138	1.148
教育程度	-.213	.808	.175	1.191	-.110	.895	-.222	.801
世帯収入	.085	1.089	-.022	.978	.091	1.095	.010	1.010
居住年数	.186	1.204	-.150	.861	-.026	.974	.863	2.369
都市規模	-.023	.977	-.109	.897	-.211	.809	.823	2.277
P（主観的確率）	.137	1.147	.423**	1.527	.405*	1.499	-.157	.855
C（参加のコスト感覚）	-1.093***	.335	-2.241***	.106	-1.227***	.293	-.599	.549
政治的関心	.257	1.293	.192	1.211	.586**	1.796	-.229	.795
政治的有効性感覚	-.049	.952	.013	1.013	.052	1.054	.350	1.419
政党支持強度	.410	1.507	.528**	1.695	.207	1.230	-.794	.452
保革イデオロギー	.093	1.097	-.022	.978	.179	1.196	-.822	.439
抽象的投票義務感	.234	1.263	1.057***	2.877	.556**	1.743	.953	2.593
具体的投票義務感	.327**	1.387	.147†	1.159	.363***	1.437	.527	1.694
定数	-1.189	.305	-.199	.820	-2.043†	.130	-5.050	.006
Cox & Snell R^2	.125		.447		.167		.142	
Nagelkerke R^2	.364		.668		.385		.494	
N	1039		1281		1032		124	
	2001年		2003年		2004年		2005年	
	係数	オッズ比	係数	オッズ比	係数	オッズ比	係数	オッズ比
性別（男性）	-.109	.897	.586	1.796	.153	1.165	.352	1.421
年齢	.049**	1.050	.012	1.012	.047***	1.048	.002	1.002
教育程度	.061	1.062	.375	1.455	.486*	1.626	-.274	.761
世帯収入	.100	1.105	.037	1.038	.256***	1.292	.335†	1.398
居住年数	.000	1.000	.045	1.046	-.262†	.770	.090	1.094
都市規模	.037	1.038	-.030	.970	-.069	.933	-.059	.942
P（主観的確率）	.195	1.216	-.163	.850	.056	1.058	.787*	2.198
C（参加のコスト感覚）	-.876***	.417	-.627**	.534	-.794***	.452	-.724*	.485
政治的関心	.670**	1.954	.170	1.185	.133	1.142	.864**	2.373
政治的有効性感覚	.012	1.012	.009	1.009	-.115	.891	.092	1.097
政党支持強度	.540†	1.715	.756*	2.129	.675**	1.963	.603	1.827
保革イデオロギー	-.065	.937	.048	1.049	.009	1.009	-.117	.889
抽象的投票義務感	.919***	2.506	1.110***	3.034	.793***	2.210	.858*	2.358
具体的投票義務感	.199	1.220	.542**	1.719	.408***	1.504	.333†	1.395
定数	-4.127**	.016	-3.688*	.025	-4.255***	.014	-2.648	.071
Cox & Snell R^2	.154		.082		.167		.095	
Nagelkerke R^2	.356		.300		.359		.346	
N	712		932		833		801	

注 1）ロジスティック回帰係数。
2）† p<.10 * p<.05 ** p<.01 *** p<.001。

パラドックスを解消させるほどの意味を持っていたが，その点から見ると，より抽象化したかたちの抽象的投票義務感が投票参加に対して効果を持っていたことは，これをRikerモデル的な「市民の義務」として捉えることができることを示唆している。以上を踏まえて分析結果を解釈すれば，Rikerモデルにおける，参加のコスト感覚が投票参加を抑制し，他方で「市民の義務」である抽象的投票義務感が投票参加を促進するという，それぞれの要因の効果が示された結果となっているといえよう。

4－6　まとめ

　本章は，「外的要因」，すなわち，社会関係資本が投票義務感を形成し，その投票義務感が投票参加に与える効果について分析を行ってきたが，分析結果について次のように整理することができよう。
　第1に，社会関係資本は水平的人間関係および垂直的人間関係をそれぞれ基盤とする二面性を持ち，水平的人間関係に基づく側面は「協調」を，垂直的人間関係に基づく側面は「同調」をそれぞれ促進する。第2に，「協調」・「同調」はともに，具体的投票義務感と抽象的投票義務感の両投票義務感を促進する効果を持っていた。これは，「協調」・「同調」と，「抽象的投票義務感」・「具体的投票義務感」との関連が必ずしも一面的でないことを示している。ただし効果の大きさを比較すると，具体的投票義務感は主に「同調」によって促進され，抽象的投票義務感は主に「協調」によって促進されていた。
　以上の結果から投票義務感の2つの側面を位置づけることができる。すなわち，抽象的投票義務感に対しては「水平的協調に対する義務感」として，具体的投票義務感に対しては「垂直的同調に対する義務感」としての位置づけである。「水平的協調に対する義務感」は，他人との協力を選択するような側面を示し，「垂直的同調に対する義務感」は，垂直的な人間関係のネットワークの中で社会的圧力に応えるような側面を示している。前者はPutnamの提示した接合型，後者は結束型に相当し，また，山岸の信頼の区別に従えば，前者は信頼，後者は安心と位置づけることもできるといえる。

第3に，抽象的投票義務感と具体的投票義務感という区分については，両者の相補的な関係が確認できたが，これは次のように解釈できる。まず，抽象的投票義務感の形成にあたっては，特定的な状況に基づく具体的投票義務感によって支えられる側面があると考えられる。垂直的人間関係に基づき，社会的圧力に応えるかたちでの「同調」の積み重ねが，その社会におけるサンクションの存在をより個人の中で顕在化させ，結果としてサンクションに対する恐れとなって「自分一人くらい投票しなくてもかまわない」という考え方により否定的になるという具体的投票義務感を増大させたとき，そうした具体的投票義務感がより抽象化するなら，「権利」対「義務」の対立軸の認知の中で投票を義務だとする抽象的投票義務感に転じるであろう。また，具体的投票義務感の蓄積と抽象化の過程において，「協調」の側面を持つ抽象的投票義務感に転じ得るとも考えられる。他方，これとは逆の因果的方向から，両投票義務感の関係を解釈すれば，上記のようなかたちで形成された抽象的投票義務感は，特定的な状況における個人の選択に際し規範として作用し，フリー・ライドするか否かについての選択に影響を与えるのではないか。

　ところで，これまで本章の各分析で指摘してきた2005年の変化については次のような解釈ができる。第1に，1990年代の「同調」の効果から2000年代の「協調」の効果への転換は，安心の側面の投票義務感から信頼の側面の投票義務感へと投票義務感の質が転換，または，垂直的同調に対する義務感の側面から，水平的協調に対する義務感の側面へと変質した可能性が示唆される。ただし，これは，2005年に大転換をするということではなく，「協調」の効果は潜在的にそれ以前にも確認されていることから，投票義務感の変質というよりは，投票義務感の二面性として捉えるのが妥当である[10]。第2に，とはいえ2005年の衆議

10　社会関係資本の構造の変化は，より長期的な視点で捉えられるべきものでもある。今回分析に用いた，JES Ⅱ，JES Ⅲ調査データによる，1990年代から2000年代にかけての十数年程度の分析では，その変化を捉えることは難しいのかもしれない，変化を位置づけるには，JES Ⅱ調査以前のデータや，JES Ⅲ以降のデータと併せたより長期的な分析が必要となろう。これは，残

院選挙を取り巻いていた，いわゆる「郵政解散」という状況が変化に与えた影響も無視できない。郵政民営化は，利権を守ろうとする郵便局長，郵便局員，郵政族と，構造改革によって将来の財政危機・財政破綻からの脱却を目指す立場との対立を示した「善玉悪玉二元論」（大嶽，2006)であった。この対立は，投票義務感の視点では，垂直的同調に基づく具体的投票義務感と，水平的協調に基づく抽象的投票義感との対立であったとも捉えられる。その意味では，多くの有権者にとっては，郵便局を維持するという特定の利益への「同調」よりも，民営化による将来の公共財，すなわち，財政破綻の回避による日本全体の利益への「協調」を強く認識させられた結果，2005年に「協調」への効果が一時的に強く現れたのかもしれない。

　以上，本章における結果から，「外的要因」としての社会関係資本は，「協調」・「同調」という，より副次的な意識変数を経由することによって投票義務感に効果を持つと考えられる。また，各分析において投入した統制変数の中では，年齢や教育程度などの効果が認められ，経験を積むことによって，「協調」や「同調」が促進されることが示唆されたが，経験を積み，「協調」や「同調」の経験が次の「協調」や「同調」を生むためには，それを記憶していることが求められる。つまり，社会関係資本という「外的要因」の効果は，「協力」がかつてうまくいった「記憶」という，有権者の「内的要因」と密接に関連するであろう。そこで，続く5章においては，この「記憶」というアプローチに着目し，更に「内的要因」による投票義務感の形成についての分析を進めよう。

された課題の1つでもある。

第5章

投票義務感に対する内的要因の効果

5−1 はじめに

　本章は，第3章で示した仮説のうち「内的要因」にまつわるもの，すなわち，仮説2「政治的エピソード記憶が投票義務感を促進する（内的要因）」のエピソード記憶と投票義務感との関連についてクロスセクショナル・データ分析を行う。本章で取り上げるエピソード記憶としては，次の2つである。1つは，投票参加経験にまつわる記憶であり，もう1つは，選挙運動期間中の候補者との接触にまつわる記憶である。これらのエピソード記憶を用いて，本章では第1に，投票に参加したことを正確に記憶し，後に想起できるか否かといった想起パターンの分布について確認を行う（5−2）。第2に，想起パターンに対する投票義務感の効果について確認し，補足的な分析として，選挙運動期間中の候補者との接触にまつわる記憶が投票参加の想起に与える効果について確認する（5−3）。第3に，投票に参加したことのエピソード記憶を保持することが，投票義務感を促進する要因になり得ることを確認することで，投票義務感の形成要因としての「内的要因」を位置づける（5−4）。第4に，投票参加経験にまつわるエピソード記憶が投票義務感を形成し，最終的に投票参加に至ることをクロスセクショナル・データ分析で確認する（5−5）。最後に，本章のまとめを行う（5−6）。

5－2　エピソード記憶としての投票参加想起

　表5－1は実際の投票参加と投票に参加したか否かの想起——以下，投票参加想起[1]——とのパターン別集計である[2]。これを見ると，「実際の投票参加−投票参加想起」の順に，どの年度の組合せにおいても，投票に参加したことについての正確なエピソード記憶である「投票−投票」の割合が最も多い。これは，そもそも投票に参加したと答えた回答者が多く存在することに由来すると考えられるが，その一方で，不正確なエピソード記憶である「投票−棄権」，「棄権−投票」，および，正確な不参加のエピソード記憶である「棄権−棄権」の割合も一定数存在している。

　通常，投票行動のサーベイ調査では，投票率の過大推定が問題がとなる（宮野，1986）。本書のデータも例外ではなく，以下の分析結果の解釈においてもその点の留意が必要である。こうした過大推定の原因の1つに，実際には投票に参加していないにもかかわらず調査において，「参加した」と答える意図的な誤答を行う非協力的な標本の存在がある。記憶の正確さを中心に扱う本書の目的からしても，これは重要な問題となるが，パネル調査では，調査に協力的な標本が残り，非協力的な標本が欠損することを考えれば[3]，こうした意図的な誤答については過度に心配

1　投票参加にまつわるエピソード記憶の想起を考える際，「参加したこと」と「参加していないこと」との両想起が考えられる。本書で投票参加想起という場合，また，明示的な区別をしない場合においては，「参加したか否か」という意味で用い，「参加したこと」の想起とは区別する。

2　DK・NAを含んだパターンの集計も行ったが，該当ケースの存在しないパターンも見られたため，分析からは除外した。また，本章の分析には，JES Ⅱ継続標本データは含めていない，これは，JES Ⅱ継続調査における投票想起の質問項目とJES Ⅱ調査データとで，記憶の正確さを含めた変数作成が行えないことによる。詳細は補遺4（204−207頁）を参照されたい。

3　例えば，今回分析に用いたJES Ⅱデータ・JES Ⅲデータにおいて，非協力的な標本，つまり，強い拒否等によって，後のパネルで調査不能になった標本が存在していることが知られている（蒲島他，1998；相田・池田，

表5−1　クロスセクショナル・データセットにおける参加の想起パターン

	93年×96年	01年×03年	01年×04年	03年×04年	03年×05年	04年×05年
(実際の参加−想起)						
投票−投票	1064 (89.3)	704 (88.7)	593 (92.1)	1160 (90.5)	964 (93.1)	1198 (86.7)
投票−棄権	70 (5.9)	32 (4.0)	6 (0.9)	36 (2.8)	12 (1.2)	43 (3.1)
棄権−投票	31 (2.6)	35 (4.4)	27 (4.2)	44 (3.4)	28 (2.7)	62 (4.5)
棄権−棄権	26 (2.2)	23 (2.9)	18 (2.8)	42 (3.3)	32 (3.1)	78 (5.6)
合計	1191 (100.0)	794 (100.0)	644 (100.0)	1282 (100.0)	1036 (100.0)	1381 (100.0)
	93年×96年	01年×03年	01年×04年	03年×04年	03年×05年	04年×05年
正確な参加想起	1064 (89.3)	704 (88.7)	593 (92.1)	1160 (90.5)	964 (93.1)	1198 (86.7)
不正確な想起	101 (8.5)	67 (8.4)	33 (5.1)	80 (6.2)	40 (3.9)	105 (7.6)
正確な不参加想起	26 (2.2)	23 (2.9)	18 (2.8)	42 (3.3)	32 (3.1)	78 (5.6)
合計	1191 (100.0)	794 (100.0)	644 (100.0)	1282 (100.0)	1036 (100.0)	1381 (100.0)

注)　数値は度数。括弧内は全体に占める％。上段は全想起パターン，下段は3カテゴリに統合。

する必要はないと思われる。逆に，本書が焦点を当てる記憶の正確さについては，それが十分確保されるともいえよう[4]。

以後の分析においては，想起パターンのうち，「投票−棄権」，「棄権−投票」を「不正確な想起」として1つのカテゴリとし，「正確な参加想起(投票−投票)」，「正確な不参加想起(棄権−棄権)」を加えた3つのカテゴリにまとめた上で分析を進める。ここで，「棄権−棄権」を1つの独立したカテゴリとして扱うのは，投票に参加しない「正確」な不参加

2005)。

[4] 「投票−棄権」という想起パターンは，投票時の調査では本当は投票に参加していないにもかかわらず，「投票に行った」と虚偽の報告を行い，後の調査において，そのことを忘れ，投票に行っていないと"正確"に想起したパターンである可能性も考えられる。ただし，投票時の参加が本当のものであるのか否かは確認する術がなく，その意味では，調査・データの限界である。したがって，本書ではこれらを「不正確な想起」として分析を行う。また同様に，「投票−投票」という想起パターンも「嘘をついたことを正確に覚えている」ことを表わしているかもしれないが，やはりそれを確認する術がない。したがって，本書では虚偽の報告を考慮に入れた分析は行わない。

想起の効果を確認するためである[5]。仮に，「棄権−棄権」という「正確」な不参加想起が，投票義務感を抑制し，更には投票参加を抑制する効果を持つのであれば，投票参加が低下し続ける時系列的変化の原因を説明する要因として位置づけることも可能になろう。

　分析では，図5−1のようなモデルを考える。前回の選挙，つまり，$t-1$期における実際の投票参加とt期における投票参加の想起の組合せで得られた「正確な参加想起」(t期)は，t期における投票義務感を促進する傍らで，直接的にも投票参加(t期)を促進する。また，「正確な参加想起」によって促進された投票義務感(t期)もまた，投票参加(t期)を促進するというものである。なお，図に示したとおり，本モデルでは，前々回の選挙における投票に対する想起も扱っている。したがって，同様の枠組みで，同時に，$t-2$期における実際の投票参加とt期における投票参加の想起の組合せもモデルに投入される。モデル設定の際は，逆の因果関係も想定できる。すなわち，投票義務感(t期)の高さが，$t-1$期における実際の投票参加の正確な記憶を想起させるというものである。ただし，時間的前後を考慮すれば，事後的な投票義務感がそれ以前の経験やその記憶に影響を与えることは少ないと位置づけ，図に示したモデルを採用する。

図5−1　分析モデル（投票参加想起と投票義務感・投票参加）

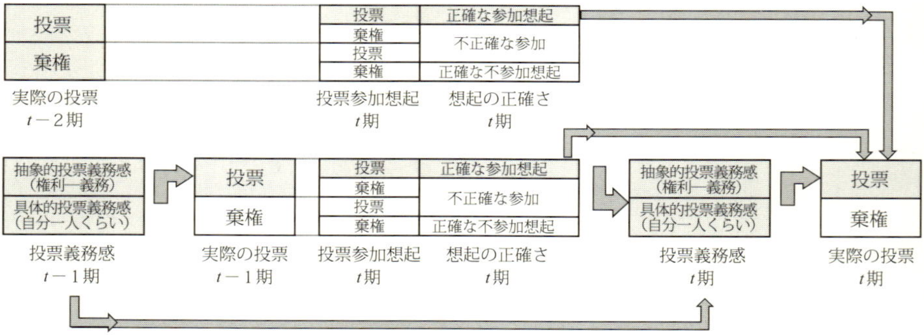

5　カテゴリをまとめることのもう1つの理由は，不正確な参加想起における標本数を確保するためでもある。

5-3　想起パターンに対する効果

　ここでは，作業仮説2-2「投票義務感が高いほど，投票に参加したことの正確な記憶を保持する」に関連して，投票参加想起について，その想起パターンを弁別する要因を探る[6]。中でも，投票参加想起の正確さが投票義務感によって規定されているのか否かを探るため，両投票義務感を独立変数とし，想起パターンを従属変数とする多項ロジスティック回帰分析を行った。独立変数としての投票義務感は，記銘時のもの，つまり，実際の投票参加時点でのものと，想起時のものとが使用できる。予備的な分析で，想起のパターンを弁別するのは，想起時ではなく記銘時の効果であることが認められた。この結果は，記憶の正確さに影響を及ぼすのは，想起時ではなく記銘時における心理的なコミットメントの強さであるという常識的予測とも一致する。そこで，分析には，記銘時の両投票義務感を投入した。また，統制のためのデモグラフィック変数として性別と年齢，教育程度を投入した。なお，従属変数の参照カテゴリは「不正確な参加想起」とした。結果は表5-2のとおりである。

　まず，デモグラフィックな要因では，年齢において「正確な不参加想起」に対する負の効果が認められる。これは，年齢が低いことがそもそも投票参加を促進しない結果であると考えられる。そして，投票義務感については，「正確な参加想起」に対する両投票義務感の有意な効果が認められた。特に，抽象的投票義務感では，どの年度の組合せにおいても，正の効果が一貫して認められている。したがって，抽象的投票義務感が高まるほど，「不正確な想起」に比べ投票に参加し，しかもそのことを正確に記憶しているということ，つまり，「正確な参加想起」がもたらされるといえよう。また，具体的投票義務感においても，正確な参加想起に対する正の効果が概ね確認できる。先述のとおり，両投票義務感については記銘時のものを投入している。つまり，想起時点で投票義務感の高さではなく，自己の投票参加行動時点の投票義務感の高さを意

6　第3章で述べたとおり，作業仮説の検証順序を入れ替えた。

表5-2　投票義務感が想起パターンに与える効果

	1993年×1996年				2001年×2003年			
	正確な参加想起		正確な不参加想起		正確な参加想起		正確な不参加想起	
切片	-3.362***	(.831)	-2.280*	(.952)	-1.183	(.886)	5.081**	(1.723)
性別(男性)	.678*	(.267)	.091	(.314)	-.139	(.273)	-1.078†	(.569)
年齢	.028**	(.010)	.008	(.012)	.002	(.011)	-.066**	(.022)
教育程度	.033	(.163)	.264	(.185)	-.022	(.170)	-.360	(.375)
抽象的投票義務感	.738***	(.179)	.330	(.212)	1.145***	(.208)	-.397	(.408)
具体的投票義務感	.568***	(.086)	.278**	(.103)	.186†	(.111)	-.298	(.202)
Cox & Snell R^2	.123				.127			
Nagelkerke R^2	.176				.226			
McFadden R^2	.110				.164			
N	1081				776			
	2001年×2004年				2003年×2004年			
	正確な参加想起		正確な不参加想起		正確な参加想起		正確な不参加想起	
切片	-3.313*	(1.378)	3.014	(1.991)	-3.214***	(.812)	1.562	(1.253)
性別(男性)	.329	(.400)	.042	(.645)	-.056	(.253)	-.134	(.429)
年齢	.015	(.016)	-.066*	(.027)	.029**	(.010)	-.008	(.016)
教育程度	.406	(.275)	.123	(.425)	.253†	(.153)	-.033	(.263)
抽象的投票義務感	1.502***	(.290)	.071	(.473)	.888***	(.196)	-.683*	(.324)
具体的投票義務感	.217	(.157)	-.242	(.251)	.380***	(.094)	-.131	(.156)
Cox & Snell R^2	.136				.107			
Nagelkerke R^2	.287				.208			
McFadden R^2	.227				.157			
N	625				1208			
	2003年×2005年				2004年×2005年			
	正確な参加想起		正確な不参加想起		正確な参加想起		正確な不参加想起	
切片	-1.409	(1.139)	2.600†	(1.575)	-2.340**	(.719)	1.892†	(1.043)
性別(男性)	.859*	(.403)	.306	(.573)	.522*	(.242)	.111	(.369)
年齢	.021	(.014)	-.011	(.020)	.010	(.008)	-.027*	(.012)
教育程度	-.166	(.221)	-.493	(.341)	.260†	(.148)	-.020	(.230)
抽象的投票義務感	.768**	(.289)	-.606	(.409)	.939***	(.181)	-.673*	(.274)
具体的投票義務感	.413**	(.140)	.005	(.199)	.297**	(.092)	.074	(.138)
Cox & Snell R^2	.087				.132			
Nagelkerke R^2	.202				.221			
McFadden R^2	.162				.155			
N	939				1186			

注 1) 参照カテゴリは不正確な参加想起。
　 2) † p<.10　* p<.05　** p<.01　*** p<.001。
　 3) 属性変数は想起時のもの，投票義務感は記銘時のものを使用。
　 4) 括弧は標準誤差。

味している。したがって，これは想起した対象の選挙，および，投票におけるその時点での心理的なコミットメントの高さの効果であると考えられる。

一方で,「正確な不参加想起」に対しては,抽象的投票義務感の負の効果が確認できる。これは2003年×2004年,および2004年×2005年の組合せで有意な効果となっている他,有意ではないものの,他の年度の組合せにおいても概ね負の係数となっている。記銘時の投票義務感の低さは,選挙および投票における心理的なコミットメントの低さとも考えられることから,選挙時点での投票参加の可能性を低めると考えられる。したがって,想起対象の選挙における投票のみならず,他の多くの選挙においても投票に参加せず棄権をしている可能性が高い。そうであるならば,自己の参加経験のほとんどは不参加の経験として保持されているとも考えられることから,投票義務感の低さが正確な不参加の想起をもたらす結果となっているとも考えられる。また,参照カテゴリは「不正確な想起」であることから,「正確な不参加想起」との相対的比較においては,投票義務感の高さが「不正確な想起」をもたらすとも解釈できる。つまり,投票義務感の高さを選挙における心理的コミットメントの高さであるとするならば,投票義務感の高さが,実際には参加していないにもかかわらず,投票に参加したという誤った記憶を呼び起こすものと考えられる。以上を除けば,参加の想起パターン,すなわち,想起の正確さに対しては,年度の組合せによる顕著な差は認められなかった[7]。

7　これは,前回の選挙を想起した場合と,前回の同一院選挙を想起した場合とで,クロスセクショナル・データ分析においては,参加の想起自体には違いは見られないことを意味し,年度の組合せの違い,つまり,時間経過による記憶の忘却の効果は認められないということである。記憶の忘却という点では,調査間の日数が開くほど,忘却がもたらされる可能性があり,調査間の日数も考慮しなければならない。したがって,予備的な分析で,調査間日数が想起パターンに与える効果についての分析も行ったが,有意な結果は認められなかった。これは,JES IIを例にすれば,標本間の調査日数の違いは最大でも22日であるのに対し,調査の間には1年から2年の間隔があることに由来すると考えられる。したがって,想起の正確さに対して,日数の僅かな違いによる差が認められないとすれば,より単純に,前回・前々回といったカテゴリへの統合を行うことによる分析の可能性が示唆される。しかし,クロスセクショナル・データにおいて,こうした時間の統合による分析

ここで，投票義務感が投票参加想起パターンに対して持つ効果をまとめると，投票義務感，つまり，記銘時の投票参加に対する心理的なコミットメントの強さは，「不正確な記憶」，すなわち，正確な記憶を伴わない参加経験や，参加経験に基づかない誤った(参加の)記憶に比べ，投票に参加し，しかもそのことを正確に記憶していることの可能性を高める。一方で，「正確な不参加の記憶」は，「正確な参加想起」のみならず「不正確な記憶」と比べれば，記銘時の心理的なコミットメントが弱い。抽象的投票義務感が負の効果を持っていることからも，そもそも投票に参加していないと考えられ，結果としてこのカテゴリになりやすいと考えられる。また，抽象的投票義務感は「権利」か「義務」かという双極的な意味を持っているため，抽象的投票義務感が低い回答者には，自覚的に「権利である」と思っている者が多く含まれており，それがこうした「棄権したことを正確に覚えていること」という「正確な不参加の記憶」に繋がっているとも考えられる。

記銘時の心理的なコミットメントが強ければ，それらにまつわるエピソード記憶が多く保持され，「正確な参加想起」の手がかりとして機能する。しかし，そもそも心理的なコミットメントが弱ければ，投票そのものに参加していないことに加えて，投票にまつわるエピソード記憶も少ないことが予想され，想起の手がかりとしても機能しないことで，「正確な不参加想起」に対して心理的なコミットメントの強さが負の効果を持っていると考えられる。そこで，次に，選挙・投票にまつわるエピソード記憶として，選挙運動期間中の候補者との接触に関する質問項目を用いた補足的な分析を行う。JESⅡ・JESⅢ調査の質問項目では，「投票依頼の電話をもらった」，「その人と話をした」，「その人と握手をした」，「その人の演説等を直接聞いた」，「その人の秘書や後援会の人と話をした」，「葉書やお知らせを郵便でもらった」，「その他」が設定されているが，選挙運動期間中に，こうした候補者との接触が多ければ，当然，そ

には限界がある。したがって，カテゴリ統合による分析は，次章のパネル・データ分析に譲る。

のエピソードとしての記憶も多いと考えられる[8]。ただし，この質問項目は投票参加者のみに設定された質問項目であるため，分析時には投票に参加した者のみを対象とした分析となり，投票に参加していないことを想起するパターンを含む，全標本を対象とした分析を行うことができない。したがって，ここでは，投票参加者が後のパネル調査時点において，投票に参加したことについて正確な参加の記憶を保持し，且つ，想起できるか，つまり，正確な参加想起か否かを弁別することについてのみ分析を行う。

分析においては，投票想起パターンのうち，正確な参加想起であるか否かを従属変数とし，候補者にまつわるエピソード記憶を独立変数とするロジスティック回帰分析を行った。独立変数として用いた候補者にまつわるエピソード記憶としては，次の2つの変数を用意した。1つは，先の候補者との接触に関する各質問項目をエピソード記憶とし，そのエピソード記憶の数を合計したエピソード数であり，「政治的エピソード記憶」の量を示す。もう1つは，各変数に対して施した主成分分析によって抽出した「直接エピソード記憶」，「間接エピソード記憶」，という種類別のエピソード記憶であり，「政治的エピソード記憶」の質の違いを示すものである[9]。統制変数として用いた性別，年齢，教育程度は，それぞれ想起時のものを用いた。また，先の分析と同様に両投票義務感については記銘時のものを投入した。結果は，エピソード数の効果を示した表5－3と，種類別のエピソード記憶の効果を示した表5－4のとおりである。

まず，表5－3からエピソード数の効果が確認できる。これは選挙運動期間中の候補者にまつわるエピソード記憶を多く保持していればいるほど，その選挙における自身の投票参加の記憶を後の調査時点においても正確に保持しているということになる。この結果は，投票参加にまつ

---

[8] そもそも，この質問項目はいずれの年度においても選挙後調査に設定されている。したがって，これらの質問に該当すると答えた場合，回答者には，既に回答時点でエピソード記憶として保持されていることになる。

[9] 候補者にまつわるエピソード記憶の詳細については補遺4（204－207頁）を参照されたい。

表5-3 候補者エピソード記憶の数が正確な参加想起に与える効果

	1993年×1996年		2003年×2004年		2003年×2005年		2004年×2005年	
	係数	オッズ比	係数	オッズ比	係数	オッズ比	係数	オッズ比
性別(男性)	.606 †	1.832	-.879*	.415	2.232*	9.321	.522	1.686
年齢	.024 †	1.025	.038**	1.039	.018	1.018	.019	1.019
教育程度	.027	1.027	.152	1.164	-.129	.879	.235	1.265
抽象的投票義務感	.751***	2.119	.718**	2.051	.146	1.158	.906***	2.474
具体的投票義務感	.571***	1.770	.356*	1.428	.507*	1.661	.288*	1.334
候補者エピソード数	.299 †	1.348	.880**	2.412	.720	2.054	.511 †	1.667
定数	-3.070**	.046	-2.334*	.097	.223	1.250	-2.001 †	.135
Cox & Snell R^2	.076		.043		.020		.039	
Nagelkerke R^2	.214		.176		.170		.145	
N	937		1130		886		1074	

注 1) † p<.10 * p<.05 ** p<.01 *** p<.001。
 2) 属性変数は想起時のもの,投票義務感は記銘時のものを使用。

表5-4 候補者エピソード記憶の種類が正確な参加想起に与える効果

	1993年×1996年				2003年×2004年			
	係数	オッズ比	係数	オッズ比	係数	オッズ比	係数	オッズ比
性別(男性)	.539*	1.714	.625 †	1.868	-.918*	.399	-.879*	.415
年齢	.028**	1.029	.024 †	1.024	.046***	1.047	.037**	1.037
教育程度	.118	1.126	.029	1.030	.184	1.202	.134	1.143
抽象的投票義務感	—	—	.752***	2.122	—	—	.656*	1.927
具体的投票義務感	—	—	.575***	1.776	—	—	.366**	1.442
候補者エピソード(直接)	.436*	1.546	.200	1.222	.955*	2.599	.995*	2.705
候補者エピソード(間接)	.354*	1.425	.265 †	1.303	.605**	1.830	.621***	1.860
定数	.716	2.045	-2.837**	.059	1.348	3.848	-1.205	.300
Cox & Snell R^2	.025		.075		.030		.043	
Nagelkerke R^2	.068		.213		.125		.176	
N	1125		937		1173		1130	

	2003年×2005年				2004年×2005年			
	係数	オッズ比	係数	オッズ比	係数	オッズ比	係数	オッズ比
性別(男性)	2.172*	8.775	2.243*	9.423	.619 †	1.858	.519	1.681
年齢	.022	1.022	.017	1.017	.030**	1.031	.019	1.019
教育程度	.027	1.028	-.153	.858	.322	1.379	.229	1.257
抽象的投票義務感	—	—	.129	1.137	—	—	.909***	2.482
具体的投票義務感	—	—	.507*	1.660	—	—	.294*	1.342
候補者エピソード(直接)	1.151	3.160	1.109	3.033	.432	1.540	.319	1.376
候補者エピソード(間接)	.350	1.419	.425	1.530	.316	1.372	.294	1.341
定数	2.915	18.448	1.169	3.219	.785	2.193	-1.757 †	.173
Cox & Snell R^2	.014		.019		.016		.038	
Nagelkerke R^2	.120		.166		.062		.143	
N	917		886		1145		1074	

注 1) † p<.10 * p<.05 ** p<.01 *** p<.001。
 2) 属性変数は想起時のもの,投票義務感は記銘時のものを使用。

わる,「参加」したことの記憶に,選挙運動期間中の候補者にまつわる記憶が付随し,より多くの情報量を持った参加のエピソード記憶として保持されている結果と考えられよう。

次に,表5－4に示した種類別のエピソード記憶では,より「時間」や「場所」に関連づけられた,直接的な経験に基づく「直接エピソード記憶」と,人などを介在して経験した「間接エピソード記憶」とのそれぞれに効果が認められる。ただし,必ずしもすべての年度の組合せで有意な結果とはならなかったが,係数やオッズ比から判断すると,その効果は,「間接エピソード記憶」に比べ「直接エピソード記憶」で大きな効果を持っているといえよう。「間接エピソード記憶」においても,「時間」や「場所」の情報は少なからず付随すると考えられるが,エピソード記憶の特徴であるこれらの情報は,より直接的な経験において多く付随すると考えれば,「直接エピソード記憶」でより大きな効果が認められる結果となったと考えられる。

5－4　想起パターンが投票義務感に与える効果

次に,作業仮説2－1「投票に参加したことの正確な記憶は,不正確な記憶に比べて,その後の投票義務感を促進する」について,想起パターンの違いが,投票義務感にどのように影響するのかについて検討する。表5－5は,想起パターンが投票義務感に与える効果を分析した重回帰分析(OLS)の結果である。従属変数は想起時における両投票義務感で,独立変数には,統制のためのデモグラフィック変数と記銘時の両投票義務感,および,想起パターンのダミー変数を投入した。想起パターンの参照カテゴリは「不正確な参加想起」とした。

分析の結果,統制のためのデモグラフィック変数では,年齢および教育程度の効果が確認できる。これは,先の第4章の投票義務感に対する「外的要因」による分析での結果と整合的である。一方,投票義務感については,従属変数に対応した記銘時の投票義務感で強い関連を持っていることが示された。この結果は,記銘時の投票義務感が想起時の投票義務感を説明するということである。両者は調査時点は異なるが,同じ

表5－5　想起パターンが投票義務感に与える効果

	1993年×1996年		2001年×2003年	
	抽象的義務感	具体的義務感	抽象的義務感	具体的義務感
性別（男性）	.054†	.042	.063†	－.029
年齢	.160***	.080*	.163***	.078*
教育程度	－.068*	.039	.033	.122**
抽象的投票義務感93年	.246***	.089**	.234***	.145***
具体的投票義感93年	.079**	.237***	.069*	.278***
正確な参加想起	.172***	.212***	.051	.128***
正確な不参加想起	.030	.097*	－.139***	－.068†
Adj R²	.199	.141	.192	.208
N	1024	972	774	764
	2001年×2004年		2003年×2004年	
	抽象的義務感	具体的義務感	抽象的義務感	具体的義務感
性別（男性）	.053	－.017	.043	.033
年齢	.112*	.061	.089**	.040
教育程度	.016	.061	.025	.093**
抽象的投票義務感01年	.179***	.107*	.248***	.107***
具体的投票義務感01年	.183***	.265***	.214***	.350***
正確な参加想起	.057	.123*	.101**	.118***
正確な不参加想起	－.132**	－.042	－.041	－.033
Adj R²	.174	.150	.209	.221
N	622	617	1199	1195
	2003年×2005年		2004年×2005年	
	抽象的義務感	具体的義務感	抽象的義務感	具体的義務感
性別（男性）	－.024	.039	－.026	.008
年齢	.181***	.048	.173***	.088**
教育程度	.053	.082*	.067*	.107***
抽象的投票義務感03年	.165***	.123***	.270***	.158***
具体的投票義務感03年	.134***	.318***	.110***	.315***
正確な参加想起	.097*	.121**	.051	.053
正確な不参加想起	－.104**	－.013	－.109***	－.074*
Adj R²	.164	.200	.213	.232
N	935	934	1181	1180

注1）　数字は標準化係数。
　2）　† p<.10　* p<.05　** p<.01　*** p<.001。

態度を測定しているので，その関連が高いことは十分に予測できる結果である。また，時間的に先行する($t-1$期)変数であることから，先の投票義務感が後の投票義務感に効果を持つことを示唆している。また，記銘時と想起時に対応しない投票義務感の効果も確認できる。第4章における両投票義務感に対する効果の分析（表4-5，表4-6）で確認したように，両投票義務感は相補的な関係にあり，異なる性質を持ち合わせてはいるものの，そもそも関連の深い変数である。したがって，両投票義務感が後の調査時点での投票義務感に交差して影響を持つことは，同じ種類の投票義務感を強化するだけでなく，もう一方の投票義務感を強化するという点で，投票義務感の形成過程において相互に影響を与えていることが更に確認できたといえよう。

　想起パターンについては，年度の組合せによって若干の違いはあるものの，有意であった結果を中心に見ると，両投票義務感に対する「正確な参加想起」の正の効果と，「正確な不参加想起」の負の効果が概ね認められる。つまり，想起時の投票義務感に対しては，記銘時の投票義務感で統制されてもなお，「正確な参加想起」の有意な効果が認められたということである。これは，先の表5-2の分析で記銘時の投票義務感が「正確な参加想起」を高める効果を持っていたことと照らし合わせれば，記銘時の投票義務感が，「正確な参加想起」という投票に参加したことについての想起の正確さを経由して，後の投票義務感を高め，その一方で，「正確な不参加想起」は投票義務感を低めているといえよう。

　投票義務感の種類で比較をすると，両投票義務感でその効果が認められるが，僅かであるが，「正確な参加想起」は具体的投票義務感の促進により大きな効果を示し，「正確な不参加想起」は抽象的投票義務感の抑制により大きな効果を示すことが確認できる。これは，「投票に参加した」という記憶がより具体的な参加への義務感に繋がるのに対し，「棄権した」という記憶はより抽象的な正当化——「義務」ではなく「権利」と思うこと——に繋がりやすいということを示しているといえよう。

5－5　想起パターンが投票参加に与える効果

　本章の最後に，「政治的エピソード記憶」が投票参加に与える影響を探るため，投票参加を従属変数とするロジスティック回帰分析を行った。表5－6は，投票義務感と想起パターンのダミー変数（参照カテゴリは「不正確な投票想起」）とを独立変数とし，統制変数にデモグラフィック変数と政治的関心，政治的有効性感覚とを投入した分析結果である。

　結果を見ると，まず，両投票義務感の効果が認められる。効果の大きさでは，抽象的投票義務感の効果が認められ，第4章の「外的要因」としての社会関係資本の分析と共通した結果であった。次いで想起パターンでは，「正確な参加想起」については一貫して正の有意な効果が認められた。また，「正確な不参加想起」についても，年度の組合せによっては必ずしも有意な結果とはならなかったが，負の効果が一貫して認められた。これらを別の面から見れば，正確な記憶を伴わない参加経験や，参加経験に基づかない誤った（参加の）記憶，つまり，不正確な記憶を中間として，投票に参加したことの正確な記憶は投票参加を促進し，棄権したことについての正確な記憶は，投票参加を抑制するということである。また，効果の大きさでは，独立変数の中でも「正確な参加想起」の大きな効果が確認できる。

　以上を踏まえ，これまでの本章における分析結果から総合的に考えると，投票に参加することが，その参加に関する正確な記憶を媒介として，投票義務感を促進する一方で，その後の投票を促進するという一連のプロセスを示していると考えられる。これは，「いつも投票している」という記憶を媒介して，投票に参加することが，次の参加を生むということでもある点で，習慣的投票者のメカニズムを示唆するものであるともいえる。また，他方で，本章の結果は，「いつも投票していない」という記憶を媒介して，棄権をすることが，その棄権に関する正確な記憶を媒介として，その後の投票を抑制するという点で，習慣的非投票者のメカニズムを示唆するものであるともいえる。換言すれば，習慣的投票

第5章 投票義務感に対する内的要因の効果 151

表5－6 想起パターンが投票参加に与える効果

	1993年×1996年		2001年×2003年	
	係数	オッズ比	係数	オッズ比
性別(男性)	－.044	.957	.505	1.657
年齢	.015	1.015	－.038†	.963
教育程度	－.189	.828	.271	1.312
政治的関心	.639***	1.894	.063	1.066
政治的有効性感覚	.081	1.084	.211	1.235
抽象的投票義務感	.572**	1.771	1.405***	4.076
具体的投票義務感	.194†	1.214	.475*	1.608
正確な参加想起	1.741***	5.702	2.466***	11.777
正確な不参加想起	－.025	.975	－.275	.760
定数	－3.260***	.038	－2.737†	.065
Cox & Snell R^2	.142		.125	
Nagelkerke R^2	.306		.427	
N	981		668	
	2001年×2004年		2003年×2004年	
	係数	オッズ比	係数	オッズ比
性別(男性)	.688	1.991	.300	1.350
年齢	－.014	.986	.005	1.005
教育程度	.344	1.411	.281	1.325
政治的関心	－.062	.940	.232	1.261
政治的有効性感覚	.021	1.021	.067	1.070
抽象的投票義務感	.826**	2.284	1.098***	2.998
具体的投票義務感	.261	1.299	.093	1.098
正確な参加想起	2.231***	9.308	1.930***	6.893
正確な不参加想起	.169	1.184	－1.163*	.313
定数	－2.175	.114	－3.802***	.022
Cox & Snell R^2	.096		.152	
Nagelkerke R^2	.259		.349	
N	567		1117	
	2003年×2005年		2004年×2005年	
	係数	オッズ比	係数	オッズ比
性別(男性)	.562	1.754	.031	1.032
年齢	－.005	.995	.001	1.001
教育程度	－.017	.983	－.035	.965
政治的関心	.558*	1.748	.401†	1.494
政治的有効性感覚	－.051	.950	.224	1.251
抽象的投票義務感	.578†	1.783	.450†	1.568
具体的投票義務感	.237	1.267	.035	1.035
正確な参加想起	1.287*	3.622	1.739***	5.690
正確な不参加想起	－2.183**	.113	－1.912***	.148
定数	－1.232	.292	－.610	.544
Cox & Snell R^2	.115		.145	
Nagelkerke R^2	.377		.410	
N	947		1240	

注 † p<.10 * p<.05 ** p<.01 *** p<.001。

者,習慣的非投票者のいずれにおいても,投票にまつわるエピソード記憶の想起が,投票するか否かの意思決定に際して大きな役割を果たしているといえるのではないか[10]。

加えて本章の結果は,より具体的なエピソード記憶が実際により抽象的な意味記憶やスキーマへと転じる可能性を示唆しているとも考えられる。投票義務感を投票という参加行動のより抽象的なかたちとして捉えるならば,投票に参加したことのエピソード記憶が,投票義務感を規定するという結果は,具体的な投票参加行動とその行動の記憶が,抽象化することを意味し,投票参加にまつわる「政治的エピソード記憶」が,政治的スキーマや政治的態度をも規定し得ることを示しているといえよう。

5-6 まとめ

本章の目的は,主に有権者の投票参加にまつわるエピソード記憶に着目し,それがその後の投票参加に与える影響を分析することを通じて,投票行動におけるエピソードの記憶の重要性を明らかにすることにあった。分析の結果,得られた主な知見とその含意は次のとおりである。第1に,投票に参加したことについての正確なエピソード記憶は投票義務感を統制してもなお,投票参加を促進する。第2に,棄権をしたことの正確なエピソード記憶は後の投票参加を抑制する効果も示された。これらにより,投票行動研究において,有権者の「政治的エピソード記憶」に着目するという新たなアプローチの意義を確認することができた。第3に,投票義務感は投票参加を促進すると同時に,その参加したことの正確な想起を経由して後の投票義務感へと至る。

---

10 投票参加に対する分析においては,候補者にまつわるエピソード記憶の効果の補足的な分析は行わなかった。これは先述のとおり,新たな候補者にまつわるエピソード記憶が記銘されていると考えるからである。つまり,前回選挙における候補者にまつわる記憶が,次の選挙の参加に直接的に影響を与えるとは考えにくいからである。その意味で,本書では,投票参加にまつわる記憶や,投票義務感を媒介した効果を想定している。

これは，投票義務感が投票参加をもたらし，それが更にエピソード記憶として繰り返し想起されることで，新たな投票義務感を生むということを意味する。このことは，より一般的に，エピソード記憶が実際に意味記憶やスキーマへと転じる可能性を示唆するものといえる。とりわけ，抽象的投票義務感に対する効果は投票に参加したことのエピソード記憶の抽象化として捉えることもできる。つまり，「○○の選挙で，投票に参加した」という，「時間」・「場所」に位置づけられた，投票参加のエピソード記憶から，「時間」・「場所」の情報が抜け落ちて抽象化したとき，「投票＝参加するもの」というような，より規範的な側面を持つと考えられる。第4に，候補者にまつわるエピソード記憶の量，および記憶の直接性は，投票参加の正確な想起を促進することが認められた。

これらの結果は，次のような有権者の姿を描き出す。すなわち，投票に参加したことについてのエピソード記憶は，繰り返し想起される中で，投票義務感という心理的要因を強化する傍らで，エピソード記憶そのものが直接的にも投票参加を導く。その一方で，棄権をしたことのエピソード記憶は，投票義務感という心理的要因を弱化する傍らで，エピソード記憶そのものが直接的にも投票参加を抑制する。これはまさに，習慣的投票者および習慣的非投票者を生むメカニズムであるといえる。つまり，投票参加にまつわるエピソード記憶を媒介することによって，過去の投票参加（不参加）と後の投票参加（不参加）が結びつけられるのである。

また，4章で明らかにしたとおり，投票義務感の性質については,「水平的な協調に対する義務感」と「垂直的な同調に対する義務感」との2つの側面が認められ，その両側面が投票参加を高める効果を持っていた。更に，そうした投票義務感を高める要因としては社会関係資本が位置づけられた。本書は，社会関係資本を「信頼，協力，規範共有の経験の蓄積によってもたらされる，自発的協力を導き，非協力行動（フリー・ライド）を阻害する心理的要因」と定義したが，エピソード記憶が投票義務感を形成するという本章の分析結果を敷衍すれば，これは，社会関係資本にまつわるエピソード記憶の蓄積が投票義務感を形成する

先述のとおり，今回使用しているJESⅡ・JESⅢ調査は，パネル調査である。ただし，前章および本章の分析では，各パネルに対していくつかの年度の組合せは施したものの，基本的にはクロスセクショナル・データとして捉えた横断的な分析を施し，パネル調査としての縦断的な分析は行っておらず，パネル調査としてのデータの特性を活かしきれていない。そこで，続く第6章においては，パネル調査として捉えた縦断的分析を行い，投票参加と投票義務感，その他の心理的要因にまつわる時間次元まで含めた分析によって，更なる一般化を試みる。次章においては，「政治的エピソード記憶」のうち，本章で効果が認められた，投票参加にまつわるエピソード記憶の分析を中心に行う。

11　一方において，経験の積み重ねが投票義務感や参加を促進するという効果は，加齢効果やコーホートによる説明を想起させるが，統制変数における年齢の効果が独立して効果を示していたように，本書では記憶の効果はそれらとは異なるものであると位置づけている。ただし，年齢が高くなることによって，多くの経験が積み重ねられれば，エピソード記憶の量も増えるであろうし，各コーホートには，それぞれに特有の集合的なエピソード記憶が存在しているであろうことも想定できる。したがって，記憶の効果は，加齢効果やコーホートによる説明とは異なるものであるが，密接に関連するものであると考えられる。

第6章

外的要因・内的要因によるパネル・データ分析

6-1 はじめに

　本章は，第4章で取り上げた「外的要因」としての「協調」・「同調」，および第5章で取り上げた「内的要因」としての投票参加にまつわる記憶とを統一的に分析することを目的とし，仮説3「『外的要因』・『内的要因』によって高められた投票義務感が投票参加を促進する（統一的分析）」についてパネル・データ分析を行う。

　本章では，第1に，これまでクロスセクショナル・データとして分析されることが多かったJESデータに対してパネル・データ分析を行う利点を述べる(6-2)。次いで第2に，JESⅢパネルデータにおける，投票義務感の遷移および参加の想起パターンを確認する(6-3)。第3に，パネル・データ分析として，投票義務感に対する効果(6-4)，投票参加に対する効果(6-5)を確認する。更に，補足的に政治的エピソード記憶に対する効果の確認を行い(6-6)，最後に，本章のまとめを行う(6-7)。

　以上を通して本章では，パネル・データ分析を施すことで，中・長期的な時間間隔で蓄積されたデータについて，時間次元をもモデルに取り込んだ，より適切な因果分析を行い，より一般化した投票義務感形成のメカニズム，および，投票参加のメカニズムを明らかにする。

6−2 パネル・データ分析

　パネル・データは，クロスセクショナル・データの同一個体について，時系列にデータをプールしたものとして捉えることができる。つまり，クロスセクショナル・データと時系列データとの両方の特性を備えている。本書で用いているJESⅡ・JESⅢ調査データも同一個体（標本）に対して追跡調査を行っている点で，パネル・データに位置づけられる。しかしながら，これまで，JESⅡ・JESⅢ調査データについての分析のほとんどはクロスセクショナルの分析が中心であり，パネル・データとして設計された調査ではあるものの，複数の調査年度のデータを組合せ，それらをプールしたパネル・データ分析としては扱われてこなかった[1]。本書でも前章までの分析においてはクロスセクショナル・データとして位置づけた分析を行ってきたことから，本章では，前章までの分析結果を踏まえた上で，パネル・データ分析を施すこととする。

　ただし，分析に際しては，次の理由からJESⅢ調査データのみを対象とする。本書が扱うエピソード記憶である投票参加にまつわる記憶の変数について，その正確さを考慮するとJESⅢ調査データでは計5つの組合せが作成できるのに対し，JESⅡ調査データでは，1993年×1996年の1つの組合せしか作成できない[2]。他の変数については調査年度に応じた変数を用いてパネル・データを作成できるが，1つの変数の組合せのみの場合，これは，第5章で行った2つの年度の調査を組合せたデータセットによる分析と実質的に変わらなくなってしまうからである。

　パネル・データ分析は，主に次の点で利点があるとされている。第1

---

[1] もちろん，特定選挙の事前調査・事後調査のデータを結合させ分析を行う例は数多く存在している。しかし，本書が試みるパネルデータ分析は，全調査期間のデータをプールするものである点で異なっている。

[2] 第5章で扱ったように，JESⅢデータにおいては，2001年×2003年，2001年×2004年，2003年×2004年，2003年×2005年，2004年×2005年の組合せが作成できる。詳細は補遺4（204−207頁）を参照されたい。

に，パネル・データは，時系列データ，クロスセクショナル・データ分析だけでは統制(コントロール)できない個体別の多様性，つまり，観測不可能な個体特有の効果を含むが，その統制によって共通の効果を知ることができる。第2に，複数年のクロスセクショナル・データを結合させたパネル・データは多くの情報量を持ち，多重共線性の問題が解消され，推計上の自由度が増し，推計上の不偏性が向上する。第3に，時系列データの性質を持ち合わせたパネル・データを用いることで，異時点間の最適化行動についてのミクロレベルでの検証が可能になる(Baltagi, 2001; Hsiao, 2003; 北村，2005, 2006, 樋口・太田・新保，2006)[3]。

　本章においては，このうち，第2の利点が大きな意味を持つ。すなわちこれは，データのケース数の増大を意味する。第5章の分析において，ケース数の少なさから投票参加想起のパターンを，正確な参加想起，不正確な参加想起，正確な不参加想起という3カテゴリに統合した上で分析したが，パネル・データセットとして扱うことで，クロスセクショナルの分析に比べ，各カテゴリにおいてケース数の確保が可能になる。また，第3の利点に示されるように，時系列の性質を持ち合わせているので，投票義務感のラグをモデルに組み込んだ上で，パネル・データ分析を施すことも当然可能となる。

　ところで，パネル・データにおける回帰モデルの推定にはクロスセクショナル・データとは異なる方法が用いられる。通常，クロスセクショナル・データにおける多くの分析では最小二乗法(OLS)が用いられるが，パネル・データでは同一個体が複数回データセット上に存在するため，攪乱項を観測不能な個体特有の効果とその他の攪乱項とに分割し，個体特有の効果を考慮することが求められる。

　具体的には，個体特有効果，および全調査期間中に変化のない説明変数を除去した上で最小二乗法を用いる固定効果モデル(fixed effect

---

3　その他に第4点目として，集計過程の明らかでないマクロデータに比べ，個票を用いたパネル・データは記入ミス以外の集計誤差やバイアスが含まれていないことが挙げられるが，投票行動研究の多くは，サーベイ・データを用いた分析であることから，この点についてはこれまでのクロスセクショナル・データを用いた先行研究においても実現されている。

model)と,個体特有の効果を確率変数と捉え,その上で撹乱項間の相関を考慮し,一般化最小二乗法(GLS)を用いる変量効果モデル(random effect model)が知られている[4]。一方で,データをパネルとして扱うのではなく個々の異なるデータとして,クロスセクショナル,時系列をすべて一括で扱い,すべての変数が共通の母集団からサンプリングされたものとして扱うプーリング回帰(pooling model)モデルも考えられる。また,本章の最終的な従属変数は,投票に参加するか否かの質的・離散的な従属変数となる。この質的・離散的従属変数を扱うパネル・ロジットモデルに際しても,同様に撹乱項を個体特有の効果とその他の撹乱項とに分割した固定効果ロジットモデルや変量効果ロジットモデルを用いる必要がある[5]。ただし,これらのモデルのうち,本章では次の3つの理由から,主に変量効果(ロジット)モデルを用いた推定を行う。理由は以下のとおりである。

　第1に,Greene(2000)は,固定効果モデルは個体特有の効果を各標本に特有のものとして扱うため,推定結果を標本外に適用することはできないが,変量効果モデルでは個体特有の効果が同じ確率過程から発生することを前提としているため,推定結果を標本外へ適用することができるとしている。すなわち,変量効果(ロジット)モデルを用いるのに適しているのは,母集団からN個を無作為に抽出する場合であり,サンプル調査等がこれに相当するとされている(北村,2005;Hsiao,2003)。

---

[4] パネル・データセットにおいては,同じ個体が複数存在するため誤差に相関が生じる。したがって,誤差項を均一分散・系列相関がないように回帰式のXとYとを変換してOLSを施す方法である。詳細は樋口他(2006)を参照されたい。

[5] その他として,撹乱項に系列相関等の様々な相関を仮定する場合には,一般化推定方程式モデル(GEE:Generalized Estimating Equations)が用いられる場合もある。推定にあたってパネル・データの観察点を固定すると,標本数Nの増加に応じて未知のパラメーターである個体固有の効果の数も増加し,一致推定が得られなくなるという付随パラメーター問題(Lancaster,2000)が知られ,この問題に対する代替的なモデルとして一般化推定方程式モデルが位置づけられている。なお,各モデルの詳細については,北村(2005),筒井・平井・秋吉・水落・坂本・福田(2007)を参照されたい。

本章で用いるJES Ⅲ調査データもサンプリングされたデータであることから，変量効果モデルでの推定が望ましいと考えられる。第2に，先述のとおり，固定効果モデルでは，全調査期間中に変化のない説明変数は分析から除去される。したがって，期間中に変化しない属性変数，例えば，性別や都市規模[6]については固有の推定値が得られない。しかし，前章までのクロスセクショナル・データの分析において，性別や都市規模は各従属変数に対して少なからず効果を持っていたことを考慮すれば，これらを統制変数として用いた分析モデルが必要である。第3に，固定効果モデルは個体特有効果について，個体ごとにダミー変数を投入するモデル（最小二乗ダミー変数推定法：Least Square Dummy Variables: LSDV）と同じであり，標本数Nが多くなると推定の自由度が著しく失われてしまうが，この解決方法が，先述のように個体特有効果を確率変数と捉える方法，すなわち，変量効果モデルであることによる。通常，どのモデルを採用すべきかについては，統計的検定および各種統計値によって総合的に判断し，トーナメント方式で最後まで棄却されずに残ったモデルが採用されるが，本書では変量効果（ロジット）モデルとプーリング回帰（ロジット）モデルとの比較を行う。

　各分析における検定方法と帰無仮説は次のとおり。まず，パネル回帰分析において，固定効果モデルかプーリング回帰モデルかに際しては，帰無仮説「全個体の特有効果は同じ（≒帰無仮説：プーリング回帰を使うべき）」についてのF検定，変量効果モデルかプーリング回帰モデルかに際しては，帰無仮説「個体特有効果の分散が0（≒帰無仮説：プーリング回帰を使うべき）」についてのBreusch-Pagan Lagrangian multiplier検定，そして，固定効果モデルか変量効果モデルかに際しては，帰無仮説「説明変数と個体特有効果は無相関（≒帰無仮説：変量効果モデルを使うべき）」についてのHausman検定によって，採択すべきモデルを決定する。次いで，パネル・ロジット回帰分析において，固定効果ロジットモデルかプーリング・ロジットモデルかに際しては，帰無仮説「全個

---

[6] 長期的に捉えれば都市規模も厳密には変化し得る変数であるが，JES Ⅲデータでは同一標本に対して同一値が与えられている。

体の特有効果は同じ（≒帰無仮説：プーリング回帰を使うべき）」についてのHausman検定が，変量効果ロジットモデルかプーリングロジットモデルかに際しては，帰無仮説「全体の分散における個体特有効果の分散の比率がゼロ（≒帰無仮説：プーリング・ロジットを使うべき）」についてのLog Likelihood Ratio検定，そして，固定効果ロジットモデルか変量効果ロジットモデルかに際しては，帰無仮説「説明変数と個体特有効果は無相関（≒帰無仮説：変量効果モデルを使うべき）についてのHausman検定が用いられる。本章の分析においては変量効果（ロジット）モデルを中心に推定を行っているため，変量効果（ロジット）モデルとプーリング（ロジット）・モデルとをBreusch-Pagan Lagrangian multiplier検定，およびLog Likelihood Ratio検定によって検定している[7]。

6－3　投票義務感の遷移と想起パターン

　投票義務感に対する効果についてのパネル・データ分析を進めるのに先立ち，パネル・データにおける投票義務感および参加の想起パターンについて概観したい。第3章で，JESⅡ・JESⅢ調査における投票義務感の遷移を確認したが（表3－1，107頁），そこで示したのは標本全体の平均値の遷移であった。以下では，よりミクロレベルの視点に立ち，調査間でどの程度，投票義務感が変化するのかを確認する。
　まず，表6－1および表6－2に，投票義務感についての遷移行列を示した。抽象的投票義務感，具体的投票義務感について，それぞれ調査年度間の遷移と，各年度を統合し行をt期，列を$t+1$期とした全パネルでの遷移を示している。網掛け部分はパネル調査間で投票義務感が移動しないセルを示し，調査間で投票義務感が固定されていることを表わしている。調査間で投票義務感が固定されているとすれば，網掛けのセルがそれぞれ100％となるが，表からは投票義務感の移動，すなわち，変化が確認できる。各表の右下に示した行をt期，列を$t+1$期とした全パ

---

[7] なお，以上検定方法の詳細は北村（2005），筒井他（2007），Breusch and Pagan（1980）を参照されたい。

表6-1 抽象的投票義務感の遷移行列

		2003年						2004年			
		1	2	3	Total			1	2	3	Total
二〇〇一年	1	28 (28.9)	40 (41.2)	29 (29.9)	97 (100)	二〇〇三年	1	32 (38.1)	34 (40.5)	18 (21.4)	84 (100)
	2	27 (7.5)	184 (51.4)	147 (41.1)	358 (100)		2	33 (7.3)	235 (51.7)	187 (41.1)	455 (100)
	3	20 (2.8)	175 (24.5)	520 (72.7)	715 (100)		3	34 (3.8)	203 (22.7)	658 (73.5)	895 (100)
Total		75 (6.4)	399 (34.1)	696 (59.5)	1,170 (100)	Total		99 (6.9)	472 (32.9)	863 (60.2)	1,434 (100)

		2005年						$t+1$			
		1	2	3	Total			1	2	3	Total
二〇〇四年	1	27 (26.2)	36 (35.0)	40 (38.8)	103 (100)	t	1	87 (30.6)	110 (38.7)	87 (30.6)	284 (100)
	2	26 (5.5)	231 (48.9)	215 (45.6)	472 (100)		2	86 (6.7)	650 (50.6)	549 (42.7)	1285 (100)
	3	8 (1.0)	171 (20.7)	646 (78.3)	825 (100)		3	62 (2.6)	549 (22.6)	1824 (74.9)	2435 (100)
Total		61 (4.4)	438 (31.3)	901 (64.4)	1,400 (100)	Total		235 (5.9)	1309 (32.7)	2460 (61.4)	4,004 (100)

注）括弧は％

ネルでの遷移で見ても，抽象的投票義務感と具体的投票義務感のいずれにおいても，$t+1$期における投票義務感の増加が確認できる。確かに，変化せず同一値に留まる割合が相対的に大きな割合を占めてはいるが，各表において網掛けセルよりも右側のセルを足し合わせた割合も相当程度存在する。

例えば，抽象的投票義務感の表6-1右下の全パネル遷移（t期から$t+1$期への遷移）のうち，t期で抽象的投票義務感が1であった標本は284人である。このうち，$t+1$期において，抽象的投票義務感が変化しなかったのは$t+1$期でも1である87人(30.6％)となっている。他方，抽象的義務感が上昇したのは1から2へ変化した110人(38.7％)，1から3へ変化した87人(30.6％)で，両者を足し合わせた197人(69.3％)が抽象的義務感を上昇させた。変化のなかった87人(30.6％)

と比べると，上昇した割合の方が大きい。同様に，抽象的義務感が2から上昇したのは，2から3へ変化した549人(42.7%)である。

具体的投票義務感でも，表6-2右下の全パネル遷移でみると，t期で1であった標本が$t+1$期において上昇したのは，1から2への変化31人(22.6%)，3への変化18人(13.1%)，4への変化13人(9.5%)，5への変化47人(34.3%)であり，これらを合わせた79.5%が具体

表6-2 具体的投票義務感の遷移行列

		\multicolumn{6}{c}{2003年}		\multicolumn{6}{c}{2004年}
		1	2	3	4	5	Total		1	2	3	4	5	Total
二〇〇一年	1	10 (25.6)	6 (15.4)	3 (7.7)	4 (10.3)	16 (41.0)	39 (100)	二〇〇三年	12 (21.8)	16 (29.1)	8 (14.6)	5 (9.1)	14 (25.5)	55 (100)
	2	9 (10.5)	18 (20.9)	16 (18.6)	22 (25.6)	21 (24.4)	86 (100)		5 (4.9)	27 (26.2)	21 (20.4)	23 (22.3)	27 (26.2)	103 (100)
	3	4 (4.0)	18 (18.2)	28 (28.3)	20 (20.2)	29 (29.3)	99 (100)		3 (2.7)	14 (12.5)	32 (28.6)	31 (27.7)	32 (28.6)	112 (100)
	4	11 (5.0)	15 (6.8)	22 (10.0)	65 (29.6)	107 (48.6)	220 (100)		1 (0.5)	24 (10.8)	29 (13.0)	70 (31.4)	99 (44.4)	223 (100)
	5	15 (2.2)	29 (4.2)	36 (5.2)	93 (13.3)	526 (75.3)	699 (100)		20 (2.2)	38 (4.2)	26 (2.8)	140 (15.3)	692 (75.6)	916 (100)
Total		49 (4.3)	86 (7.5)	105 (9.2)	204 (17.9)	699 (61.2)	1,143 (100)		41 (2.9)	119 (8.5)	116 (8.2)	269 (19.1)	864 (61.3)	1,409 (100)
		\multicolumn{6}{c}{2005年}		\multicolumn{6}{c}{$t+1$}
		1	2	3	4	5	Total		1	2	3	4	5	Total
二〇〇四年	1	6 (14.0)	9 (20.9)	7 (16.3)	4 (9.3)	17 (39.5)	43 (100)	t	28 (20.4)	31 (22.6)	18 (13.1)	13 (9.5)	47 (34.3)	137 (100)
	2	6 (4.9)	32 (26.2)	21 (17.2)	23 (18.9)	40 (32.8)	122 (100)		20 (6.4)	77 (24.8)	58 (18.7)	68 (21.9)	88 (28.3)	311 (100)
	3	2 (1.8)	13 (11.7)	29 (26.1)	21 (18.9)	46 (41.4)	111 (100)		9 (2.8)	45 (14.0)	89 (27.6)	72 (22.4)	107 (33.2)	322 (100)
	4	5 (1.9)	16 (6.2)	26 (10.1)	84 (32.6)	127 (49.2)	258 (100)		17 (2.4)	55 (7.9)	77 (11.0)	219 (31.2)	333 (47.5)	701 (100)
	5	12 (1.4)	18 (2.1)	28 (3.3)	119 (14.0)	673 (79.2)	850 (100)		47 (1.9)	85 (3.5)	90 (3.7)	352 (14.3)	1891 (76.7)	2465 (100)
Total		31 (2.2)	88 (6.4)	111 (8.0)	251 (18.1)	903 (65.3)	1,384 (100)		121 (3.1)	293 (7.4)	332 (8.4)	724 (18.4)	2466 (62.7)	3,936 (100)

注）括弧は%

義務感を上昇させている。更に，2から上昇(68.9%)，3からの上昇(55.6%)，4からの上昇(47.5%)も確認できる。これらの結果は，$t+1$期において投票義務感が高まっていることを意味しているといえよう。また，網掛けセルの左側の投票義務感の低下についても一定割合確認できることから，投票義務感は変化し得るものであるといえる。

次に，表6-3は，パネル・データにおける投票参加の想起パターンを示したものである。第5章のクロスセクショナル・データ分析では，投票参加にまつわる想起パターンは標本数の少なさから3カテゴリに統合した上で分析を行ったが，パネル・データにおいては，同一個体について複数の期間のデータが存在するため，クロスセクショナル・データ

表6-3　JES Ⅲパネル・データセットにおける参加の想起パターン

	前々回投票				前回投票			
	Overall		Between		Overall		Between	
	Freq.	%	Freq.	%	Freq.	%	Freq.	%
投票 ― 投票								
非該当	123	(7.3)	116	(9.2)	395	(11.4)	329	(16.8)
該当	1557	(92.7)	1170	(92.9)	3062	(88.6)	1745	(88.9)
Total	1680	(100.0)	1286	(102.1)	3457	(100.0)	2074	(105.7)
N			1260				1963	
投票 ― 棄権								
非該当	1662	(98.9)	1248	(99.1)	3346	(96.8)	1916	(97.6)
該当	18	(1.1)	18	(1.4)	111	(3.2)	108	(5.5)
Total	1680	(100.0)	1266	(100.5)	3457	(100.0)	2024	(103.1)
N			1260				1963	
棄権 ― 投票								
非該当	1625	(96.7)	1223	(97.1)	3316	(95.9)	1908	(97.2)
該当	55	(3.3)	53	(4.2)	141	(4.1)	133	(6.8)
Total	1680	(100.0)	1276	(101.3)	3457	(100.0)	2041	(104.0)
N			1260				1963	
棄権 ― 棄権								
非該当	1630	(97.0)	1221	(96.9)	3314	(95.9)	1877	(95.6)
該当	50	(3.0)	47	(3.7)	143	(4.1)	124	(6.3)
Total	1680	(100.0)	1268	(100.6)	3457	(100.0)	2001	(101.9)
N			1260				1963	

注）Overallは全サンプル（人数×パネル），Betweenは回答者の中で，調査期間中（パネル）で一度でも該当するか否かを示している。

に比べて多くの標本数を確保できる。表6－3を見ると，第5章で示した各想起パターン（表5－1, 139頁）と比較して，特に前回投票分については，より多くの標本が確保されている。したがって，本章におけるパネル・データ分析においてはこれら参加の想起パターンを用いて分析を行うこととする。なお，これらは参加の想起パターンに該当するか否かのダミー変数であるので，独立変数としてモデルに投入するには参照カテゴリが必要となる。分析においては，正確な参加の想起である「投票－投票」を参照カテゴリとして用いる。なぜなら，係数の解釈の上で，他の想起パターンに比べてより基準となり得るからである。第5章の分析において，正確な参加想起が，不正確な想起や正確な不参加の想起に比べ，投票義務感や投票参加に効果を持っていることが示された。したがって，「投票－投票」に比べ，他の想起パターンが，投票義務感や投票参加を促進する要因とはなっておらず，逆に「投票－投票」と比較すれば，投票義務感や投票参加を抑制する効果が予測され，推定値が負の係数として揃うことが考えられるからである。仮に，負の係数として揃うのであれば，相対的に「投票－投票」が従属変数に対して正の効果を持っていると結論づけることができよう。

6－4　投票義務感に対する効果

作業仮説3-2「投票に参加したことの正確な記憶は，不正確な記憶に比べて，その後の投票義務感を促進する」（99頁）に関して，投票義務感に対する効果についてのパネル・データ分析の推定結果は，表6－4および表6－5のとおりである。従属変数は，それぞれ抽象的投票義務感と具体的投票義務感である。独立変数は，「外的要因」としての「協調」と「同調」，また，「内的要因」としての「政治的エピソード記憶」である投票参加想起パターンを投入した。先述のとおり，この参加の想起パターンの参照カテゴリは「投票－投票」とした。更に，統制要因として，性別，年齢，教育程度，居住年数，都市規模，および，政治関心，政治的有効性感覚，政党支持強度，2005年ダミーを加えた。2005年ダミーを加えたのは，先の第4章のクロスセクショナル・データ分析

表6−4 抽象的投票義務感に対する効果：パネル分析

	前々回想起				前回想起			
	係数	標準誤差	係数	標準誤差	係数	標準誤差	係数	標準誤差
協調	.013	(.011)	.011	(.011)	.018*	(.008)	.015†	(.008)
同調	-.018†	(.011)	-.022*	(.010)	.007	(.008)	.002	(.008)
棄権−投票	-.132	(.090)	-.080	(.086)	-.104†	(.059)	.000	(.059)
投票−棄権	-.417†	(.163)	-.367*	(.179)	-.235***	(.065)	-.186**	(.063)
棄権−棄権	-.542***	(.090)	-.445***	(.099)	-.460***	(.065)	-.333***	(.066)
抽象的投票義務感ラグ	−	−	.216***	(.031)	−	−	.224***	(.021)
具体的投票義務感ラグ	−	−	.060***	(.015)	−	−	.060***	(.010)
性別(男性)	-.009	(.030)	.010	(.029)	.005	(.023)	.014	(.020)
年齢	.007***	(.001)	.005***	(.001)	.007***	(.001)	.005***	(.001)
教育程度	.021	(.016)	.009	(.015)	.032**	(.012)	.020†	(.011)
居住年数	.010	(.017)	.002	(.016)	-.004	(.012)	-.001	(.011)
都市規模	-.003	(.010)	-.004	(.010)	-.011	(.008)	-.005	(.007)
政治関心	.085***	(.020)	.049*	(.020)	.093***	(.015)	.061***	(.014)
政治的有効性感覚	.019*	(.009)	.015	(.009)	.018**	(.007)	.011†	(.007)
政党支持強度	.107***	(.023)	.084***	(.022)	.094***	(.016)	.082***	(.015)
2005年ダミー	.063*	(.026)	.069*	(.028)	.055**	(.018)	.060**	(.019)
定数	1.742***	(.123)	1.233***	(.133)	1.684***	(.086)	1.134***	(.090)
	Random-effects model		Linear regression		Random-effects model		Linear regression	
R^2	within	.003	R-squared	.218	within	.002	R-squared	.224
	between	.187	Root MSE	.494	between	.217	Root MSE	.508
	overall	.161			overall	.167		
N	obs	1518	obs	1399	obs	3131	obs	2991
	groups	1155			groups	1830		
	Wald chi2 (14)	262.25	F (16, 1382)	22.98	Wald chi2 (14)	484.26	F (16, 2974)	49.47
	Prob > chi2	.000	Prob > F	.000	Prob > chi2	.000	Prob > F	.000

注1) Breusch and Pagan Lagrangian multiplier test　前々回(p=.000), 前回(p=.000)。
　2) † p<.10 　* p<.05 　** p<.01 　*** p<.001。

において，2005年の推定結果について他の年度と異なる可能性を示唆する結果が確認されたので，2005年の効果を統制するためである。また，以上をモデルに加え，両投票義務感の1期前のラグを投入したモデルについても併せて分析を行った。両投票義務感のラグを投入したのは，第4章のクロスセクショナル・データ分析で両投票義務感の相補的

な関連が確認されたが、時間次元を扱えるパネル・データ分析において時間的に前後する変数を投入することで、両投票義務感の因果関係の推定に、より妥当性を与えるためである。また、投票に参加したことの記憶についての想起パターンについては、前々回の選挙に対する想起と前回の選挙に対する想起とに分けられるため、それぞれ想起ごとの推定結果を示した。

まず、抽象的投票義務感に対する分析結果を見ると、ラグを投入しないモデルについては、変量効果モデルが採用された（表6-4）。各独立変数の効果について確認すると、「外的要因」としての「協調」・「同調」については、前々回想起における「同調」の負の効果が認められる。「協調」は有意でないものの正の効果を持っていること、また、前回想起においては、「協調」の効果が認められる点とを併せて考えると、これらは矛盾するものではなく、「協調」の正の効果と「同調」の負の効果が認められると考えられよう。

一方、「内的要因」としての「政治的エピソード記憶」である想起パターンにおいては、必ずしもすべてのパターンで有意とはならなかったものの、係数を見ると概ね負となっている。例外的に前回想起の「棄権－投票」で一部、正の係数が認められるがその値は極めて小さい。このことから、参照カテゴリである投票に参加したことを正確に覚えている「投票－投票」に比べ、それ以外では抽象的投票義務感を抑制するとともに、「投票－投票」においては相対的に投票義務感を促進する効果があると考えることができよう。中でも、「投票－棄権」と「棄権－棄権」では有意な負の効果が認められることから、実際に投票に参加していても、それが正確な記憶として保持されていなければ投票義務感を促進することはないし、正確な記憶であっても参加を伴わない記憶、すなわち、棄権の記憶の場合は投票義務感を促進することはなく、逆に抑制する効果を持っていると考えることができよう。

投票義務感のラグを投入したモデルでは、変量効果モデルは棄却され、プーリング回帰モデルが採用された。結果を見ると、両投票義務感のラグの効果については、両ラグとも効果が確認できる。これは、前回の投票義務感が後の投票義務感を規定する結果となっている。また、効

表6-5 具体的投票義務感に対する効果：パネル分析

	前々回想起				前回想起			
	係数	標準誤差	係数	標準誤差	係数	標準誤差	係数	標準誤差
協調	-.001	(.022)	-.010	(.022)	.026	(.016)	.015	(.016)
同調	.008	(.021)	.004	(.021)	.021	(.015)	.014	(.015)
棄権-投票	-.243	(.181)	-.056	(.152)	-.415***	(.113)	-.186	(.114)
投票-棄権	-1.029**	(.377)	-.969*	(.388)	-.553***	(.127)	-.487***	(.133)
棄権-棄権	-.645**	(.196)	-.255	(.175)	-.833***	(.115)	-.532***	(.115)
抽象的投票義務感ラグ	―	―	.191***	(.049)	―	―	.199***	(.035)
具体的投票義務感ラグ	―	―	.309***	(.033)	―	―	.288***	(.022)
性別(男性)	-.059	(.059)	-.051	(.051)	-.063	(.045)	-.034	(.036)
年齢	.007**	(.002)	.002	(.002)	.008***	(.002)	.003*	(.001)
教育程度	.096**	(.029)	.038	(.026)	.123***	(.022)	.079***	(.019)
居住年数	.003	(.032)	-.003	(.030)	-.008	(.022)	-.012	(.020)
都市規模	-.035†	(.020)	-.027	(.017)	-.021	(.015)	-.014	(.012)
政治関心	.230***	(.037)	.143***	(.035)	.208***	(.028)	.153***	(.026)
政治的有効性感覚	.109***	(.015)	.108***	(.015)	.095***	(.011)	.077***	(.011)
政党支持強度	.075+	(.040)	.037	(.038)	.053†	(.028)	.034	(.026)
2005年ダミー	.094*	(.043)	.123*	(.050)	.094*	(.031)	.127***	(.035)
定数	2.820***	(.239)	1.746***	(.246)	2.727***	(.164)	1.590***	(.164)
	Random-effects model		Linear regression		Random-effects model		Linear regression	
R^2 within	.026		R-squared	.257	.018		R-squared	.258
R^2 between	.176		Root MSE	.883	.212		Root MSE	.919
R^2 overall	.154				.167			
N obs	1522		obs	1403	3135		obs	2995
N groups	1159				1830			
Wald chi2 (14)	216.85		F (16, 1382)	23.180	457.54		F (16, 2974)	53.750
Prob > chi2	.000		Prob > F	.000	.000		Prob > F	.000

注1) Breusch and Pagan Lagrangian multiplier test　前々回(p=.000)，前回(p=.000)。
　2) † p<.10　* p<.05　** p<.01　*** p<.001。

果の大きさについては抽象的投票義務感のラグの効果がより大きく，同じ種類の投票義務感がより規定するという点でも妥当な結果である。

ここで注目すべきは，「内的要因」としての「政治的エピソード記憶」である想起パターンの効果である。ラグを投入したモデルにおいても，想起パターンにおいては有意な効果が認められる。これは，投票義務感

のラグで統制されてもなお，その効果が認められるということであり，投票に参加したことの正確な想起，すなわち，投票参加にまつわるエピソード記憶が投票義務感の形成に対して効果を持つと考えることができる。つまり，抽象的投票義務感を規定する要因としては，まず，ラグに示されるそもそもの投票義務感の高さがあり，次いで，それをベースとして正確な参加の想起の効果が更に投票義務感を高めていると考えることができる。

　それ以外の点では，前々回想起と前回想起とでは大きな相違点は見られなかったといえるが，統制変数の効果については，ともに年齢の正の効果，および，政治関心，政治的有効性感覚，政党支持強度についての正の効果が認められた。これは，投票義務感のラグや，投票参加想起の正確さのみによって投票義務感が規定されるだけではなく，他の心理的要因の効果を示している。つまり，投票義務感がそもそも高いことが後の投票義務感の高さを招くだけではなく，これらの要因によっても高められ得ることを示している。

　次いで，具体的投票義務感に対する効果を見ると，その結果は，概ね抽象的投票義務感における効果と同様であった（表6−5）。ただし，「外的要因」については「協調」・「同調」のいずれについても効果は認められず，主に「内的要因」としての参加の想起パターンで効果が認められた。係数は先の抽象的投票義務感の分析と同様の傾向で，すべて負の効果を持っており，参照カテゴリである投票に参加したことを正確に覚えている「投票−投票」に比べ，それ以外では具体的投票義務感を抑制する。また，「投票−投票」においては，相対的に投票義務感を促進すると考えることができる。

　投票義務感のラグを投入したモデルでは，変量効果モデルは棄却され，プーリング回帰モデルが採用されている。結果を見ると，やはりここでも両投票義務感のラグの効果が確認できる。また，効果の大きさについては，同じ種類の投票義務感である具体的投票義務感のラグの効果がより大きいという結果が認められる。

　ただし，「内的要因」としての参加の想起パターンについては，ラグを投入すると前々回の選挙に対する想起ではその効果の程度は弱くな

り，更に，「棄権-棄権」に至っては有意でなくなっており，前回の選挙における想起においてのみ効果が認められる結果となった。これは，具体的投票義務感に対しては，直近の選挙の想起がより効果を持っているということである。これについては，次の解釈ができる。まず，時間経過に伴う忘却が考えられる。前々回と前回の選挙とでは，前々回のほうが想起時点からの時間的距離が長い。したがって，記憶の正確性を問う場合，時間的距離が離れている前々回の選挙の想起に関して，想起パターンによる説明力が弱くなることが考えられる。ただし，抽象的投票義務感においては，前々回と前回の両方において効果が認められていたことからすると，必ずしも忘却だけでは説明がつかない。そこで，考えられるもう1つは，投票義務感の質の視点を併せた解釈である。抽象的投票義務感は，「『権利』に対する『義務』」というような，より抽象化された投票義務感であるのに対し，具体的投票義務感は，フリー・ライド可能な状況においても，それを拒否するという投票義務感であると考えられる。したがって，先のクロスセクショナル・データの分析で，正確な参加想起が具体的投票義務感に対してより大きな効果を持っていたことと併せて考えれば，具体的投票義務感は，その場の状況や，より直近の状況による判断にかかわる投票義務感であると考えられる[8]。

---

8 前回の状況の正確な記憶が，フリー・ライドするか否かに効果を持つという点では，ゲーム論的な立場からすれば，「しっぺ返し戦略」(Axelrod, 1984)を想起させる。この場合，投票参加において誰と協力行動を取っているのかということが問題となるが，例えば，他の有権者との関連で考えれば，前回，自分は投票したにもかかわらず，他の多くの有権者は棄権をしていたのであれば，今回の選挙については，自分は参加しないということになる。これは，Downs (1957)の長期的効用の議論に際して，新たなフリー・ライダーを生むメカニズムとして位置づけることができるかもしれない。また，協力行動を取る相手を投票した候補者にまで拡大すれば，投票そのものが特定候補者への投票に結びついている場合には，投票に参加し投票することによって，特定の候補者を当選に導いたにもかかわらず，明確な見返りを得られていなければ，棄権，すなわち，その候補者への投票をしないということを意味するであろう。いずれの場合においても，「しっぺ返し戦略」を採るには，前回の自身の行動を正確に覚えていることが求められる。確認に

以上，整理すれば投票義務感については次のようにいえる。2つの投票義務感それぞれに対して，2つのラグ変数のいずれもこれを促進する効果を持っている。これは，そもそも投票義務感が高いことが，後の時点においてもそれが高いことを示している。また，抽象的投票義務感と具体的投票義務感との関連では，両投票義務感のラグの効果が認められた。そこでは同種類の投票義務感の効果が大きいが，異なる種類の投票義務感の効果も認められ，後の投票義務感形成にあたっては，両投票義務感は相互に関連し，相互に促進し合う結果となっているといえる。そして，投票義務感を更に高める要因を考えるとき，「外的要因」と「内的要因」とでは，「内的要因」としての「政治的エピソード記憶」である投票参加にまつわるエピソード記憶の効果が確認できた。つまり，そもそもの投票義務感の高さに加えて，正確な参加の記憶を保持し，それを想起できることが投票義務感を高めるのである。また，前々回，前回想起の別では，前回想起の効果が大きい。これは時間的な距離の短さに関連し，時間が短いほど，正確さの効果が表れるということを示していると考えられる。

6-5　投票参加に対する効果

次いで，作業仮説3-3「投票義務感が高いほど，投票参加が促進される」について，投票参加に対する効果を確認するため，投票参加を従属変数とし，「外的要因」としての「協調」・「同調」，「内的要因」としての「政治的エピソード記憶」である参加の想起パターン，および，両投票義務感を独立変数とするロジスティック回帰分析を行った（表6-6）。統制変数としては，性別，年齢，教育程度，居住年数，都市規模，政治関心，政治的有効性感覚，政党支持強度，2005年ダミーを投入した。なお，参加の想起パターンについては，前々回想起と前回想

あたっては，前回想起と前々回想起とを同時に推定を行うことや，投票方向までも含めた推定をするなどの更なる分析が求められるが，これらについては稿を改めたい。

第6章 外的要因・内的要因によるパネル・データ分析　171

起とを同時に投入した。参照カテゴリはいずれも「投票−投票」である。分析の結果，プーリング・モデルが採用された。

まず，投票義務感においては，抽象的投票義務感の効果のみが認められ，具体的投票義務感については効果が認められなかった。先の分析で見たように，投票義務感の形成に対しては，投票義務感のラグがそれぞれ効果を持っていたことと併せて考えると，具体的投票義務感は，抽象的投票義務感を形成して間接的に投票参加に効果を持つことが考えられよう。つまり，具体的投票義務感という，特定状況を想起させるような投票義務感は，より抽象化・規範化された抽象的投票義務感を形成した上で投票参加という行動に効果を持っていると考えることができる。この結果は，第4章，第5章における投票参加に対するクロスセクショナル・データ分析において，抽象的投票義務感の効果が相対的に高かった結果とも整合的である。特に，第5章の分析結果（表5−6，151頁）と併せて考えれば，具体的投票義務感は想起パターンとともにモデルに投入されると，その効果は非常に小さくなるといえる。加えて，ここでの分析では前回と前々回の想起パターンを同時に投入していることを考えれば，具体的投票義務感の効果は，抽象的投票義務感の効果とエピソード記憶の効果に吸収

表6−6　投票参加に対する効果：パネル分析

	係数	標準誤差
協調	.304*	(.145)
同調	.077	(.153)
抽象的投票義務感	.634**	(.232)
具体的投票義務感	.137	(.155)
棄権−投票（前々回）	−1.353**	(.502)
投票−棄権（前々回）	−.230	(.913)
棄権−棄権（前々回）	−2.068**	(.639)
棄権−投票（前回）	−2.399***	(.472)
投票−棄権（前回）	−.078	(.863)
棄権−棄権（前回）	−2.583***	(.597)
性別（男性）	.764†	(.416)
年齢	−.011	(.014)
教育程度	.056	(.202)
居住年数	.153	(.212)
都市規模	.201†	(.117)
政治関心	.186	(.239)
政治的有効性感覚	.028	(.142)
政党支持強度	.658*	(.284)
2005年ダミー	.997**	(.360)
定数	−1.899	(1.354)
Cox & Snell R^2	.150	
Nagelkerke R^2	.466	
N	1364	

注 1) † p<.10　* p<.05　** p<.01　*** p<.001。
　 2) 頑健性標準誤差。
　 3) 参加想起の参照カテゴリは「投票−投票」。

され，投票参加に対してはそれらを経由した間接的な効果であることがより明らかになったといえる。

次に，「外的要因」としての「協調」・「同調」が効果を持つのか，「内的要因」としての「政治的エピソード記憶」である参加の想起が効果を持つのかという点では，まず「外的要因」としての「協調」の直接的な効果が認められた。これまでの分析結果と併せて考えると，「協調」は，投票義務感を経由して参加に対して効果を持つが，直接的にも効果を持つことを意味しており，これは，社会関係資本の投票参加に対するダイレクトな効果であると考えられる。「内的要因」としての「政治的エピソード記憶」である参加の想起パターンでは，すべて負の係数であることから，「投票-投票」に比べて参加を抑制する効果が認められ，「投票-投票」が投票参加に対して効果を持つと考えることができる。「投票-投票」は参照カテゴリであるため直接的な推定結果とはいえないが，先のクロスセクショナル・データ分析で，十分な効果を持っていたことと併せて考えれば，「投票-投票」が投票参加を促進する効果を持つといえる。

先述のように，参加の想起パターンは投票義務感形成に対して効果を持っていたが，投票参加に対する分析モデルにおいては，両投票義務感も同時に投入されている。したがって，投票義務感で統制されてもなお，投票参加に対して効果を持っているということであり，投票に参加したことの正確な想起については，投票義務感に対する効果と投票義務感を経由して投票参加に至る間接的な効果，および，投票参加に対する直接的な効果があると考えることができよう。

前々回の想起，前回の想起の別では，前々回の想起であっても，前回の想起であっても，「投票-投票」という参加したことの正確な想起が相対的に投票参加に対して効果を持つと考えられる結果である。「棄権-棄権」が参加を抑制していることと併せて考えると，これは参加しなければより参加しなくなるということを示しており，「投票-投票」が投票に参加し続けることによって，より投票参加を促進するなら，「棄権-棄権」は棄権し続けることによって参加を抑制するという対照的な結果となったといえる。

また，個々の参加の想起パターンの効果をみると，「投票−棄権」のみが有意な効果を示さなかった。「投票−棄権」というパターンは，実際には投票しているにもかかわらず，後の調査において棄権したと答えていることから，自己の投票行動を忘れてしまった「不正確な記憶」である。しかし，係数は負であるが有意ではないことから，想起の正確さとは別に，実際に投票したかしなかったかの効果が示唆されるといえる。これは，「棄権−投票」の効果が有意であることと併せて考えるとより明確になる。「棄権−投票」は，実際には投票に参加していないにもかかわらず，投票したとする不正確な想起をするようなパターンであり，「不正確な記憶」という点では「投票−棄権」と同じである。しかし，「棄権−投票」は同じ負の係数であるが有意な結果となっており，参加を抑制していることが確認できる。これは，同じ「不正確な記憶」であっても，実際に投票していないことが後の参加を抑制していることを示しており，実際に投票したか否かの効果を示すものであるといえる。

　同様に，「棄権−投票」が参照カテゴリである「投票−投票」に対して，有意な負の効果を持つということは，たとえ投票に参加したことを想起したとしても，実際には参加していない単純な参加の想起は，正確な参加想起に比べて投票参加を抑制することを示している。以上のことから，投票参加を促進するのは，正確な記憶の効果であるのか，単純に参加したと記憶していること——実際には参加していなかったとしても——であるのか，どちらなのかという潜在的な指摘に答えるとすれば，投票参加を促進するのは，実際に参加したことであり，且つその正確な記憶であるということができる。

６−６　政治的エピソード記憶に対する効果

　投票義務感および投票参加を従属変数とする「外的要因」と「内的要因」の統一的なパネル・データ分析では，「外的要因」としての「協調」・「同調」は投票義務感や投票参加に対しては「協調」の側面においてその効果が認められたが，「外的要因」としての「協調」・「同調」は

表6-7 正確な参加想起に対する外的要因の効果

	前々回想起		前々回想起		前回想起		前回想起	
協調	.373**	(.133)	.266*	(.117)	.203**	(.072)	.125†	(.066)
同調	.237†	(.128)	.181	(.113)	.017	(.072)	-.015	(.066)
抽象的投票義務感	—	—	1.207***	(.231)	—	—	.764***	(.121)
具体的投票義務感	—	—	.610***	(.121)	—	—	.608***	(.069)
性別(男性)	-.078	(.308)	.002	(.269)	-.186	(.196)	-.083	(.170)
年齢	.126***	(.019)	.084***	(.014)	.082***	(.009)	.055***	(.007)
教育程度	.631**	(.197)	.375*	(.168)	.486***	(.117)	.263**	(.101)
居住年数	.029	(.142)	-.017	(.125)	.202*	(.087)	.146†	(.077)
都市規模	-.221*	(.111)	-.132	(.095)	-.182**	(.069)	-.122*	(.059)
政治関心	.928***	(.206)	.505**	(.176)	.488***	(.115)	.195†	(.105)
政治的有効性感覚	.433***	(.124)	.255*	(.109)	.344***	(.068)	.200**	(.062)
政党支持強度	1.368***	(.271)	.885***	(.228)	1.273***	(.152)	.959***	(.136)
定数	-10.901***	(1.683)	-11.596***	(1.609)	-6.791***	(.758)	-7.810***	(.713)
Number of obs	1743		1728		3463		3433	
Number of groups	1336		1329		2024		2012	
	Wald chi2 (10)		Wald chi2 (12)		Wald chi2 (10)		Wald chi2 (12)	
	63.57		74.11		205.74		273.72	
Log likelihood	-578.548		-527.615		-1295.556		-1200.417	
Prob > chi2	.000		.000		.000		.000	
Likelihood-ratio test of rho=0:								
chibar2 (01)	46.760		23.920		163.760		85.100	
Prob >= chibar2	.000		.000		.000		.000	

注1) †p<.10 *p<.05 **p<.01 ***p<.001。
2) 括弧は標準誤差。

記憶との関連ではどのように位置づけられるのであろうか。

本書では、「日常世界のネットワークにおける個人的体験(経験)によって形成された『政治的エピソード記憶』が、規範意識としての『義務感』を高めることを通じて、その政治的行動を規定する」というテーマに基づいている。すなわち、「外的要因」が「内的要因」に影響を与えるかたちで、投票行動に間接的に影響を持つとの前提に立っている。そこで、補足的な分析として、作業仮説3-1「『協調』・『同調』が投票に参加したことの正確な参加の記憶を促進する」に示した、「外的要因」としての「協調」・「同調」が正確な参加想起に対して持つ効果につい

て分析を行った。正確な参加想起か否かの2値を従属変数とし，「外的要因」の「協調」・「同調」を独立変数，また，統制変数として，性別，年齢，教育程度，居住年数，都市規模，更に，政治関心，政治的有効性感覚，政党支持強度を投入した。加えて，投票義務感を投入したモデルについても分析を行った。結果は表6－7のとおりである。なお，前々回想起，前回想起のモデルともに，変量効果ロジットモデルが採用された。

分析の結果，前々回想起，前回想起のモデルともに，正確な参加想起に対して「協調」の効果が認められる。これは，「協調」の側面が投票義務感や投票参加に対して効果を持っていたことと整合的である。また，「同調」の効果も一部確認できる。つまり，「外的要因」は，「内的要因」としての参加の正確な想起に対しても効果を持っているということであり，投票義務感や投票参加には直接影響を与えるだけではなく，「内的要因」を通して間接的にも影響を与えていると考えることができる。

統制変数として用いた，政治関心，政治的有効性感覚，政党支持強度についても，正確な参加想起を促進する効果が認められる。これらは，選挙，投票に対する心理的なコミットメントの高さが，自身が投票に参加したか否かについての記憶を正確に保持させるということであろう。このうち政治的有効性感覚については次のような解釈もできる。つまり，政治的有効性感覚は，自身の過去における投票への参加と関連づけられるとき，投票参加が良い記憶として保持されている結果と推測できる。つまり，投票に参加したことと，政治に対して有効性を感じるか否かとが——仮に，直接的な因果関係がなくても——関連づけられるとき，その投票参加は良い記憶として保持され，正確な参加想起をもたらし得ると考えられる。

6－7　まとめ

本章の目的は，前章までクロスセクショナル・データ分析を施したものと同じデータに対して，パネル・データ分析を施すことにより，「外的要因」と「内的要因」をともにモデルに組み込むことで統一的に扱

い，更に，時間次元に対しても統一的な分析を施すことにより，各要因の効果を全体として確認することにあった．本章で明らかになった主要な点は以下のとおりである．第1に，投票義務感に対しては，「外的要因」としての「協調」・「同調」よりも，「内的要因」としての「政治的エピソード記憶」である参加の想起，しかも，投票に参加したことについての正確な想起が，大きな効果を持つことが認められた．しかもこれらは，投票義務感のラグを投入した分析においても効果が認められており，ある時点における投票義務感は，それ以前にその個人が持っていた投票義務感の高さによって規定されるが，同時に，投票に参加したことについての正確な想起によっても促進されることが示された．第2に，投票参加に対しては，投票義務感のうち抽象的投票義務感の効果と，「内的要因」における相対的な「投票−投票」の効果とが認められた．そして「内的要因」においては，中でも前回の選挙における参加の想起の効果がより大きいことが認められた．具体的投票義務感については，想起パターンとともにモデルに投入されると，その効果が小さくなることから，投票参加に対しては抽象的投票義務感の効果とエピソード記憶の効果に吸収され，それらを経由した間接的な効果であることが示された．最後に，「外的要因」としての「協調」・「同調」については，パネル・データ分析からは，「内的要因」としての「政治的エピソード記憶」である投票参加にまつわる記憶を促進するかたちで，抽象的投票義務感や投票参加に対して間接的に効果を持ち得ることが明らかになった．ただし一部ではあるが，パネル・データ分析においても「協調」の直接的な効果が認められた．

前章までのクロスセクショナル・データ分析では両投票義務感の形成に安定的に効果を持っていた「外的要因」であるが，「外的要因」と「内的要因」，および，時間次元をも扱うパネル・データ分析においては効果を持ち得なかったことについては，次のような解釈ができる．すなわち，「外的要因」が「内的要因」を経て，投票義務感や投票参加に効果を持つという解釈である．クロスセクショナル・データ分析においては，「外的要因」を独立変数とした場合（第4章）と「内的要因」を独立変数とした場合（第5章）とでそれぞれ効果が認められたが，「外的要因」

と「内的要因」とを同時にモデルに投入した統一的な分析では，「外的要因」の効果は相対的に小さくなったり，効果がほとんど認められない結果となる。つまり，「内的要因」で統制されると，「外的要因」は投票義務感や投票参加に対しては効果を弱めるということである。ただし，「外的要因」は正確な参加想起をもたらすか否かに対しては効果を持っている。このことから，「外的要因」は「内的要因」を経て，投票義務感に影響を与えると考えられる。なお，投票参加に対しては，投票義務感を介しての間接的な効果のほか，直接的にも影響を与えている。この直接的な効果は「協調」であったことから，投票参加に対する「外的要因」の直接的な効果としては，長期的には「協調」の重要性が示唆される。ただし，中・長期的に蓄積されたパネル・データを用いた分析であるとはいえ，長期的な視点での考察には，更なるデータの蓄積とそこにおける分析が必要である。

　次いで，投票参加に対して前回の選挙における参加の想起の効果がより大きいことは，制度の違いを超えたエピソード記憶の効果を示唆する。JES Ⅲ調査期間中の選挙は，2001年（参），2003年（衆），2004年（参），2005年（衆）というように，衆議院と参議院とが交互に行われている。つまり，前回選挙の想起は，衆議院と衆議院や，参議院と参議院といった同一院の選挙ではなく，異なった院における，異なる制度間の想起であり，異なる制度に対する参加の想起が，異なる制度の投票参加に効果を持つということである。本章の分析では，国政選挙のみを対象としたが，国政選挙の制度間を媒介する効果だけではなく，地方選挙における投票参加と国政選挙の投票参加をも含む，「異なるレベルの選挙」（三宅他，1967）を繋ぎ得る媒介変数として機能するといえよう。

　また，「内的要因」について，パネル・データ分析から得られた結果は，次のような含意を持っていると考えられる。まず，投票義務感を促進するのは，過去の選挙において投票に参加したことを正確に想起できること，つまり，エピソード記憶として正確に保持できていることであり，参加のエピソード記憶が蓄積されればされるほど，投票義務感を生むし，投票参加ももたらされる。つまり，一方において投票に参加した経験があれば，その後も投票に参加し続けることになり，参加の連鎖が

もたらされる。他方，棄権をすれば，その後も棄権し続けることになり，不参加の連鎖がもたらされる。そうした効果はその経験が正確に記憶されることによって一層促進されるのである。

　以上のように，「内的要因」としての「政治的エピソード記憶」に着目した投票参加についての分析から導かれる結果は，「参加」と「棄権」との両極へ収斂である。こうした両極への収斂は，投票に「参加し続ける有権者」と「棄権し続ける有権者」という固定化を招き，更には，後者による不参加の連鎖が棄権をする有権者の増大を招くことによって民主主義の危機がもたらされかねない。ただしこれは，こうした不参加の連鎖から抜け出せないことを必ずしも意味するものではない。そこにおいて，不参加の連鎖から抜け出すための鍵となるのが，投票への参加経験それ自体である。投票参加は抽象的投票義務感と具体的投票義務感を促進する。また，抽象的投票義務感は投票参加を促進し，具体的投票義務感も抽象的投票義務感を通して投票参加を促進する。これらは，後の自発的な参加という意味では，「動員」による投票参加も一定の意味を持ち得ることを示唆している。確かに，動員による参加は，自発性を伴わない参加である可能性が高い。しかし，「安心」と「信頼」において「安心」が「信頼」を生むように，たとえ動員による参加であっても，更に動員によって形成される「垂直的同調に対する義務感」であっても，参加経験が「水平的協調に対する義務感」を生むことで，それが自発的参加の土台になり得るといえよう。

終章

結論

　本書は，調査データを用いた実証分析によって，市民の政治参加のメカニズムを新たな視点から明らかにすることを目的とし，「日常世界のネットワークにおける個人的体験（経験）によって形成された『政治的エピソード記憶』が，規範意識としての『義務感』を高めることを通じて，その政治的行動を規定する」というテーマを掲げた。そして，投票参加を取り上げ，有権者の属する社会やネットワークに存在する規範意識や義務感について，また，それらが有権者に如何に認知され，如何に政治的態度を形成し，政治的行動や投票行動に至るのかについて論じてきた。本章においては，これまで論じてきた各章の整理を行いつつ，それによって得られる政治学的結論および政治心理学的結論を述べ，それぞれにおける含意を提示したい。更に本書における残された課題について考察する。

7−1　本書が明らかにしたこと

　本書では，投票義務感の形成要因として，「外的要因」と「内的要因」という２つの要因を提示し，次のように議論を進めた。まず，第１章では，政治参加に関する義務感，特に投票義務感の性質を考える上で，「外的要因」としての社会関係資本論によるアプローチの意義と問題点について整理を行った。そこでは，投票義務感が「協調」・「同調」の両側面を持つことを，社会関係資本が持つ二面性の観点から示し，その上で，

「水平的協調に対する義務感」と「垂直的同調に対する義務感」を定義した。続く第2章においては，政治心理学の歴史的流れと，そこにおける認知的アプローチの意義を整理した後で，「内的要因」としての記憶研究，特にエピソード記憶に着目したアプローチの意義を，これまでに提出された投票行動の諸モデルとの関連で整理し，政治的なエピソード記憶が投票義務感を形成する主要な要因となっている可能性について論じた。次いで，第3章において仮説の提示と，分析に用いたJES Ⅱ・JES Ⅲデータの説明とこれらのデータを用いる意義を明らかにし，分析モデルにおける従属変数と主要な独立変数についての定義を示した。

その上で，第4章，第5章でクロスセクショナル・データ分析を行った。第4章では「外的要因」の投票義務感に対する効果を確認した。そこでは，社会関係資本を基盤とする「協調」と「同調」とが，それぞれ投票義務感に対して持つ効果を明らかにすることを通じて，投票義務感における「水平的協調に対する義務感」と「垂直的同調に対する義務感」という二面性の存在を確認した。加えて，抽象的投票義務感対具体的投票義務感という次元においては，「協調」が主として抽象的投票義務感（「『権利』に対する『義務』」）を高め，「同調」が主として具体的投票義務感（特定の状況において「自分一人くらい投票しなくてもかまわない」に対して否定的であること）を高めることを確認した。「協調」は水平的人間関係に基づく一般的信頼，「同調」は垂直的人間関係に基づく特定的互酬性を基盤としていることから，「水平的協調に対する義務感」はより抽象化した協力の規範であること，「垂直的同調に対する義務感」は「社会的圧力に応えるような」投票義務感とも関連が深いと考えられる点で両者の違いを明らかにした。第5章においては，「内的要因」の投票義務感に対する効果を確認した。そこでは「政治的エピソード記憶」としての「投票参加にまつわる正確な参加想起」が，抽象的・具体的両投票義務感を促進する効果を持つこと，そこでは特定状況を想起させるような具体的投票義務感を促進する効果のほうが若干大きいことが示された。そして，投票に参加した経験は，正確な「政治的エピソード記憶」として保持されることで，新たな投票義務感を生むという一連のプロセスの存在が明らかになった。

最後に第6章において,「外的要因」としての社会関係資本の「協調」・「同調」,更に,「内的要因」としての「政治的エピソード記憶」が投票義務感や投票参加に与える効果についての分析を行った。そこでは,「外的要因」と「内的要因」をともに組み込み,しかも時間的な次元をもモデルに取り込んだパネル・データ分析を施すことを試みた。分析の結果,「内的要因」が投票義務感や投票参加の促進に対して相対的に大きな効果を持つことが認められ,また「『権利』に対する『義務』」の側面,すなわち,より抽象的な投票義務感が投票参加に対して相対的に大きな効果を持っていることが確認された。他方,「自分一人くらい投票しなくてもかまわない」というフリー・ライドを促進する考え方への否定である具体的投票義務感は,抽象的投票義務感を形成することを通じて投票参加に対して間接的に影響を与えていることが確認された。

　以上整理すれば,投票義務感形成,および投票参加に対しては,「外的要因」は「内的要因」を通じてそれぞれに間接的に効果を持ち,「内的要因」は直接的に作用する。「内的要因」としての投票参加の記憶は,抽象的投票義務感と具体的投票義務感とを形成し,投票参加に対しては,抽象的投票義務感が直接的に参加を促進する効果を持ち,具体的投票義務感は,抽象的投票義務感を通じて間接的に促進する効果を持つのである。

　以上の結果から,政治学的,および政治心理学的な次の結論と含意を導くことができる。以下,「日本の現実政治」「よき民主主義における投票義務感の質」「投票行動・投票参加をもたらすプロセスにおける記憶の重要性」の順に検討したい。

7－2　本書の結果と日本の現実政治

　本書の分析結果を日本における現実の政治について当てはめると,安心社会,信頼社会という点では,コミットメント関係が1つの切り口となる。自民党一党優位体制の下では,有権者は自民党とのコミットメント関係を築くことで,安心社会を形成していたし,そこにおける自民党への投票を伴った投票参加に対する義務感は,結束型の社会関係資本,

垂直的同調に対する義務感として機能していたようである。しかし，コミットメント関係の形成は，機会費用をもたらし，他の政党へ投票した場合に得られるであろう利得を失う状況を形成してきた。そうした状況下で，衆議院における選挙制度改革が行われ，小選挙区制へと移行したが，小選挙区制への移行は，生き残る政党の数が減少し（Duverger, 1954），他の政党という選択肢の数が実質的に減少することを意味する。加えて，小選挙区制導入は，現実の実質的な政党数のみならず，有権者の認知における政党数の更なる淘汰を招いたとも考えられる。小選挙区制導入以前においては，たとえ機会費用が高かったとしても，リスク回避の点からコミットメント解消は現実的ではなかったが，小選挙区制導入による政党数の実質的減少と有権者における政党数の認知的減少が，自民党とのコミットメント関係を解消し，他の政党に乗り換えた際の，利得計算の現実性をもたらしたといえる。更に，自民党に代わる政権交代可能な代替政党の誕生が，機会費用をより増大，顕在化させたのである。また，潜在的な機会費用の増大が自民党とのコミットメント関係解消の可能性を常に高めていたとすれば，潜在的にはコミットメント関係は既に解消され，単に擬似的なコミットメントとして継続されていたに過ぎないとも考えられる。機会費用が増大した中で求められるのは，コミットメント関係に基づく「安心」ではなく「信頼」となる。したがって，そうした状況下では，「安心」一辺倒から，「信頼」の模索がなされていたと思われる。仮に自民党とのコミットメント関係が擬似的なものであったのであれば，そこでは潜在的に「信頼」が求められていたと捉えられるが，現実には，スキャンダルや不祥事，失言などが先行し，結果として，それが有権者にはエピソード記憶として蓄積され，「信頼」を損ねる結果となり，現実的に自民党とのコミットメント関係解消に向かうことになったのではないか。その視点で，投票参加・投票率の推移を見れば，1990年代における投票率の低下が，コミットメント関係解消に伴う投票義務感の低下や自民党への非投票，すなわち，棄権を意味していたとするなら，選挙制度改革以後の投票率の低下はコミットメント解消に拍車がかかった状態を意味し，2000年代の回復は――他の政党を含めた――，新たなコミットメント関係の構築，もしくは，新

たな信頼関係の構築を意味していると解釈できよう。

　他方，エピソード記憶の視点からは，主権者教育の重要性についても示唆に富む。公職選挙法が改正され，2016年の参議院選挙から選挙権が18歳に引き下げられた。新たな有権者となった18歳，19歳に対しては高校を舞台に，模擬投票などをはじめとする主権者教育が各地で展開された。その結果，18歳，19歳の投票率は他の年代と比較して高水準となり，主権者教育の一定の効果と捉えられる。また，18歳選挙権の導入は，将来的な政治関心や投票率の向上にも寄与すると期待されている（菅原，2015）。18歳選挙権導入による，18歳，19歳の投票率の高さは，「投票に参加した」という経験とその政治的エピソード記憶の増大を意味する。したがって，この政治的エピソード記憶は，新たな投票義務感を促進するとともに，将来的な参加をもたらすことにつながるであろう。

7－3　よき民主主義における投票義務感の質

　まず，投票義務感の質に関連した結論は次のとおりである。すなわち，よき民主主義に求められるのは，抽象化された「水平的協調に対する義務感」と具体的な「垂直的同調に対する義務感」との併存であり，どちらか一方への投票義務感への傾斜・強調ではないというものである。投票義務感は従来議論されてきたような一面的なものではく多面的なものである。それは，人間関係に着目すれば，水平的な人間関係と垂直的な人間関係とによって規定されるものであるし，また，投票参加に対して，「参加」という行動が意味するものに着目すれば，自発的な動機を伴う「協調」の側面を意味する参加と，非自発的で社会的圧力を伴う「同調」の側面を意味する参加とを導く投票義務感がある。更に，より規範的で抽象的な側面と，より特定状況を想起する具体的な側面など，様々な対立的な概念を包含している。このうち，本書の分析結果から得られた，投票参加に影響を与え得る投票義務感の側面は，「水平的協調に対する義務感」と「垂直的同調に対する義務感」とによって表わされる二面的なものであり，加えて，「水平的協調に対する義務感」に

よって主に促進される抽象的投票義務感と,「垂直的同調に対する義務感」によって主に促進される具体的投票義務感であった。

これらの側面は投票参加に対してそれぞれ効果を持つが, このうち, 投票参加をより直接的に規定するのは,「水平的協調に対する義務感」と, それがより抽象化・規範化したかたちとしての抽象的投票義務感であった。この結果は, 市民がどのような種類の義務感を持つことが民主主義にとって望ましいのかという問いに対して1つの回答を示している。つまり,「水平的協調に対する義務感」としての抽象的投票義務感に焦点を当てると, これは, より協調的側面を備えていることからも, 従来の投票参加研究で投票参加を説明する大きな要因として位置づけられてきた, Rikerモデル(Riker & Ordeshook, 1968)における「市民の義務」としての投票義務感が重要であると捉えられる。「水平的協調に対する義務感」は, 協調や一般的信頼を伴うものであることから, こうした側面の投票義務感が投票への参加を下支えし, 民主主義システムへの入力として機能するのであれば民主主義に対してもより重要な役割を果たすといえよう。

しかし,「水平的協調に対する義務感」としての抽象的投票義務感の側面のみへの傾斜・強調は, 必ずしも民主主義にとって望ましい結果をもたらすとは限らない。確かに, 抽象化された「水平的協調に対する義務感」は, より規範化したかたちとして, 投票参加を促進し, 民主主義システムに対する入力をもたらすであろう。しかし, 抽象的投票義務感という,「権利」対「義務」の対立軸の認知の中で投票を「義務」だとする捉え方は, ともすれば,「選挙, すなわち, 参加」というような規範となり, 投票に行くか否かの判断の余地を市民から奪い去ってしまいかねない。そうした場合, 投票参加を説明するのは抽象的投票義務感を持つか否かとなり, 抽象的投票義務感がそもそも高い市民は投票に参加し, そもそも低い市民は棄権をすることとなる。結果として, その後に形成される抽象的投票義務感についても, 投票に参加する市民は更に高くなり, 棄権をする市民は更に低くなるであろう。したがって, ひとたび抽象的投票義務感が高くなれば投票に参加し続け, 逆に, ひとたび抽

象的投票義務感が低くなれば棄権し続けるということになりかねない[1]。そうした意味では，民主主義は「参加」対「棄権」といった両極への収斂，つまり，「参加し続ける有権者」と「棄権し続ける有権者」の固定化に常に晒されているのである。

　序章で示した現代日本における投票率低下の長期的趨勢は，民主主義の崩壊の危機に向けて歩みを進めているともいえるし，1990年代に経験したような急激な投票率の低下は，負の連鎖に拍車をかけているが，これは，不参加の連鎖によって棄権をする有権者が増大していることを示唆するものである。

　また，「水平的協調」と「垂直的同調」とに対して，社会関係資本の視点から目を向ければ，「水平的協調」によって促進された投票義務感が，投票に参加し続けることをもたらすという流れは，社会関係資本の接合型の側面や協力の規範のよき側面を想起させるが，これは，社会関係資本論が抱える歴史的決定論を導きかねない。つまり，Putnam（1993）の社会関係資本の議論は，イタリアの南北比較を端緒として，協力の規範や信頼がそもそも存在するところでは，社会関係資本がより蓄積され得るとしたが，これは歴史的決定論に陥る可能性を孕んでいた。したがって，「協調」と「同調」とを対峙させ，「『権利』に対する『義務』」や協力の規範という，義務感の規範的な側面だけでは，一方ではその蓄積によって発展するが，一方ではその蓄積が起こらず閉塞を招く可能性を持ち合わせ，全体として見れば，必ずしもよき民主主義がもたらされることにはならないのである。

　そこで求められるのは，もう一方に存在する，特定状況下における規範にかかわる具体的投票義務感による補完である。特定状況下で投票を義務と感じるか否かということは，「自分一人くらい投票してもしなくてもかまわない」に対する判断に表わされるように，抽象的投票義務感と比べて判断の余地が存在することを意味すると考えられる。また，こ

---

[1] また，分析において一部確認されたように，「権利」対「義務」の認識が，垂直的な人間関係と結びついた上で規範化することも考えられる。その際，ともすれば周囲の圧力や状況を汲むことと，無批判に「選挙，すなわち，参加」ということとが併せられた規範を作り上げ，収斂していく可能性もあろう。

の種類の義務感の存在によって，特定状況においてフリー・ライドを選択するのか否かの判断の結果によってもたらされた，フリー・ライドをしないという選択が蓄積されていくならば，これは，新たな協力を生み得る義務感として捉えることができるし，逆にいえば，フリー・ライドの選択そのものが，抽象的投票義務感や投票参加を抑制することにもなるのである。したがって，この具体的投票義務感の変動は，抽象的投票義務感の変動を招くことに繋がり，抽象的投票義務感のみへの傾斜・強調によってもたらされ得る閉塞状況を脱することができると考えられる。ただし，同様に，具体的投票義務感のみへの傾斜・強調によっても，よき民主主義がもたらされることにはならない。具体的投票義務感は，「垂直的同調に対する義務感」によって主に規定され，「同調」との親和性も高いことから，やはり規範的な抽象的投票義務感の存在や，抽象的投票義務感への転化がなければ，一度きりのワンショット・ゲームにおける同調的な協力選択に留まってしまうであろう。したがって，「垂直的同調に対する義務感」としての具体的投票義務感のみへの傾斜・強調は，社会関係資本における結束型，ひいては，閉鎖的・排他的な結束型のダーク・サイドの側面をより招く結果となるかもしれない。

　しかし，抽象的投票義務感と具体的投票義務感の両投票義務感は相補的な関係にあるものであった。したがって，抽象的な規範としての抽象的投票義務感は，特定状況においてフリー・ライドするか否かの具体的投票義務感を促進するし，また，そうした具体的投票義務感の蓄積によっては，より抽象化した抽象的投票義務感の形成に寄与し得るのである。そうした意味でも，抽象的・具体的投票義務感のどちらか一方ではなく，両側面の投票義務感の併存こそが求められるといえる。これは，数理社会学的アプローチが想定する両者の相互作用であり，両側面の併存こそが，よき民主主義をもたらすことに繋がると考えられる。そこでは，一方においては「市民の義務」に表わされるような抽象的投票義務感があるところに「協調」がもたらされ，そうした「協調」の蓄積が規範を生むであろうし，他方においては，特定の状況を伴うような「同調」としての具体的投票義務感であっても，それが抽象的投票義務感に転じることによって，新たな「協調」を生み出せるのである。前

者は「協調・信頼の繰り返しが，協調する規範を生む」ということであり，後者は「安心なきところに信頼は生まれない」，ひいては，「同調がなければ，協調も機能しない」ということであり，両者の併存によってこそ，社会関係資本論が抱える歴史的決定論の問題を克服できるのである。この，「安心」が「信頼」を，そして「同調」が「協調」を生み出し得ることは，投票参加においては，「動員」による参加も一定の意味を持ち得ることを示唆している。確かに，動員による参加は自発性を伴わない参加である可能性が高い。しかし，「安心」が「信頼」を生み，「同調」が「協調」を生むのであれば，たとえ動員による参加であっても，また，動員によって形成される「垂直的同調に対する義務感」であっても，その参加経験が「水平的協調に対する義務感」を生むことで，それが自発的参加の土台になり得る。

こうした両側面の併存という点では，政治文化を論じたAlmondら（Almond & Verba, 1963）の政治文化の議論とも共通する。Almondらは，「参加型」，「臣民型」，「未分化型」の政治文化を論じたが，よき民主主義に対しては，「参加型」のみの重視でもなければ，他のいずれの型のみの重視でもなかった。よき民主主義に求められたのは，それらの「混合型」であり，それは市民レベルにおいても，個人レベルにおいても，それぞれ併存することが重要であるとされた。このことは，「協調」・「同調」についても同様のことがいえる。「協調」のみへの傾斜・強調によっても，「同調」のみへの傾斜・強調によっても，よき民主主義がもたらされることにはならないのである。

7-4　投票行動・投票参加における記憶の重要性

ところで，市民は社会において，他者との関係性の中で裏切られるかもしれない不確実性の存在した状況下に晒され，更にいえば，不確実性の高い社会に置かれているが，その中では如何に不確実性を回避し，協力行動を導くのかが重要となろう。ただし，その裏切られるかもしれない可能性は，一度きりのワン・ショットのゲームではない。現実的な社会においては繰り返しゲームが展開され，裏切られるかもしれない可能

性は継続していくのである。こうした，繰り返しゲームにおいては，過去の「協調」・「同調」がもたらした帰結が如何なるものであったのかを基に判断がなされるであろう。そこでは，「協調」・「同調」の選択の結果，良い帰結がもたらされたことの記憶や，その選択をもたらした状況・判断の記憶もより重要となるであろうし，更にはその記憶が蓄積されていくことが何より重要となる。

この記憶への着目は，投票行動・投票参加をもたらすプロセスにおける記憶の重要性という視点から得られる，本書のもう1つの結論を導く。すなわち，よき民主主義において，ミクロレベルでより求められるものとは，「政治的エピソード記憶」というかたちで表わされる「時間」と「場所」に関する現実感覚である。また，記憶と投票義務感との関連においては，「協調」・「同調」の経験に関するエピソード記憶が，抽象的な投票義務感に転化する。つまり，認知心理学的側面においては，より意味記憶的，もしくはスキーマのような，より抽象的なものに転化するということを意味している。

市民は日常世界において様々なネットワークに触れ，他者との交流を通して，一方では「水平的協調」として，他方では「垂直的同調」として社会関係資本を蓄積させる。これらは，規範意識として個人の中に内面化されるが，それが，政治的場面における規範に転化するとき，投票義務感のかたちとなって内面化され，この投票義務感が選挙時においては投票参加を促進する。そして，そこで得られた投票参加経験は，後の選挙・投票時において効果を持つ。つまり，投票に参加したという個人の「政治的エピソード記憶」が後の投票義務感を形成し，新たな投票参加を生むのである。これは，過去の投票行動や経験と現在のそれとを繋ぐ媒介変数としての記憶の重要性を意味し，また，自己の政治的経験を伴った記憶が存在しなければ，よき市民も生み出されないということを意味している。

ただし，ここでも両極への収斂が懸念される。すなわち，政治的経験の結果が良い帰結をもたらし，それが記憶されるのであれば，新たな「参加」と更なる「参加」を生み続けるが，逆に，政治的経験の結果が悪い帰結をもたらし，それが記憶されるのであれば，新たな「棄権」と

更なる「棄権」を生み続ける。また，市民の政治的な意思決定や判断において，覚えていること，すなわち，正確に記憶していることは，覚えている情報を基に判断し得るということであり，個人的にも社会的にもよい帰結を効率的にもたらす可能性を高める。逆に，忘れてしまう市民とは，ともすれば，過去の情報や自己の投票行動を考慮せず，その場の判断に左右されることを意味している。したがって，忘れてしまう市民は，その瞬間の情報や，一過性のブームなどに流され，振り回されてしまうこととなる。これは，エリート民主主義によって指摘された市民の現状である「現実感の減退」（Schumpeter, 1942）を意味する。この現実感の減退は，市民の責任感や有効な意志の欠如を招くのである。そうした意味では，「不正確な参加の記憶」が投票義務感や投票参加を抑制するという本書の実証分析の結果は，エリート民主主義が市民の政治参加を選挙における投票に限定した論拠となる「現実感の衰退」を正当化するものであるといえる。他方，「正確な参加の記憶」が投票義務感や投票参加を促進するという本書の実証分析の結果は，「記憶」——覚えていること——は，この「現実感の減退」をも克服することを示している。自己の経験，中でも，政治的な事柄にまつわる経験のエピソード記憶の獲得・蓄積とは，すなわち，現実の獲得・蓄積であり，それが新たな投票参加をもたらすとき，それは現実感を伴った投票参加となって「現実感の減退」が克服されるのである。これは，参加民主主義論が想定するような，参加によって参加が生み出されるという参加の教育効果であり，且つ，そのメカニズムそのものであるといえよう[2]。ただしこれ

---

[2] ただし，「現実感の獲得」という点では，必ずしも自己の直接的な政治参加・投票参加行動においてのみ獲得されるとは限らない。例えば，自己の直接的な政治参加・投票参加行動とは対置されるような，所謂，劇場型民主主義や観客民主主義（Chomsky, 1991）においてもエピソード記憶は大きな役割を果たすと考えられる。つまり，そこで展開される様々な出来事が各々に記憶されるとき，それはエピソード記憶として記銘され保持されるであろう。その場合，各々の「政治」の意味するものは，そうした「政治的エピソード記憶」によって支えられることとなり，劇場型民主主義や観客民主主義であっても，他方においては現実感を獲得し得るものとなるであろう。

は，「参加」と「棄権」という両極への収斂のうち，「参加」方向への正の連鎖を説明するが，「棄権」方向に対する負の連鎖，いわば「不参加の教育効果」を示すものでもある。

　しかしながら，記憶の効果は，先述のよき民主主義に求められる投票義務感の質に対する議論，および，両投票義務感の相補的な関係に対する議論を補足するかたちで「不参加の連鎖」に対して1つの解決策を導く。「政治的エピソード記憶」が投票義務感を促進する効果は，抽象的・具体的，両投票義務感で認められたが，具体的投票義務感においてより効果が認められた。つまり，投票参加に対してより直接的な効果を持っていたのは，「水平的協調に対する義務感」と，それがより抽象化・規範化したかたちとしての抽象的投票義務感であったが，「垂直的同調に対する義務感」は，同調的規範に基づく具体的な協力経験に関するエピソード記憶となって，協調的規範を基盤とする抽象的な義務感に転化することで，投票参加に対して効果を持つといえる。そうした意味では投票への参加経験それ自体が重要となる。したがって，「動員」による投票参加も一定の意味を持ち，動員による参加であっても，また，動員によって形成される「垂直的同調に対する義務感」であっても，その参加経験が「水平的協調に対する義務感」を生み，それが自発的参加の土台となり参加を促進することで，不参加の連鎖からの脱出を可能にさせるのである。

　更に記憶への着目は，従来の社会関係資本論における不備，すなわち，どのような心理的メカニズムによって協力の規範，ひいては，投票義務感が形成されるのかについて明示的でなかったことについての不備を補い得る。「時間」・「場所」に関連づけられる「エピソード記憶」の概念は，個人的な出来事や経験の記憶である。市民は日常生活で様々な政治的場面に遭遇する中で，それらをエピソードとして記憶し，そうした記憶は政治的態度の形成や政治的行動の意思決定場面で利用される。つまり，市民の日常世界において，所属する社会やネットワークでの規範意識や義務感，および，そこで展開される政治的出来事は，個人的体験（経験）として捉えられることで「政治的エピソード記憶」を形成し，それが，抽象化する過程で，自身の政治的態度や政治的行動を生む。そ

うして獲得された規範や意味が，更には個人の政治的行動を規定するのである。これまで，社会関係資本に関するマクロレベルにおける議論や，「記憶」に関する実験室レベルのミクロレベルの研究はそれぞれ存在したが，両レベルを繋ぐ研究は乏しかった。しかし，こうした一連のプロセスは，「政治的エピソード記憶」の概念が，マクロレベル・ミクロレベルの両レベルを繋ぐものとなることを意味しているといえよう。

　こうした一連のプロセスにおける記憶の役割は，社会関係資本論が持ち合わせていた，その概念の曖昧さという不備をも補い得る。社会関係資本とはその名のとおり，「社会関係」における「資本」である。このうち，「社会関係」については，社会心理学分野を中心としてネットワーク分析研究というかたちで発展を遂げたし，「資本」についても，社会心理学における「信頼」・「安心」研究としてその性質を探るかたちで発展したともいえる。ただし，あくまでも「信頼」は関係性の中に位置づけられるものという前提に立っていたことから，「資本」については，ミクロレベルを対象とした分野においては，何処に蓄積されるのかが曖昧なままであり，その測定も困難であったといえる。したがって，ミクロ・マクロの両レベルを繋ぐ議論や，社会関係資本を独立変数とし，個人の行動を従属変数とするようなミクロレベルの議論においては，ミクロレベルの視点で蓄積され得る「資本」が必要となる。ここで，社会関係資本を「記憶」によるアプローチから捉え直し，過去の協力の経験とその経験の蓄積・記憶によって導かれる，後の協力の規範と捉える本書の議論は1つの回答を示し得る。つまり，過去の経験を覚えていることこそが，後の協力を導くことに繋がるのであり，協力したこと，およびそれによって生じた帰結のエピソードの記憶こそが，後の協力をもたらすと考えられるのである。その意味で「記憶」とは，まさにミクロレベルで資本を蓄積し得る概念を提供することになるであろう。

　そして，これは同時に社会関係資本の衰退が意味することに対しても，1つの回答を示し得る。つまり，社会関係資本の衰退は，「時間」と「場所」の喪失と，そこにおける，「水平的協調に対する義務感」，「垂直的同調に対する義務感」の喪失を意味するが，「時間」と「場所」の喪失は，社会や集団における規範の獲得を困難にさせ，結果として投票

に対する参加の規範,すなわち,投票義務感の獲得も困難にさせるであろう。ただし,ここで失われているものは,こうした,「時間」と「場所」に留まらない。つまり,社会関係資本の衰退は,同時にそこにおける成員の経験,ひいては,「時間」と「場所」にまつわる「エピソード記憶」の喪失をも意味しているのである。

　他方,本書は「政治的エピソード記憶」に焦点を当てたことで,投票参加のメカニズムにおいて個人の過去の行動と現在の行動とを繋ぎ得る変数を提供したが,これは,現実に生じた出来事が,その後の政治的行動にどのような影響を与えるのかを考える上での基礎的な知見をもたらすことに加え,市民にとって「政治」とは如何なるものであるのか,ひいては,日常生活における「政治」とは何であるのかを示すことにも繋がるであろう。つまり,市民の記憶に焦点を当てるとき,そこで描き出されるのは,自己の経験に裏打ちされた行動とその行動によってもたらされる新たな政治的行動およびその記憶である。換言すれば,日常生活における「政治的エピソード記憶」が投票行動を規定するということでもある。これを投票率の推移というよりマクロ的な視点で見れば,1990年代以降の投票率に代表される市民の政治参加の低下とは,「政治的エピソード記憶」の喪失を意味している。これは,そもそも参加の経験がなければ新たな記憶は蓄積されないし,古い参加の記憶も時間とともに薄れていくからである。更にいえば,「政治的エピソード記憶」の喪失は,政治に参加することとは何であったのかという記憶を失わせることでもあり,投票率の低下とは,「参加を忘れた市民」の姿を描き出していることにもなろう。

　ところで,投票行動研究におけるこうした記憶への着目は,これまでの投票行動研究に対して新たな可能性を提示する。本書において確認された,投票参加に対して前回の選挙における参加の想起の効果がより大きいことは,制度の違いを超えたエピソード記憶の効果を示唆している。つまり,前回選挙の想起は,衆議院と衆議院,参議院と参議院といった同一院の選挙ではなく,異なる制度間の想起であり,それが異なる制度の投票参加に効果を持つということである。本書は,国政選挙のみを対象としたが,より広い視点に立てば,国政選挙の制度間を媒介す

る効果としてだけではなく，地方選挙と国政選挙の投票参加をも含む，「異なるレベルの選挙」(三宅他，1967)を繋ぎ得る媒介変数として「政治的エピソード記憶」は機能すると思われる。既存の投票行動研究は，衆院選と参院選，国政選挙と地方選挙といった異なる制度間の選挙に対しては，制度が異なるが故に，それぞれ独立した分析を行ってきた。しかしながら，有権者レベルでそうした制度間を媒介しうる「政治的エピソード記憶」の視点は，異なる制度の選挙を連続的に扱い分析することを可能にする。

7-5　本書の課題

　以上，本書の結論と含意を述べてきたが，本書には様々な課題も残っている。
　第1に，分析対象の期間についての課題である。本書は，1990年代から2000年代にかけての投票率の低下に焦点を当てる中で，投票参加のメカニズムを探ってきた。しかし，投票率の低下傾向を示していた当該期間において，クロスセクショナルの社会関係資本にまつわる分析では，一部ではあるが2005年の変化の可能性が認められた。事実，投票率は2005年以降，それ以前に比べて上昇していることを踏まえれば，これは，「外的要因」としての社会関係資本の構造的な変化と，それに伴う投票参加に対する影響を示唆しているとも考えられる。ただし，これを「変化」として位置づけるためには，より長い時間的な推移の中で捉える必要があり，本書が対象としなかった1990年代以前の状況について同じ枠組みでの分析が求められる。そこでは，本書が対象とした期間に比べ，比較的高水準で投票率が推移していた時期における投票義務感の考察となり，本書が導きだした投票義務感の側面とは異なった，別の側面が見出されるかもしれない。加えて，記憶という点から見れば，本書が分析対象とした1990年代から2000年代における記憶の効果は，それ以前の政治的出来事の記憶，すなわち，1990年代以前に獲得された「政治的エピソード記憶」が反映されているともいえる。そうした意味で，政治的社会化の観点から見れば，選挙権を持つ以前の記憶も投

票参加や投票行動に対しては重要になると考えられる。投票義務感・投票参加との関連では，選挙権を持った時点での投票義務感の高低は，初めての選挙における投票参加に対して影響を及ぼすであろうし，それがその後の投票参加を左右することにも繋がる。この，選挙権を持つ以前の記憶を含めた検証は，より大規模な調査を要する点で，本書が行ったようなサーベイ・データを用いた検証は難しく，実験や参与観察等を含めた異なるアプローチを含めて総合的に進められる必要があろう。

　また，本書が分析対象とした期間以前を見直さなければならないのと同様に，本書が対象とした期間以後についても観察を続けなければならないであろう。例えば，2009年の衆議院議員総選挙における投票率（69.28％）がそれ以前に比べ高まったのは，もちろん，政権交代への関心の高まりも影響しているだろうが，2005年の，いわゆる郵政解散に伴う選挙（前々回選挙）における投票率の上昇，そして，それを受けての，2007年参院選（前回選挙）における――それ以前の参院選投票率に対する――投票率の上昇によってもたらされた多くの投票参加経験とそれによる学習効果が役割を果たしたことも見逃してはならないであろう。その意味では，2005年と2007年の選挙結果が，投票の有効性に関する記憶を多くの有権者にもたらしたといえる。更には，2009年の衆議院議員総選挙における期日前投票の増加は，制度の認知という側面もさることながら，前回の投票参加が促進された結果と考えられるとともに，期日前投票を利用しても投票参加を行うという，投票義務感を示す新たな着目点でもあると考えられ，これらについても実証が必要であろう。その意味では，本書で扱った1990年代から2000年代における現実の「政治的エピソード記憶」は，今現在の投票行動や今後の投票行動に反映されると考えることができる点で，より継続的な分析が可能になる。また，18歳選挙権導入により新たな有権者となった。18歳，19歳の「政治的エピソード記憶」や投票義務感の継続的な分析も求められよう。

　第2に，投票方向についての検討の必要性である。本書は，投票義務感と投票参加との関連に主に焦点を当て，投票参加に対する投票義

務感の効果について論じたが，これはともすれば，市民にとって投票参加そのものが目的化し，そこにおける選択の意味を失わせかねない。もちろん，投票参加自体が投票方向選択に際しての十分な動機付けを果たすと考えられるが，その意味では，投票方向を考慮した分析が求められるといえる。その際，「政治的エピソード記憶」に焦点を当てた研究の課題にも直面する。「政治的エピソード記憶」研究は，まだまだ研究途上にあり，多くの課題を有している。まず，投票に参加したことについてのエピソード記憶には，誰に，または，何処に投票を行ったのかという投票方向のエピソード記憶も付随する。そうした場合，投票に参加したことのエピソード記憶と投票方向に対するエピソード記憶の区別に対する検討も求められるであろう。加えて，投票行動研究におけるエピソード記憶と意味記憶の測定方法も確立しておらず，今後の研究発展にとっては，これは大きな課題である。

　第3に，データセット上の課題，分析上の課題も存在している。本書では，「外的要因」と「内的要因」，および，時間次元を扱った分析として，JESⅢ調査データに対してパネル・データ分析を施した。こうした分析は，パネル調査であるJESⅢ調査データによって可能になったが，「政治学」，中でも「サーベイ・データ」におけるパネル・データ分析の歴史は浅い。したがって，JESⅢ調査データはパネル・データではあるものの，必ずしも，「パネル・データ分析」を前提とした調査設計とはなっておらず，標本の脱落や調査項目の変更等，様々な問題も存在する。今後，これらを克服した分析を進めることができれば，政治的諸態度や，政党・候補者に関するイメージと記憶との関連をめぐる，よりダイナミックな分析が可能になり，投票参加・投票行動における「心のメカニズム」の解明が更に進むであろう。

　最後に，「参加」と「棄権」という両極への収斂を食い止める，実践的な処方箋の問題である。本書で示したとおり，たとえそれが「動員」によるものであっても，「参加」すること自体が，「垂直的同調に対する義務感」としての具体的投票義務感，ひいては，「水平的協調に対する義務感」としての抽象的投票義務感を形成することを通して新たな参加がもたらされ，両極への収斂から抜け出すことを可能にする。しかしな

がら，両極への収斂を食い止める明確なかたちでの妙案を本書の中では示せなかった。投票参加をもたらす実践的な処方箋を提示することができれば，両極への収斂によって生じる民主主義の危機への加速をより防ぐことが可能になろう。

　以上のような課題はあるものの，本書では投票義務感を分析の中心に据え，それを形成する「外的要因」と「内的要因」の両要因から市民の政治参加のメカニズムを解き明かすことを試み，「日常世界のネットワークにおける個人的体験（経験）によって形成された『政治的エピソード記憶』が，規範意識としての『義務感』を高めることを通じて，その政治的行動を規定する」という一連のプロセスを示すことができた。これは政治学，政治心理学，および日本政治論といった各研究領域に対する，理論的・実証的な貢献となるものと考える。今後，政治学並びに政治心理学における記憶研究は，従来の投票参加研究による知見に対して認知心理学的な視点からの再解釈を迫り，更には政治心理学における未開拓の領域を切り開くものとなることが期待される。

補遺

補遺-1　投票率の推移

　戦後の衆議院選挙(中選挙区・小選挙区)，参議院選挙(選挙区)の全体の投票率の推移，および，男女別の推移は表に示したとおりである(補遺表1)。本書は，特に性別による違いには直接，焦点を当てない。これは，本書が有権者全体の投票参加のメカニズムに焦点を当てるものであることによる。また，図は戦後投票率の男女差を示したものであるが(補遺図1)，松田(2009)が指摘するように，日本における投票参加以外の政治参加形態についてはジェンダー・ギャップが存在するものの，近年では日本における投票参加のジェンダー・ギャップは縮小してきていることにもよる。

補遺-2　従属変数

　本書の分析では，段階的に複数の従属変数を設定している。分析に用いた各変数についての詳細は以下のとおりである。

<u>投票参加</u>

　投票参加については，選挙時の調査パネルにおいて設定されている投票参加にまつわる変数を用いた。ただし，各年度で質問の仕方がやや異

補遺表1 投票率の推移(全体・男女別)

衆議院投票率：中・小選挙区(%)					参議院投票率：選挙区(%)				
回	年	計	男	女	回	年	計	男	女
22	1946	72.08	78.52	66.97	1	1947	61.12	68.60	54.24
23	1947	67.95	74.87	61.60	2	1950	72.19	78.16	66.74
24	1949	74.04	80.74	67.95	3	1953	63.18	67.85	58.92
25	1952	76.43	80.46	72.76	4	1956	62.11	66.89	57.73
26	1953	74.22	78.35	70.44	5	1959	58.75	62.57	55.24
27	1955	75.84	79.95	72.06	6	1962	68.22	70.08	66.51
28	1958	76.99	79.79	74.42	7	1965	67.02	67.97	66.14
29	1960	73.51	76.00	71.23	8	1968	68.94	68.90	68.98
30	1963	71.14	72.36	70.02	9	1971	59.24	59.14	59.33
31	1967	73.99	74.75	73.28	10	1974	73.20	72.74	73.64
32	1969	68.51	67.85	69.12	11	1977	68.49	67.66	69.27
33	1972	71.76	71.01	72.46	12	1980	74.54	73.69	75.33
34	1976	73.45	72.81	74.05	13	1983	57.00	56.89	57.11
35	1979	68.01	67.42	68.56	14	1986	71.36	70.17	72.47
36	1980	74.57	73.72	75.36	15	1989	65.02	64.36	65.63
37	1983	67.94	67.56	68.30	16	1992	50.72	50.57	50.86
38	1986	71.40	70.21	72.52	17	1995	44.52	44.67	44.37
39	1990	73.31	71.93	74.61	18	1998	58.84	58.38	59.28
40	1993	67.26	66.39	68.09	19	2001	56.44	55.98	56.88
41	1996	59.65	59.03	60.23	20	2004	56.57	56.61	56.54
42	2000	62.49	62.02	62.94	21	2007	58.64	58.87	58.42
43	2003	59.86	59.68	60.03	22	2010	57.92	58.38	57.49
44	2005	67.51	68.18	66.80	23	2013	52.61	53.50	51.79
45	2009	69.28	69.46	69.12					
46	2012	59.32	60.14	58.55					
47	2014	52.66	53.66	51.72					

注）総務省統計局（2008）「日本の長期統計系列」，および，総務省自治行政局選挙部（2005，2009，2012，2014）「衆議院議員総選挙・最高裁判所裁判官国民審査結果調」，総務省自治行政局選挙部（2007，2011，2014）「参議院議員通常選挙結果調」より作成。

なっている。例えば，JES Ⅱでは，投票した候補者の政党や棄権を選択肢として用意して尋ねるもの（第2波・第6波）と，投票に参加したか否かを尋ねた後で，投票した候補者の政党を尋ねるもの（第5波）とがある。また，JES Ⅲでは，投票に参加したか否かを尋ねた後で，投票した候補者や候補者の政党を尋ねている。そこで，投票に参加した回答

補遺図1　投票率の推移（男女別）

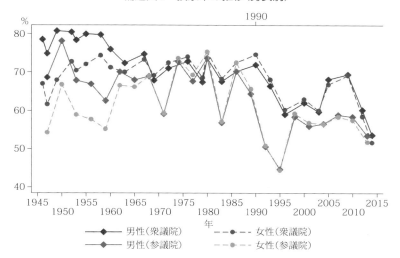

（期日前投票・不在者投票を含む）と棄権との回答に分類し，「投票参加」(1)，「不参加」(0)とした．

投票義務感
抽象的投票義務感
「投票に行くことについて，次の中からあなたのお気持ちに最も近いものを1つあげてください」について，
「投票に行くことは有権者の義務であり，当然，選挙に行かなくてはならない」(3)，
「有権者はできるだけ選挙に参加した方がよい」(2)，
「投票に行くかどうかは有権者が決めることなので，必ずしも選挙に参加しなくてもよい」(1)．

具体的投票義務感
「選挙では大勢の人が投票するのだから，自分一人くらい投票しなくてもどちらでもかまわない」に対して，「そう思う」(1)から「そうは

思わない」(5)を反転。

補遺－3　独立変数：社会関係資本

　JES Ⅱ調査，JES Ⅲ調査において継続して設定されている質問項目から，社会関係資本の抽出のために「人間関係」，「サンクション」，「互酬性の規範」，「フリー・ライド否定」，「公共心」，「政治的会話」，「自発的団体加入」の各変数を用いた。

人間関係

　JES Ⅱ・JES Ⅲ両調査では社会的価値に関する質問項目が設定されている。このうち，「世の中に力があるものとない者がいるのは当然だ」，「人の上に立つ者は，下の者に威厳を持って接することが必要だ」の2変数を用いた。これらの質問項目は，力の強弱や，人間の上下関係を認めた権威主義的な人間関係を表現したものである。

　これらの質問項目への回答は，「そう思う」(1)から「そうは思わない」(JES Ⅱは4段階，JES Ⅲは5段階)となっており，否定的であるほど大きな数がコーディングされている。そこで，分析においては結果の読み取りを考慮し，数値を反転させ，権威主義的な垂直的人間関係に肯定的か否定的(水平的人間関係に肯定的)かを示す変数とした。なお，垂直的人間関係への否定が必ずしも水平的人間関係への肯定ではないとも考えられる。しかしながら，社会的価値に関する各変数の回答は，「そう思う」－「そうは思わない」の尺度で用意されており，例えば，「人の上に立つ者は，下の者に威厳を持って接することが必要だ」に対する「そうは思わない」のように，否定的であっても水平的な人間関係を想起しての回答を含むと考えられる。また，これらの質問項目は権威主義的態度を測っているとも考えられる。その場合，態度や価値観と人間関係とは異なるものではあるとも考えられるが，態度や価値観を基に行動，つまり，人間関係の形成がなされると考えれば，態度を測る質問項目であっても人間関係として扱うことができる。なお，JES Ⅱ調査において「社会的価値」の質問は2波，5波にしか設定されていないため，1996年

補遺　201

の「人間関係」は5波（1995年）を代用した。

サンクション

　サンクション，制裁を肯定するか否かについて「世の中のしきたりを破るような者には厳しい制裁を加えるべきだ」を用いた。これは世の中におけるしきたりを破る者には，制裁を加えることを認めるか否かであり，接合型の社会関係資本では低く，逆に，結束型の社会関係資本においては高くなると考えられる。「そう思う」（1）から「そうは思わない」（JESⅡは4段階，JESⅢは5段階）を反転。

互酬性の規範

　互酬性の規範については，「このごろ，世間はだんだんと情けが薄くなってきている」を用いた。互酬性の規範は，接合型の社会関係資本の中心となると考えられることから，接合型の社会関係資本では高く，逆に，結束型の社会関係資本においては低くなると考えられる。「そう思う」（1）から「そうは思わない」（JESⅡは4段階，JESⅢは5段階）と否定的であるほど大きな数がコーディングされているので，反転せずそのまま使用した。

フリー・ライド否定

　フリー・ライダーに対する否定的な態度として，「今の世の中では，結局，正直者が損をし，要領のいい人が得をする」を用いた。「そう思う」（1）から「そうは思わない」（JESⅡは4段階，JESⅢは5段階）を用いた。ただし，JESⅡ調査における，1993年については調査項目に設定されていないため，年度が近い1994年調査で代用した。1994年調査は特定の選挙に関連した調査ではなく意識調査として実施されている。

公共心

　「Ａ：国や社会のことにもっと目を向けるべきだ」，「Ｂ：個人の生活の充実をもっと重視すべきだ」という，対立する2つの意見に対する立

場を用いた。「Aに近い」から「Bに近い」までの4段階の質問において、「A：国や社会のことにもっと目を向けるべきだ」に対する賛成意見を用いた。両質問は，公共的なものに対する態度として捉えられる。

政治的会話

社会関係資本の議論では，家族や親戚といった一次集団ではなく，二次集団にその可能性が求められている。そこで，家族や親戚以外の人と政治的な会話を持ったか否か，その程度を変数に加えた。質問では会話を持ったか否かをJES Ⅱ調査では最大3人，JES Ⅲ調査では最大4人まで尋ねているので，会話を持った人数をそれぞれ合計した。

ただし，調査間で一部質問内容が異なっている。例えば，JES Ⅱ調査2波では「ご近所で非常に親しくおつき合いしている人がいますか。（「いる」と答えた人に）その人達と政治的問題が話題になることはよくありますか」，「同じ職場の中や仕事関係で，かなり深くおつき合いしている人がいますか。（「いる」と答えた人に）その人達と政治的問題が話題になることはよくありますか」，「ご近所や仕事関係以外で親しくつき合っているお友達との間で政治的問題が話題になることはよくありますか」を用いた。また，5・7波では「過去6ヶ月間を振り返って，あなたはあなたや社会にとっての大切なことがらを，話し合った人がいますか」（いると答えた人に）「その方とは，どのような間柄ですか。1つだけお答えください」で家族以外を挙げたケースを用いた。同様に，JES Ⅲ調査においても家族以外との会話人数を合計した。

自発的団体加入

強制加入的要素が強いものや，自動的に加入するような要素の強いものは非自発的団体として除き，比較的自発的に加入すると思われる団体への加入数を用いた。JES Ⅱ調査では，「住民運動，消費者運動，市民運動，婦人運動の団体」，「生活協同組合」，JES Ⅲ調査では，「生協・消費者団体」，「NPO・NGO」，「ボランティア団体」，「住民運動団体・市民運動団体」を用いた。

変数に加えなかった団体は，JES Ⅱ調査では「労働組合」，「商工業関

係の同業組合・団体」,「農協,その他の農林・漁業団体」,「自治会,町内会,地区会」,「宗教団体」,JESⅢ調査では,「自治会・町内会」,「PTA」,「農協や同業者の団体」,「労働組合」,「宗教団体」,「学校の同窓会」,「政治家の後援会」,「職場仲間のグループ」,「習い事のグループ」,「趣味や遊び仲間のグループ」である。このうち宗教団体に関しては,Putnamは「教会や他の宗教団体はアメリカの市民社会では特有な重要性を持っている」(Putnam, 2000, 65頁)とし,アメリカにおいて広く一般化した宗教団体への加入を取り上げ,宗教団体(教会)が市民の技能(civic skills)や市民の規範,コミュニティへの関心を生むとしている。しかし,日本において宗教団体がどこまでそれらの特徴を備えているのかについては検討の余地があり,また日本において宗教団体への加入がどこまで自発的なものであるのかという点についても疑問が残るため,本書では自発的団体には加えなかった。またJESⅡ調査では,これらの団体加入の他に,候補者の後援会の会員であるか否かも尋ねている。しかし,本書では非政治的な団体への加入による社会関係資本の蓄積が投票参加にどう関連するのかということを分析の対象としている。したがって,政治家の後援会のような政治的な活動に直結する団体への加入は分析からは除外した。ただし,今後,国際的な比較研究等を考える場合には,これらの団体に関する分析も不可欠であろう。

協調

社会関係資本における「協調」としての側面として,一般的信頼に対する質問項目,「ほとんどの人は信頼できる」(2001・2003・2004・2005年)を用いた。「そう思う」(1)から「そうは思わない」(5)を反転。

同調

JESⅢ調査において,特定の人間関係において周囲の状況を考慮しながら,求められることを行うことによって後の自己の利益を確保する行動を選択するような,「同調」の側面として,「他人の求めることをしてあげると自分の望みもかなえられる」を用いた。「そう思う」(1)から「そうは思わない」(5)を反転した。ただし,2004年,2005年につ

いては同一の質問項目が設定されていない。そこで，2003年調査の変数を用いて，「他人の求めることをしてあげると自分の望みもかなえられる」と関連の強い変数を探す予備的分析を行った結果，「人を助ければ，いずれその人から助けてもらえる」との関連が強かった。そこで，2004年の「他人の求めることをしてあげると自分の望みもかなえられる」を従属変数とする回帰分析における非標準化係数(.976)を2004年，2005年の「人を助ければ，いずれその人から助けてもらえる」に乗じウェイトをかけることで変数を作成した。

　JES II 調査においては，同様の質問項目が存在しなかった。そこで，1993年調査に設定されていた「町内の人が中心になって集めている寄付には，その趣旨にあまり賛成できなくとも，近所づきあいを保つため，だまって出したほうがよい」を用い補足的に分析を行った。「そう思う」(1)から「そうは思わない」(5)を反転した。これは，近所づきあいの中で，求められることをすることによって後の自己の利益を確保する行動という点では，JES III 調査の変数と一致していると考えられる。ただし，JES II 調査の中には比較・参照可能な変数が存在しなかったため，ウェイトの作成は行わず，そのまま分析に加えた。

補遺－4　独立変数：政治的エピソード記憶

　「政治的エピソード記憶」は時間・場所に関連づけられた政治的事柄にまつわる経験の記憶である。利用可能な変数としては主に，過去の自身の投票参加にまつわる記憶と選挙運動期間中における，候補者にまつわる記憶との2つの変数がある。

<u>過去の自身の投票参加にまつわる記憶</u>

　JES II・JES III 調査では，「○○年の選挙では投票に参加しましたか」というように，各パネルにおいて過去の投票参加について尋ねている。投票に参加と想起を(1)，不参加と想起を(0)とした。ただし，不参加のうち，当時，選挙権がなかった者については欠損値として処理を行った。

その上で，この投票参加にまつわる記憶の正確さについては次のように処理を行った。JESⅡ・JESⅢ調査はパネル調査であるので，投票参加想起と，実際の選挙時のパネル・データの組合せによってその正確さを確認した（補遺図2，補遺図3）。例えば，JESⅡ調査においては1996年調査で1993年の選挙で投票に参加したか否かを尋ねている。また1993年調査では，1993年衆院選において投票に参加したか否かを尋ねている。JESⅡ調査はパネル調査であるから，両調査の同一標本を組合せることによって，想起と実際の投票参加とが一致するか，すなわち，正確な想起であるのか否かを確認できる。1993年選挙における投票と，1996年調査における1993年投票の想起の組合せを「1993年×1996年」とすると，JESⅡ・JESⅢ両調査を併せて，「1993年×

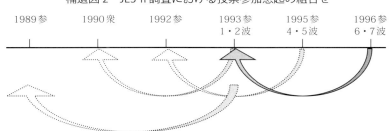

補遺図2　JESⅡ調査における投票参加想起の組合せ

注）点線の想起は調査以前の想起であるため正確さを確認することはできない。

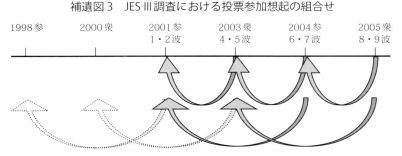

補遺図3　JESⅢ調査における投票参加想起の組合せ

注）1998年，および，2000年の想起（点線）は調査以前の想起であるため正確さを確認することはできない。

1996年」,「2001年×2003年」,「2001年×2004年」,「2003年×2004年」,「2003年×2005年」,「2004年×2005年」といった,計6つの年度の組合せの変数が作成可能であり,正確な想起(1),不正確な想起(0)として,投票参加想起パターンのダミー変数を作成した。

なお,記憶の正確さを含めた変数作成において,JESⅡ継続標本データは使用していない。これは,データの限界によるものである。JESⅡ継続標本の調査は,JESⅢ調査の2001年参院選時に行われている。そこでは,1998年参院選と2000年衆院選の投票参加について投票に参加したか否かを尋ねているが,そもそも,JESⅡ調査は1996年までの調査であるため,実際に投票に参加したか否かのデータを確認できない。これは,JESⅢ調査における,1998年,2000年,そして,JESⅡ調査における1989年,1990年,1992年にまつわる,記憶の正確さを含めた変数を作成できないことと同じ理由である。

<u>候補者エピソード記憶の数</u>

候補者にまつわるエピソード記憶の抽出は次のとおりである。質問項目では,投票した候補者について,どのような接触があったかを尋ねている。その中から,JESⅡ・JESⅢ調査で共通して使用できる項目を用いた。それぞれ,「投票依頼の電話をもらった」,「その人と話をした」,「その人と握手をした」,「その人の演説等を直接聞いた」,「その人の秘書や後援会の人と話をした」,「葉書やお知らせを郵便でもらった」,「その他」である。これらについて,言及がある数を合計した。

<u>候補者エピソード記憶の種類</u>

「候補者エピソード数」の各変数に対して主成分分析(主成分法,バリマックス回転)を行うことで抽出した(補遺表2)。表に示すとおり,各年度において,共通な質問項目で構成される2ないし3つの主成分が抽出された。まず第1主成分は,「その人と話をした」,「その人と握手をした」,「その人の演説等を直接聞いた」,「その人の秘書や後援会の人と話をした」というような,候補者との直接的な接触を伴うエピソードの記憶であると解釈できる。次に第2主成分は,「投票依頼の電話を

補遺表2　候補者エピソードの種類

	1993年			2003年		2004年		2005年		
	I	II	III	I	II	I	II	I	II	III
投票依頼の電話をもらった	.052	.839	.041	.198	.710	.146	.799	.133	.803	.035
その人と話をした	.786	.058	-.029	.818	.009	.741	.009	.805	.094	-.026
その人と握手をした	.802	.095	-.031	.813	.068	.785	-.012	.826	.043	-.040
その人の演説等を直接聞いた	.742	.070	.023	.736	.061	.721	.002	.736	.126	-.055
その人の秘書や後援会の人と話をした	.595	.262	.056	.648	.219	.639	.121	.620	.232	.128
葉書やお知らせを郵便でもらった	.206	.751	-.058	.271	.678	.187	.778	.136	.806	-.040
その他	.009	-.012	.996	.138	-.527	.046	-.121	-.011	-.006	.992
寄与率(%)	31.6	19.4	14.3	34.7	18.5	30.7	18.2	32.8	19.7	14.4

もらった」,「葉書やお知らせを郵便でもらった」というような, 候補者との間接的な接触を伴うエピソードの記憶として解釈できる。そして, 第3主成分は1993年と2005年とで抽出されたが, いずれにおいても「その他」が独立した項目として抽出されている。これらの結果から, 第1主成分を「直接エピソード記憶」, 第2主成分を「間接エピソード記憶」とした。

補遺－5　統制変数

＜属性変数＞
性別
　男性(1), 女性(0)。

年齢
　調査時点における満年齢。

教育程度
　「あなたが最後に卒業された学校はどちらですか。各種学校は含めず, 中退・在学中は卒業とみなしてお答えください。」について, 以下のとおり。

「新中学・旧小・旧高小」(1)
「新高校・旧中学」(2)
「高専・短大・専修学校」(3)
「大学・大学院(4)」

世帯収入

「去年1年間のお宅さまの収入はご家族全部あわせると，およそどのくらいになりますか。ボーナスや臨時収入を含め，税込みでお答え下さい。」について，以下のとおり。

「200万円未満」(1)
「200万円以上〜400万円未満」(2)
「400万円以上〜600万円未満」(3)
「600万円以上〜800万円未満」(4)
「800万円以上〜1000万円未満」(5)
「1000万円以上〜1200万円未満」(6)
「1200万円以上〜1400万円未満」(7)
「1400万円以上」(8)　※JES Ⅲは「1400万円以上〜2000万円未満」
「2000万円以上」(9)　※JES Ⅲのみ

居住年数

「あなたはこの近くに(この町内，村，団地，大体歩いて30分位の範囲)何年くらい住んでいますか。」を用いて以下のとおりにコーディング。

「3年以下」(1)
「4年以上〜9年」(2)
「10年以上〜14年」(3)
「15年以上」(4)
「生まれてからずっと」(5)

都市規模

JES Ⅱ調査とJES Ⅲ調査とで，オリジナルのコーディングが異なるた

め，以下のとおりに作成した。

JES II
　「大都市：東京・大阪・横浜・名古屋・京都・北九州・札幌・仙台・川崎・神戸・広島・福岡・千葉」（4）
　「20万人以上の市」（3）
　「20万人未満の都市」（2）
　「町村」（1）

JES III
　「大都市：東京・大阪・横浜・名古屋・京都・北九州・札幌・仙台・川崎・神戸・広島・福岡・千葉」（5）
　「20万以上」（4）
　「10万以上」（3）
　「10万未満」（2）
　「町村」（1）

<心理的要因>
政治関心
　「選挙のある，なしに関わらず，いつも政治に関心を持っている人もいますし，そんなに関心を持たない人もいます。あなたは政治上のできごとに，どれくらい注意を払っていますか。この中ではどれにあたりますか」について，以下のとおり。
　「ほとんど注意を払っていない」（1）
　「あまり注意を払っていない」（2）
　「やや注意を払っている」（3）
　「かなり注意を払っている」（4）

政治的有効性感覚
　「自分には政府のすることに対して，それを左右する力はない」に対して，「そう思う」（1）から「そうは思わない」（5）を反転。

政党支持強度

　政党支持強度に関する質問項目は，段階的に設定されている。まず，「話はかわりますが，今回何党に投票するかは別にして，ふだんあなたは何党を支持していますか」との質問項目で，特定政党の名前を挙げた支持政党を持つ回答者に対して，「あなたは支持する政党の熱心な支持者ですか。それともあまり熱心な支持者ではありませんか」とし，「熱心な支持者」か「あまり熱心でない支持者」かを尋ねている。そこで，これらの変数の組合せから以下のように作成した。
　「支持政党なし」（0）
　「あまり熱心でない支持者」（1）
　「熱心な支持者」（2）

保革イデオロギー（保革自己イメージ）

　「ところで，よく保守的とか革新的とかという言葉が使われていますが，あなたの政治的な立場は，この中の番号のどれにあたりますか。0が革新的で，10が保守的です。1〜9の数字は，5を中間に，左によるほど革新的，右によるほど保守的，という意味です」について，（0）から（10）。

一票の主観的確率：接戦度（P）

　「今度の衆議院選挙では，あなたがお住まいの小選挙区は，どの程度，接戦になっていると思いますか。」について，以下のとおり。
　「自分が支持する候補者はかなり強いので，自分が投票しなくても当選すると思う」（0）
　「自分が投票しても，自分の支持する候補者の当選は難しいと思う」（0）
　「自分が投票しなくても，自分の支持する候補者はギリギリで当選すると思う」（1）
　「自分が投票しなければ，自分が支持する候補者の当選は難しいが，自分が投票すれば当落線上に浮かび上がると思う」（2）
　「自分が支持する候補者が当落線上にいるので，自分が投票すれば当

選すると思う」（3）

参加のコスト感覚（C）
「あなたは，今度の衆議院選挙（参議院選挙）に行くつもりですか。この中からあなたのお気持ちに最も近いものを1つあげてください」について，以下のとおり。
　「投票日には他の予定があり，投票に行くのは難しい」（3）
　「他の予定はないが，投票に行くのは面倒である」（2）
　「投票に行くのに，何の支障もない」（1）

あとがき

　本書は，民主主義を支える選挙での投票に，なぜ人は参加するのか，参加するべきであると感じるのかというテーマについて，「日常世界のネットワークにおける個人的体験（経験）によって形成された『政治的エピソード記憶』が，規範意識としての『義務感』を高めることを通じて，その政治的行動を規定する」という視点から探ったものである。また，学習院大学大学院政治学研究科に2010年に提出した博士学位論文「政治的義務感と投票参加―協調・同調の規定要因としての社会関係資本と政治的エピソード記憶―」を基に大幅に加筆・修正を施したものである。

　民主主義という壮大なテーマに対して，どこまで新たな知見を加えられたか些か不安は残るが，一研究者として単著を出版できたことに大きな喜びを感じ，充実感で満たされている。また，博士論文執筆・審査の過程でお世話になった方々に深く感謝申し上げる。

　振り返れば，大学受験を控えたおよそ20年前，心理学を志し，様々な大学の心理学科を受験し続けていたが，その願いは適わず明治学院大学の政治学科に入学した。入学後，体育会の部活や様々な授業でなんとなく時間を過ごしたが，あるとき，政治学に「政治心理学」なる分野があることを知り，3年生でのゼミ選択では，「政治心理学」が学べる平野浩先生のゼミを迷わず志望した。平野浩先生には，その後，修士課程，博士課程と長年に渡りご指導をいただいた。出来の悪い学生であり，随分と長く時間をかけてしまったが，本書がこうしてかたちになったのも温かく見守り続けて下さった先生のおかげである。心から感謝申し上げたい。

あとがき

　本書は「社会関係資本」と「政治的エピソード記憶」という2つの側面からのアプローチを試みたが，その完成には，多くの「社会関係資本」と「エピソード記憶」に支えられてきたといえる。大学院に入学し本格的に研究を始めてから，現職の立教大学社会学部に至るまで，様々な学会や研究会，さらには学会の懇親会会場などで，多くの方々より貴重なコメントや励ましを頂戴した。また，そこで出会った先生方，同僚の方々には，研究とは何か，研究者とは何かを教えていただいた。まさに，社会関係資本によって支えられてきたといえる。お一人おひとりのお名前を挙げることができず大変申し訳ないが，皆様に御礼を申し上げたい。

　更に，政治コミュニケーション研究会の幹事メンバーや出席者の方々にも感謝申し上げたい。特に，研究会幹事の小林哲郎先生，稲増一憲先生，横山智哉さんと一緒に研究会を立ち上げたことは，研究人生の新たな側面を切り開くきっかけとなった。横山智哉さんは本書の草稿を読んで下さり，多くのコメントをいただいた。

　本書の完成は，そうした励ましを受け続けこと，つまり，社会関係資本にフリー・ライドしてきた結果であるともいえる。今後の研究を通して，少しずつでも恩返しができればと思う。

　他方，そうした社会関係資本に支えられてきた研究人生の中には，多くのエピソード記憶が蓄積されている。修士課程に入って最初に行った学会で初めて参加したセッションが「社会関係資本」にまつわるセッションであった。学会後，指導教授である平野先生に，修士論文のテーマを「社会関係資本と投票参加にしたい」と伝えたところ，先生からは「我々と競争ですよ」とのお言葉をいただいた。果たして，本書がその競争に勝てたのかはわからない。もしかしたら，周回遅れで先頭集団を走っているだけかもしれない。その後，博士論文の計画を立てたのは「記憶のメカニズム」を扱った日本生理学会のサマースクールに参加した直後であった。平野先生との面談で，「博士論文のテーマを社会関係資本と記憶にしたい」と伝えたところ，先生を相当困惑させたと記憶している。

　その後，本書の元になる博士論文の骨組みを意識する中で，初めて政

治的エピソード記憶の学会報告を行ったのは日本選挙学会のポスターセッションであった。学会の報告自体，まだ経験が浅く緊張したが，そのポスターパネルの真裏がスキーマを扱ったポスターであったことは大変印象深いエピソード記憶となっている。

こうした研究にまつわるエピソード記憶は非常に良い思い出である。もちろん，研究で悩むことや辛いことも多くあったが，そうしたときにも多くの友人や仲間が支えてくれた。特に，毎週のように福井英次郎さんと交わした研究の話や般若湯は良い薬となった。やはり社会関係資本やエピソード記憶の蓄積の賜である。それらの蓄積がなければ，研究は進まず，本書は完成には至らなかったであろう。その意味では，今後の研究活動に際し，本書を手に取って下さった方々と新たな「社会関係資本」や「エピソード記憶」を作ることができたら，こんなに嬉しいことはない。

本書の分析では，JESⅡ・JESⅢデータを使用している。JESⅡデータは，平成5～9年度文部省科学研究費特別推進研究「投票行動の全国的・時系列的調査研究」に基づく「JESⅡ研究プロジェクト」（蒲島郁夫・綿貫譲治・三宅一郎・小林良彰・池田謙一）が行った研究成果である。また，JESⅢデータは，JESⅢプロジェクト研究：平成13－17年度文部科学省科学研究費特別推進研究「21世紀初頭の投票行動の全国的・時系列的調査研究」（池田謙一・小林良彰・平野浩）のデータを使用したものである。データは平野浩教授より提供を受けた。データの使用をお認め下さったことに感謝致します。

村松岐夫先生にも，心より感謝申し上げたい。村松先生には博士論文の執筆に際して多くのコメントや励ましをいただくとともに，本書出版のきっかけを作ってくださった。また，木鐸社の坂口節子さんには，出版のご相談を申し上げてから原稿の入稿まで大変お待たせしてしまったにもかかわらず，筆者を励まし続けてくださった。

最後に，大学院への進学，博士論文，そして本書の完成は家族の協力なくしては進まないものであった。家族に感謝の意を表すること，ま

た，博士論文，ひいては，本書の完成を見せることができなかった父そして祖父に本書を捧げることをお許しいただきたい。

〔付記〕 本書の出版にあたり，立教大学出版助成制度の助成を得た。

2017年　成人の日の自宅にて
岡田陽介

引用文献

Abramson, Paul R. 1983. *Political Attitudes in America*. San Francisco: WH Freeman.

相田真彦・池田謙一. 2005.「縦断的調査における非等確率抽出と欠測の問題」『選挙学会紀要』第5号, 5-21頁.

Albertson, Bethany and John Brehm. 2003. "Comments." *Political Psychology* 24(4): 765-768.

Allport, Gordon W. 1935. "Attitudes." In A *Handbook of Social Psychology*, ed. Carel Murchison. Worcester, Mass.: Clark University Press, 798-844.

Almond, Gabriel A. and Sidney Verba. 1963. *Civic Culture: Political Attitudes and Democracy in Five Nations*. Princeton: Princeton University Press (石川一雄・薄井秀二・中野実・岡沢憲芙・深谷満雄・木村修三・山崎隆志・神野勝弘・片岡寛光訳. 1974.『現代市民の政治文化 - 五ヵ国における政治的態度と民主主義』勁草書房).

荒井紀一郎. 2006.「参加経験とその評価にもとづく市民の政治参加メカニズム」『選挙学会紀要』第6号, 5-24頁.

荒木義修. 2003.「政治心理学の再生と再考」河田潤一・荒木義修編『ハンドブック政治心理学』北樹出版, 19-28頁.

浅野正彦. 1998.「国政選挙における地方政治家の選挙動員―『亥年現象』の謎」『選挙研究』第13号, 120-129頁.

Asch, Solomon Eliot. 1951. "Effects of Group Pressure upon the Modification and Distortion of Judgements." In *Groups, Leadership and Men*, ed. Harold Guetzkow. Pittsburgh: Carnegie Press, 177-190.

Atkinson, Richard C. and Richard M. Shiffrin. 1968. "Human Memory: A Proposed System and its Control Processes." In *The Psychology of Learning and Motivation: Advances in Research and Theory*. vol. 2, ed. Kenneth W. Spence and Janet Taylor Spence. New York: Academic Press, 89-195.

Axelrod, Robert. 1984. *The Evolution of Cooperation*. New York: Basic Books (松田裕之訳. 1998.『つきあい方の科学―バクテリアから国際関係まで』ミネルヴァ書房).

Balch, George I. 1974. "Multiple Indicators in Survey Research: The Concept Sense of Political Efficacy." *Political Methodology* 1: 1-43.

Baltagi, Badi H. 2001. *Econometric Analysis of Panel Data*. 2nd ed. Chichester: John Wiley & Sons.

Bar-Tal, Daniel. 2002. "The (Social) Psychological Legacy for Political Psychology." In *Political Psychology*, ed. Kristen Renwick Monroe. Mahwah, N.J.: Lawrence

Erlbaum Associates, 173-191.
Barber, Benjamin R. 2004. *Strong Democracy: Participatory Politics for a New Age*. Berkeley: University of California Press（竹井隆人訳．2009.『ストロング・デモクラシー――新時代のための参加政治』日本経済評論社）．
Baumgartner, Hans, Mita Sujan and James R. Bettman. 1992. "Autobiographical Memories, Affect and Consumer Information Processing," *Journal of Consumer Psychology*, 1: 53-82.
Bendor, Jonathan, Daniel Diermeier and Michael M. Ting. 2003. "A Behavioral Model of Turnout." *American Political Science Review* 97（2）: 261-280.
Berelson, Bernard R., Paul F. Lazarsfeld and William N. McPhee. 1954. *Voting: Study of Opinion Formation in a Presidential Campaign*. University of Chicago Press.
Blais, Andre. 2000. *To Vote or Not to Vote?: The Merits and Limits of Rational Choice Theory*. University of Pittsburgh Press.
Blais, Andre. 2007. "Turnout in Elections." In *The Oxford Handbook of Political Behavior*, ed. Russell J. Dalton and Hans-Dieter Klingemann. Oxford University Press, 621-635.
Bower, Gordon H. 1981. "Mood and Memory." *American Psychologist* 36（2）:129-148.
Bower, Gordon H. 1991. "Mood Congruity of Social Judgments." In *Emotion and Social Judgments*, ed. Joseph P. Forgas. New York: Pergamon Press, 31-53.
Brady, Henry E., Sidney Verba and Kay Lehman Schlozman. 1995. "Beyond SES: A Resource Model of Political Participation." *American Political Science Review* 89（2）: 271-294.
Braisby, Nick and Angus Gellatly. 2005. "Foundation of Cognitive Psychology." In *Cognitive Psychology*, ed. Nick Braisby and Angus Gellatly. Oxford University Press, 1-31.
Breusch, Trevor S. and Adrian R. Pagan. 1980. "The Lagrange Multiplier Test and Its Applications to Model Specification in Econometrics." *Review of Economic Studies* 47（1）: 239-253.
Burt, Ronald S. 2001. "Structural Holes versus Network Closure as Social Capital." In *Social Capital: Theory and Research*, ed. Nan Lin, Karen Cook and Ronald S. Burt. New York: Aldine De Gruyter, 31-56.
Cacioppo, John T. and Penny S. Visser, 2003. "Political Psychology and Social Neuroscience: Strange Bedfellows or Comrades in Arms?" *Political Psychology* 24（4）: 647-656.
Campbell, Angus, Philip E. Converse, Warren E. Miller and Donald E. Stokes. 1960. *The American Voter*. New York: John Wiley & Sons.

Campbell, Angus, Gerald Gurin and Warren E. Miller. 1954. *The Voter Decides*. Evanston: Row, Peterson and Company.

Chomsky, Noam. 1991. *Media Control: The Spectacular Achievements of Propaganda*. New York: Seven Stories Press（鈴木主税訳．2003．『メディア・コントロール― 正義なき民主主義と国際社会』集英社）.

Cialdini, Robert B. and Melanie R. Trost. 1998. "Social Influence: Social Norms, Conformity and Compliance." In *The Handbook of Social Psychology*. 4th ed., ed. Daniel T. Gilbert, Susan T. Fiske and Gardner Lindzey. New York: Oxford University Press, 151-192.

Cohen, Gillian. 1986. "Everyday Memory." In *Memory: A Cognitive Approach*, ed. Gillian Cohen, Michael W. Eysenck and Martin E. LeVoi. Philadelphia: Open University, 15-56（コーエン・G．1989．「日常記憶」長町三生監訳『記憶』海文堂，1-58頁）.

Cohen, Gillian. 1989. *Memory in the Real World*. Hillsdale: Lawrence Erlbaum Associates（川口潤監訳．1992．『日常記憶の心理学』サイエンス社）.

Coleman, James S. 1988. "Social Capital in the Creation of Human Capital." *American Journal of Sociology* 94, Supplement: S95-S120.

Coleman, James S. 1990. *Foundations of Social Theory*. Cambridge: Belknap Press.

Collins, Allan M. and Elizabeth F. Loftus. 1975. "A Spreading-Activation Theory of Semantic Processing." *Psychological Review* 82 (6): 407-428.

Collins, Allan M. and M. Ross Quillian. 1969. "Retrieval Time from Semantic Memory." *Journal of Verbal Learning and Verbal Behavior* 8: 240-247.

Conover, Pamela Johnston and Stanley Feldman. 1984. "How People Organize the Political World: A Schematic Model." *American Journal of Political Science* 28 (1): 95-126.

Corkin, Suzanne. 1984. "Lasting Consequences of Bilateral Medial Temporal Lobectomy: Clinical Course and Experimental Findings in H.M.." *Seminars in Neurology* 4 (2): 249-259.

Corkin, Suzanne, David G. Amaral, R. Gilberto Gonzalez, Keith A. Johnson and Bradley T. Hyman. 1997. "H. M.'s Medial Temporal Lobe Lesion: Findings from Magnetic Resonance Imaging." *Journal of Neuroscience* 17 (10): 3964-3979.

Cox, Gary W., Frances McCall Rosenbluth and Michael F. Thies. 1998. "Mobilization, Social Networks, and Turnout: Evidence from Japan." *World Politics* 50 (3): 447-474.

Dahl, Robert A. 1956. *A Preface to Democratic Theory*. Chicago: University of Chicago Press（内山秀夫訳．1970．『民主主義理論の基礎』未来社）.

Dahl, Robert A. 1961. *Who Governs?: Democracy and Power in an American City*.

New Haven: Yale University Press(河村望・高橋和宏監訳.1988.『統治するのはだれか―アメリカの一都市における民主主義と権力』行人社).

Dahl, Robert A. 1966. "Further Reflections on "The Elitist Theory of Democracy"." *American Political Science Review* 60(2): 296-305.

Dahl, Robert A. 1970. *After the Revolution?: Authority in a Good Society*. New Haven: Yale University Press.

Dahl, Robert A. 1991. *Modern Political Analysis*. 5th ed. Englewood Cliffs, N.J.: Prentice-Hall(高畠通敏訳.1999.『現代政治分析』岩波書店).

Dahl, Robert A. 1998. *On Democracy*. New Haven: Yale University Press(中村孝文訳.2001.『デモクラシーとは何か』岩波書店).

Dawson, Richard E., Kenneth Prewitt and Karen S. Dawson. 1977. *Political Socialization*. 2nd ed. Boston: Little Brown & Company(加藤秀治郎・中村昭雄・青木英実・永山博之訳.1989.『政治的社会化―市民形成と政治教育』芦書房).

Delli Carpini, Michael X. and Scott Keeter. 1996. *What Americans Know About Politics and Why It Matters*. New Haven: Yale University Press.

Deutsch, Morton and Harold B. Gerard. 1955. "A Study of Normative and Informational Social Influences upon Individual Judgment." *Journal of Abnormal and Social Psychology* 51(3): 629-636.

Downs, Anthony. 1957. *An Economic Theory of Democracy*. New York: Haper & Row(古田精司監訳.1980.『民主主義の経済理論』成文堂).

Duverger, Maurice. 1954. *Political Parties*. New York: Wiley(岡野加穂留訳.1970.『政党社会学』潮出版社).

Easton, David. 1953. *The political system*. New York: Knopf New York.

Easton, David. 1957. "An Approach to the Analysis of Political Systems." *World Politics* 9(3): 383-400.

フェルドマン・オフェル.1989.『人間心理と政治-政治心理学入門』早稲田大学出版部.

フェルドマン・オフェル.2006.『政治心理学』ミネルヴァ書房.

Feldman, Stanley. 1995. "Answering Survey Questions: The Measurement and Meaning of Public Opinion." In *Political Judgment: Structure and Process*, ed. Milton Lodge and Kathleen M. McGraw. Ann Arbor: University of Michigan Press, 249-270.

Finkel, Steven E. 1985. "Reciprocal Effects of Participation and Political Efficacy: A Panel Analysis." *American Journal of Political Science* 29(4): 891-913.

Finkel, Steven E. 1987. "The Effects of Participation on Political Efficacy and Political Support: Evidence from a West German Panel." *Journal of Politics* 49(2): 441-464.

Fiorina, Morris P. 1981. *Retrospective Voting in American National Elections*. New Haven: Yale University Press.

Fowler, James H. 2006. "Habitual Voting and Behavioral Turnout." *Journal of Politics* 68 (2): 335-344.

福元健太郎. 2002. 「参加」福田有広・谷口将紀編『デモクラシーの政治学』東京大学出版会, 234-250頁.

Fukuyama, Francis. 1995. *Trust: The Social Virtues and the Creation of Prosperity.* New York: Free Press（加藤寛訳. 1996. 『「信」無くば立たず』三笠書房).

Gardiner, John M. 1988. "Functional Aspects of Recollective Experience." *Memory & Cognition* 16 (4): 309-313.

Garrard, Peter and John R. Hodges. 1999. "Semantic Dementia: Implications for the Neural Basis of Language and Meaning." *Aphasiology* 13 (8): 609-623.

Gerber, Alan S., Donald P. Green and Christopher W. Larimer. 2008. "Social Pressure and Voter Turnout: Evidence from a Large-Scale Field Experiment." *American Political Science Review* 102 (1): 33-48.

Gerber, Alan S., Donald P. Green and Ron Shachar. 2003. "Voting May Be Habit-Forming: Evidence from a Randomized Field Experiment." *American Journal of Political Science* 47 (3): 540-550.

Graham, Kim S., Jon S. Simons, Katherine H. Pratt, Karalyn Patterson and John R. Hodges. 2000. "Insights from Semantic Dementia on the Relationship between Episodic and Semantic Memory." *Neuropsychologia* 38 (3): 313-324.

Granovetter, Mark S. 1973. "The Strength of Weak Ties." *American Journal of Sociology* 78 (6): 1360-1380.

Greene, William H. 2000. *Econometric Analysis.* 4th ed. Upper Saddle River, N.J.: Prentice Hall.

Green, Donald P. and Ron Shachar. 2000. "Habit-Formation and Political Behaviour: Evidence of Consuetude in Voter Turnout." *British Journal of Political Science* 30: 561-573.

Hall, S. Roland. [1924] 1985. *Retail Advertising and Selling,* New York: Garland Publishing.

Hamill, Ruth, Milton Lodge and Frederick Blake. 1985. "The Breadth, Depth, and Utility of Class, Partisan, and Ideological Schemata." *American Journal of Political Science* 29 (4): 850-870.

春野雅彦・田中沙織・川人光男. 2009. 「政治的, 経済的決定における報酬系の役割」『レヴァイアサン』第44号, 7-21頁.

長谷川寿一・長谷川眞理子. 2009. 「政治の進化生物学的基礎——進化政治学の可能性」『レヴァイアサン』第44号, 71-91頁.

Hastie, Reid and Nancy Pennington. 1989. "Notes on the Distinction between Memory-Based versus On-Line Judgments." In *On-Line Cognition in Person Perception,* ed.

John N. Bassili. Hillsdale, N.J.: Lawrence Erlbaum Associates, 1-17.

林直保子. 2004.「社会関係と信頼：安心は信頼を育むのか，それとも破壊するのか」『関西大学社会学部紀要』第35巻，第2号，1-17頁.

林直保子・与謝野有紀. 2005.「適応戦略としての信頼：高信頼者・低信頼者の社会的知性の対称性について」『実験社会心理学研究』44巻，1号，27-41頁.

Heberlein, Andrea S., Ralph Adolphs, James W. Pennebaker and Daniel Tranel. 2003. "Effects of Damage to Right-Hemisphere Brain Structures on Spontaneous Emotional and Social Judgments." *Political Psychology* 24 (4): 705-726.

井手弘子. 2012.『ニューロポリティクス―脳神経科学の方法を用いた政治行動研究』木鐸社.

樋口美雄・太田清・新保一成. 2006.『入門 パネルデータによる経済分析』日本評論社.

平野浩. 1997.「社会経済的要因から見た投票行動」白鳥令編『選挙と投票行動の理論』東海大学出版会, 81-108頁.

平野浩. 1999.「投票参加の社会心理―意思決定プロセスとコスト/ベネフィットのタイポロジー」『明治学院論叢・法学研究』第635号，第68号，309-336頁.

平野浩. 2001.「人はなぜ投票に行くのか―投票参加の社会心理」池田謙一編『政治行動の社会心理学―社会に参加する人間のこころと行動』北大路書房, 122-132頁.

平野浩. 2002.「社会関係資本と政治参加―団体・グループ加入の効果を中心に」『選挙研究』第17号, 19-30頁.

平野浩・亀ヶ谷雅彦. 1994.「スキーマによる政治的認知」栗田宣義編『政治心理学リニューアル』学文社, 155-174頁.

堀江湛. 1980.「政治心理学の性格と系譜」堀江湛・富田信男・上条末夫編『政治心理学』北樹出版, 2-12頁.

堀内勇作・今井耕介・谷口尚子. 2005.「政策情報と投票参加―フィールド実験によるアプローチ」『年報政治学 2005－Ⅰ』161-180頁.

Hsiao, Cheng. 2003. *Analysis of Panel Data*. 2nd ed. Cambridge University Press（国友直人訳. 2007.『ミクロ計量経済学の方法―パネル・データ分析』東洋経済新報社).

Huckfeldt, Robert and John Sprague. 1991. "Discussant Effects on Vote Choice: Intimacy, Structure, and Interdependence." *Journal of Politics* 53 (1): 122-158.

Huckfeldt, Robert and John Sprague. 1995. *Citizens, Politics and Social Communication: Information and Influence in an Election Campaign*. New York: Cambridge University Press.

Huddy, Leonie. 2002. "Crossing the Methodological and Disciplinary Divide: Political Stability, Political. Change and Research Method." In *Political Psychology*, ed. Kristen Renwick Monroe. Mahwah, N.J.: Lawrence Erlbaum Associates, 271-291.

Huntington, Samuel P. and Joan M. Nelson. 1976. *No Easy Choice: Political Participation in Developing Countries*. Cambridge: Harvard University Press.

飯田健．2009．「投票率の変化をもたらす要因—投票参加の時系列分析」『選挙研究』第25巻，第2号，107-118頁．

池田謙一．1991．「投票行動のスキーマ理論」『選挙研究』第6号，137-159頁．

池田謙一．1994．「政党スキーマと政権交代」『レヴァイアサン』第15号，73-103頁．

池田謙一．1997．『転変する政治のリアリティ—投票行動の認知社会心理学』木鐸社．

池田謙一．2002．「2000年衆議院選挙における社会関係資本とコミュニケーション」『選挙研究』第17号，5-18頁．

池田謙一．2007．『政治のリアリティと社会心理—平成小泉政治のダイナミクス』木鐸社．

池田謙一・小林良彰・平野浩．2003．『特別推進研究：21世紀初頭の投票行動の全国的・時系列的調査研究—2003年春統一地方選挙前の政治意識パネル調査コードブック』．<http://www-socpsy.l.u-tokyo.ac.jp/ikeda/JES3_2002.pdf>（2010/01/28 アクセス）

池田謙一・小林良彰・平野浩．2004．『特別推進研究：21世紀初頭の投票行動の全国的・時系列的調査研究—2003年衆議院選挙のパネル調査コードブック』．<http://www-socpsy.l.u-tokyo.ac.jp/ikeda/JES3_2003.pdf>（2010/01/28 アクセス）

池田謙一・小林良彰・平野浩．2005．『特別推進研究：21世紀初頭の投票行動の全国的・時系列的調査研究—2004年参議院選挙のパネル調査コードブック』．<http://www-socpsy.l.u-tokyo.ac.jp/ikeda/JES3_2004.pdf>（2010/01/28 アクセス）

池田謙一・小林良彰・平野浩．2006．『特別推進研究：21世紀初頭の投票行動の全国的・時系列的調査研究—2005年衆議院選挙のパネル調査コードブック』．<http://www-socpsy.l.u-tokyo.ac.jp/ikeda/JES3_2005.pdf>（2010/01/28 アクセス）

池田謙一・小林良彰・西澤由隆・平野浩．2002．『特別推進研究：21世紀初頭の投票行動の全国的・時系列的調査研究—2001年参議院選挙のパネル調査コードブック』．<http://www-socpsy.l.u-tokyo.ac.jp/ikeda/JES3_2001.pdf>（2010/01/28 アクセス）

池田謙一・村田光二．1991．『こころと社会—認知社会心理学への招待』東京

大学出版会.

池田謙一・西澤由隆. 1992.「政治的アクターとしての政党―八九年参議院選挙の分析を通じて」『レヴァイアサン』第10号, 62-81頁.

Ikeda, Ken'ichi and Sean E. Richey. 2005. "Japanese Network Capital: The Impact of Social Networks on Japanese Political Participation." *Political Behavior* 27 (3): 239-260.

今井亮佑. 2008a.「二次データにおける政治的知識の測定」『日本政治研究』第5巻, 第1・2号合併号, 149-167頁.

今井亮佑. 2008b.「政治的知識の構造」『早稲田政治経済学雑誌』第370号, 22-35頁.

今井亮佑. 2008c.「政治的知識と投票行動―『条件付け効果』の分析」『年報政治学2008―Ⅰ』283-305頁.

稲葉哲郎. 2005.「政治知識と投票参加」『日本社会心理学会第46回大会論文集』706-707頁.

稲増一憲・池田謙一. 2007.「政党スキーマ・小泉内閣スキーマから見る小泉政権」, 池田謙一『政治のリアリティと社会心理―平成小泉政治のダイナミックス』木鐸社, 69-105頁.

Inoguchi, Takashi. 2000. "Social Capital in Japan." *Japanese Journal of Political Science* 1 (1): 73-112.

石川真澄. 1984.『データ戦後政治史』岩波書店.

伊藤守・松井克浩・渡辺登・杉原名穂子. 2005.『デモクラシー・リフレクション―巻町住民投票の社会学』リベルタ出版.

石上泰州. 2005.「日本における地方選挙と有権者意識」小林良彰編『日本における有権者意識の動態』慶應義塾大学出版会, 209-228頁.

岩崎清子. 1992.「世論調査における誤答と回答メイクの影響」日本選挙学会編『棄権の実証的研究』選挙研究シリーズ, No.10, 59-63頁.

Judd, Charles M. and Jon A. Krosnick. 1989. "The Structural Bases of Consistency among Political Attitudes: Effects of Political Expertise and Attitude Importance." In *Attitude Structure and Function*, ed. Anthony R. Pratkanis, Steven J. Breckler and Anthony G. Greenwald. Hillsdale, N.J.: Lawrence Erlbaum Associates, 99-128.

蒲島郁夫. 1988.『政治参加』東京大学出版会.

蒲島郁夫. 1998.『政権交代と有権者の態度変容』木鐸社.

蒲島郁夫・井手弘子. 2007.「政治学とニューロ・サイエンス」『レヴァイアサン』第40号, 41-50頁.

蒲島郁夫・綿貫譲治・三宅一郎・小林良彰・池田謙一. 1998.『JESIIコードブック』木鐸社.

鹿毛利枝子. 2007.「市民社会の集団・組織分析」『レヴァイアサン』第40号,

130-138頁.

鹿毛利枝子. 2007. 「日本における団体参加の歴史的推移—第二次世界大戦のインパクト」『レヴァイアサン』第41号, 45-73頁.

Kahneman, Daniel, Paul Slovic and Amos Tversky.1982. *Judgment Under Uncertainty: Heuristics and Biases*. Cambridge University Press.

Kam, Cindy D. 2007. "When Duty Calls, Do Citizens Answer?" *Journal of Politics* 69 (1): 17-29.

亀ヶ谷雅彦. 1995. 「『政治心理学』誌にみる学際化の進展」『社会心理学研究』第10巻, 第2号, 134-146頁.

加藤淳子・井手弘子・神作憲司. 2009. 「ニューロポリティクスは政治的行動の理解に寄与するか—fMRI実験の方法の意味とニューロポリティクス実験のもたらす含意についての考察」『レヴァイアサン』第44号, 47-70頁.

川崎惠理子. 1985. 「記憶におけるスキーマ理論」小谷津孝明編『認知心理学講座 2 記憶と知識』東京大学出版会, 167-196頁.

Kelley, Stanley and Thad W. Mirer. 1974. "The Simple Act of Voting." *American Political Science Review* 68 (2): 572-591.

金兌希. 2014. 「日本における政治的有効性感覚指標の再検討—指標の妥当性と政治参加への影響力の観点から—」『法学政治学論究』第100号, 121-154頁.

Kinder, Donald R. 1998. "Opinion and Action in the Realm of Politics." In *The Handbook of Social Psychology*. 4th ed. ed. Daniel Gilbert, Susan Fiske and Gardner Lindzey. New York: Oxford University. Press, 778-867(加藤秀治郎・加藤祐子訳. 2004. 『世論の政治心理学—政治領域における意見と行動』世界思想社).

Kirchgässner, Gebhard and Jörg Schimmelpfennig. 1992. "Closeness Counts if It Matters for Electoral Victory: Some Empirical Results for the United Kingdom and the Federal Republic of Germany." *Public Choice* 73 (3): 283-299.

北村行伸. 2005. 『パネルデータ分析』岩波書店.

北村行伸. 2006. 「パネルデータの意義とその活用—なぜパネルデータが必要になったのか」『日本労働研究雑誌』第551号, 6-16頁.

北折充隆. 2000. 「社会規範とは何か—当為と所在に関するレビュー」『名古屋大学大学院教育発達科学研究科紀要 心理発達科学』第47巻, 155-165頁.

Knack, Stephen. 1992. "Civic Norms, Social Sanctions, and Voter Turnout." *Rationality and Society* 4 (2): 133-156.

Knack, Stephen and Martha E. Kropf. 1998. "For Shame! The Effect of Community Cooperative Context on the Probability of Voting." *Political Psychology* 19 (3): 585-599.

Knack, Steve. 1994. "Does Rain Help the Republicans? Theory and Evidence on

Turnout and the Vote." *Public Choice* 79 (1-2): 187-209.

小林良彰．1997．『日本人の投票行動と政治意識』木鐸社．

小林良彰．2008．『制度改革以降の日本型民主主義―選挙行動における連続と変化』木鐸社．

河野武司．1997．「投票参加の合理的選択理論におけるパラドックスについて」白鳥令編『選挙と投票行動の理論』東海大学出版会，129-146頁．

河野勝・西條辰義編．2007．『社会科学の実験アプローチ』勁草書房．

小関八重子．1999．「社会規範」中島義明・子安増生・繁桝算男・箱田裕司・安藤清志・坂野雄二・立花政夫編『心理学辞典』(CD-ROM版)有斐閣．

Krosnick, Jon A. 2002. "Is Political Psychology Sufficiently Psychological? Distinguishing Political Psychology from Psychological Political Science." In *Thinking about Political Psychology*, ed. James H. Kuklinski. Cambridge University Press, 187-216.

Krosnick, Jon A. and Kathleen M. McGraw, 2002. "Psychological Political Science versus Political Psychology True to Its Name: A Plea for Balance." In *Political Psychology*, ed. Kristen Renwick Monroe. Mahwah, N.J.: Lawrence Erlbaum Associates, 79-94.

Kuklinski, James H., Robert C. Luskin and John Bolland. 1991. "Where is the Schema? Going Beyond the "S" Word in Political Psychology." *American Political Science Review* 85 (4): 1341-1356.

栗田宣義．1994．「政治心理学の研究領域」栗田宣義編『政治心理学リニューアル』学文社，1-13頁．

La Due Lake, Ronald and Robert Huckfeldt. 1998. "Social Capital, Social Networks, and Political Participation." *Political Psychology* 19 (3): 567-584.

Lancaster, Tony. 2000. "The Incidental Parameter Problem since 1948." *Journal of Econometrics* 95 (2): 391-413.

Lave, Jean and Etienne Wenger. 1991. *Situated Learning: Legitimate Peripheral Participation* (*Learning in Doing : Social, Cognitive and Computational Perspectives*). Cambridge University Press (佐伯胖訳．1993．『状況に埋め込まれた学習―正統的周辺参加』産業図書)．

Lavine, Howard. 2002. "On-Line versus Memory-Based Process Models of Political Evaluation." In *Political Psychology*, ed. Kristen Renwick Monroe. Mahwah, N.J.: Lawrence Erlbaum Associates, 225-247.

Lazarsfeld, Paul F., Bernard Berelson and Hazel Gaudet. 1944. *The People's Choice: How the Voter Makes Up His Mind in a Presidential Campaign*. New York: Duell, Sloan and Pearce (有吉広介監訳．1987．『ピープルズ・チョイス―アメリカ人と大統領選挙』芦書房)．

Lieberman, Matthew D. 2003. "Reflective and Reflexive Judgment Processes: A Social Cognitive Neuroscience Approach." In *Social Judgments: Implicit and Explicit Process-*

es, ed. Joseph P. Forgas, Kipling D. Williams and William Von Hippel. Cambridge University Press, 44-67.

Lieberman, Matthew D. 2009. "What Zombies Can't Do: A Social Cognitive Neuroscience Approach to the Irreducibility of Reflective Consciousness." In *In Two Minds: Dual Processes and Beyond*, ed. Jonathan Evans and Keith Frankish. Oxford University Press, 219-316.

Lieberman, Matthew D., Ruth Gaunt, Daniel T. Gilbert and Yaacov Trope. 2002. "Reflection and Reflexion: A Social Cognitive Neuroscience Approach to Attributional Inference." *Advances in Experimental Social Psychology* 34: 199-249.

Lieberman, Matthew D., Darren Schreiber and Kevin N. Ochsner. 2003. "Is Political Cognition Like Riding a Bicycle? How Cognitive Neuroscience Can Inform Research on Political Thinking." *Political Psychology* 24（4）: 681-704.

Lin, Nan. 2001. *Social Capital: A Theory of Social Structure and Action*. New York: Cambridge University Press（筒井淳也・石田光規・桜井政成・三輪哲・土岐智賀子訳．2008.『ソーシャル・キャピタル．―社会構造と行為の理論』ミネルヴァ書房）．

Linton, Marigold. 1982. "Transformation of Memory Life in Everyday Life." In *Memory Observed: Remembering in Natural Contexts*, ed. Ulric Neisser and Ira E. Hyman, San Francisco: W H Freeman, 77-81（リントン・M． 1988.「日常生活における記憶の変形」富田達彦訳『観察された記憶―自然文脈での想起(上)』誠信書房, 94-111頁）．

Lodge, Milton. 1995. "Toward a Procedural Model of Candidate Evaluation." In *Political Judgment: Structure and Process*, ed. Milton Lodge and Kathleen M. McGraw. Ann Arbor: University of Michigan Press, 111-139.

Lodge, Milton and Ruth Hamill. 1986. "A Partisan Schema for Political Information Processing." *American Political Science Review* 80（2）: 505-520.

Lodge, Milton, Kathleen M. McGraw, Pamela Johnston Conover, Stanley Feldman and Arthur H. Miller. 1991. "Where is the Schema? Critiques." *American Political Science Review* 85（4）: 1357-1380.

Lodge, Milton, Kathleen M. McGraw and Patrick Stroh. 1989. "An Impression-Driven Model of Candidate Evaluation." *American Political Science Review* 83（2）: 399-419.

Lodge, Milton, Marco R. Steenbergen and Shawn Brau. 1995. "The Responsive Voter: Campaign Information and the Dynamics of Candidate Evaluation." *American Political Science Review* 89（2）: 309-326.

Lodge, Milton and Patrick Stroh. 1993. "Inside the Mental Voting Booth: An. Impression-Driven Process Model of Candidate Evaluation." In *Explorations in Political Psy-*

chology, ed. Shanto Iyengar and William J. McGuire. Durham: Duke University Press, 225-263.

Lodge, Milton and Charles S. Taber. 2000. "Three Steps toward a Theory of Motivated Political Reasoning." In *Elements of Reason: Cognition, Choice, and the Bounds of Rationality*, ed. Arthur Lupia, Mathew D. McCubbins and Samuel L. Popkin. Cambridge University Press, 183-213.

Lodge, Milton and Charles S. Taber. 2005. "The Automaticity of Affect for Political Leaders, Groups, and Issues: An Experimental Test of the Hot Cognition Hypothesis." *Political Psychology* 26 (3): 455-482.

Macpherson, Crawford B. 1977. *Life and Times of Liberal Democracy*. New York: Oxford University Press（田口富久治訳．1978.『自由民主主義は生き残れるか』岩波書店）．

前田幸男．2003.「投票行動の理論と日本政治研究―社会的影響仮説を素材に」『社會科學研究』第54巻，第2号，3-25頁．

Marcus, George E. 2002. "Political Psychology: A Personal View." In *Political Psychology*, ed. Kristen Renwick Monroe. Mahwah, N.J.: Lawrence Erlbaum Associates, 95-106.

Matos, João Amaro and Pedro P. Barros. 2004. "Social Norms and the Paradox of Elections' Turnout." *Public Choice* 121 (1): 239-255.

松田なつ．2009.「ジェンダーと投票行動」山田真裕・飯田健編『投票行動研究のフロンティア』おうふう，39-54頁．

McGraw, Kathleen M. 2000. "Contributions of the Cognitive Approach to Political Psychology." *Political Psychology* 21 (4): 805-832.

McGraw, Kathleen M., Milton Lodge, and Patrick Stroh. 1990. "On-Line Processing in Candidate Evaluation: The Effects of Issue Order, Issue Importance, and Sophistication." *Political Behavior* 12 (1): 41-58.

McGuire, William J. 1993. "The Poly-Psy Relationship: Three Phases of a Long Affair." In *Explorations in Political Psychology*, ed. Shanto Iyengar and William J. McGuire. Durham: Duke University Press, 9-35.

御堂岡潔．2000.「メディア内容の解読と投票意図」飽戸弘編『ソーシャル・ネットワークと投票行動』木鐸社，101-117頁．

三船毅．2005.「投票参加の低下―90年代における衆議院選挙投票率低下の分析」『年報政治学 2005－Ⅰ』135-160頁．

三船毅．2007.「投票参加理論におけるコスト―ダウンズモデルにおける投票コストと組織・動員」『選挙学会紀要』第9号，103-138頁．

三船毅．2008.『現代日本における政治参加意識の構造と変動』慶應義塾大学出版会．

Miller, George A. 1956. "The Magical Number Seven, Plus or Minus Two: Some Limits on our Capacity for Processing Information." *Psychological Review* 63 (2): 81-97.

Miller, Arthur H., Martin P. Wattenberg and Oksana Malanchuk. 1986. "Schematic Assessments of Presidential Candidates." *American Political Science Review* 80 (2): 521-540.

Milner, Brenda, Suzanne Corkin and Hans Lucas Teuber. 1968. "Further Analysis of the Hippocampal Amnesic Syndrome: 14-Year Follow-Up Study of H. M.." *Neuropsychologia* 6 (3): 215-234.

三宅一郎. 1989. 『投票行動』東京大学出版会.

三宅一郎. 1990. 『政治参加と投票行動―大都市住民の政治生活』ミネルヴァ書房.

三宅一郎・木下富雄・間場寿一. 1967. 『異なるレベルの選挙における投票行動の研究』創文社.

三宅一郎・西澤由隆. 1997. 「日本の投票参加モデル」三宅一郎・譲治綿貫『環境変動と態度変容』木鐸社, 183-219頁.

宮野勝. 1986. 「誤答効果と非回答バイアス:投票率を例として」『理論と方法』第1巻, 第1号, 101-114頁.

宮田加久子. 2005a. 『インターネットの社会心理学―社会関係資本の視点から見たインターネットの機能―』風間書房.

宮田加久子. 2005b. 『きずなをつなぐメディア―ネット時代の社会関係資本』NTT出版.

森敏昭. 1985. 「記憶のモデル論」小谷津孝明編『認知心理学講座2 記憶と知識』東京大学出版会, 35-58頁.

森敏昭. 1995a. 「記憶のしくみ」森敏昭・井上毅・松井孝雄『グラフィック認知心理学』サイエンス社, 13-34頁.

森敏昭. 1995b. 「記憶のしくみ」高野陽太郎編『認知心理学2 記憶』東京大学出版会, 9-26頁.

森川友義・遠藤晶久. 2005. 「有権者の政治知識に関する実証分析―その分布と形成に関する一考察」『選挙学会紀要』第5号, 61-77頁.

Morris, James P., Nancy K. Squires, Charles S. Taber and Milton Lodge. 2003. "Activation of Political Attitudes: A Psychophysiological Examination of the Hot Cognition Hypothesis." *Political Psychology* 24, (4): 727-745.

内閣府経済社会総合研究所編. 2005. 『コミュニティ機能再生とソーシャル・キャピタルに関する研究調査報告書』. <http://www.esri.go.jp/jp/archive/hou/hou020/hou015.html> (2010/01/28 アクセス)

内閣府国民生活局編. 2003. 『平成14年度内閣府委託調査ソーシャル・

キャピタル：豊かな人間関係と市民活動の好循環を求めて』国立印刷局．<http://www.npo-homepage.go.jp/data/report9_1.html>（2010/01/28 アクセス）

中村悦大．2006．「多変量長期記憶モデルを用いた政党支持と内閣支持の関係性の分析」『選挙学会紀要』第6号，107-126頁．

中根千枝．1967．『タテ社会の人間関係―単一社会の理論』講談社現代新書．

中條美和．2003．「国政選挙と地方選挙における投票参加の違い―教育程度と選挙関心、投票義務感の関係」『國家學會雑誌』第116巻，第9・10号，967-1012頁．

Nelson, Katherine. 1978. "How Children Represent Knowledge of Their World In and Out of Language: A Preliminary Report." In *Children's Thinking - What Develops?* ed. Robert S. Siegler. New York: John Wiley & Sons, 255-273.

Niemi, Richard G. 1976. "Costs of Voting and Nonvoting." *Public Choice* 27（1）: 115-119.

西澤由隆．1991．「地方選挙における投票率―合理的有権者の投票行動」『都市問題』第82巻，第10号，27-44頁．

西澤由隆．2004．「政治参加の二重構造と「関わりたくない」意識：Who said I wanted to participate?」『同志社法学』第296号，1-29頁．

野村亜希子．2008．「日常生活を通じて得られる情報が政治的意思決定に与える影響―JGSS-2001データの分析から」大阪商業大学比較地域研究所・東京大学社会科学研究所編『研究論文集[7] JGSSで見た日本人の意識と行動』大阪商業大学比較地域研究所，251-258頁．

太田信夫．1988．『エピソード記憶論』誠信書房．

太田信夫．1995．「潜在記憶」高野陽太郎編『認知心理学 2 記憶』東京大学出版会，209-224頁．

岡田陽介．2003．「投票参加の要因としての社会関係資本」『学習院大学大学院政治学研究科政治学論集』第16号，1-69頁．

岡田陽介．2006．「有権者の記憶と投票行動―投票参加経験の記憶が後の投票行動に与える影響」2006年度日本選挙学会報告論文．

岡田陽介．2007a．「投票参加と社会関係資本―日本における社会関係資本の二面性」『日本政治研究』第4巻，第1号，91-116頁．

岡田陽介．2007b．「投票参加と義務感―有権者の持つ投票義務感の多面性」2007年度日本選挙学会報告論文．

岡田陽介．2007c．「投票参加想起が後の投票参加に与える影響―習慣的投票者と習慣的非投票者」2007年度日本政治学会報告論文．

岡田陽介．2008．「投票参加経験の記憶が後の投票行動に与える影響」『学習院大学大学院政治学研究科政治学論集』第21号，1-23頁．

岡田陽介．2009．「投票義務感を形成する投票参加経験とその記憶」2009年

度日本政治学会報告論文.

大嶽秀夫. 2006.『小泉純一郎 ポピュリズムの研究―その戦略と手法』東洋経済新報社.

Pateman, Carole. 1970. *Participation And Democratic Theory*. Cambridge University Press(寄本勝美訳. 1977.「参加と民主主義論」早稲田大学出版部).

Pekkanen, Robert. 2003. "Molding Japanese Civil Society: State-Structured Incentives and the Patterning of Civil Society." In *The State of Civil Society in Japan*, ed. Frank J. Schwartz. New York: Cambridge University Press, 116-134.

Pekkanen, Robert. 2006. *Japan's Dual Civil Society: Members Without Advocates*. Stanford, CA: Stanford University Press(佐々田博教訳. 2008.『日本における市民社会の二重構造―政策提言なきメンバー達』木鐸社).

Phelps, Elizabeth A. and Laura A. Thomas. 2003. "Race, Behavior, and the Brain: The Role of Neuroimaging in Understanding Complex Social Behaviors." *Political Psychology* 24 (4): 747-758.

Plutzer, Eric. 2002. "Becoming a Habitual Voter: Inertia, Resources, and Growth in Young Adulthood." *American Political Science Review* 96 (1): 41-56.

Popkin, Samuel L. 1991. *The Reasoning Voter: Communication and Persuasion in Presidential Campaigns*. Chicago: University of Chicago Press.

Posner, Eric A. 2000. *Law and Social Norms*. Cambridge, MA: Harvard University Press(太田勝造監訳. 2002.『法と社会規範―制度と文化の経済分析』木鐸社).

Putnam, Robert D. 1993. *Making Democracy Work: Civic Traditions in Modern Italy*. Princeton: Princeton University Press(河田潤一訳. 2001.『哲学する民主主義―伝統と改革の市民的構造』NTT出版).

Putnam, Robert D. 2000. *Bowling Alone: The Collapse and Revival of American Community*. New York: Simon & Schuster(柴内康文訳. 2006.『孤独なボウリング―米国コミュニティの崩壊と再生』柏書房).

Raichle, Marcus E. 2003. "Social Neuroscience: A Role for Brain Imaging." *Political Psychology* 24 (4): 759-764.

Rajaram, Suparana. 1993. "Remembering and Knowing: Two Means of Access to the Personal Past." *Memory & Cognition* 21 (1): 89-102.

Richardson, Bradley M. 1986. "Japan's Habitual Voters: Partisanship on the Emotional Periphery." *Comparative Political Studies* 19 (3): 356-384.

Riker, William H. and Peter C. Ordeshook. 1968. "A Theory of the Calculus of Voting." *American Political Science Review* 62 (1): 25-42.

Robinson, William S. 1950. "Ecological Correlations and the Behavior of Individuals." *American Sociological Review* 15 (3): 351-357.

Rosenstone, Steven J. and John Mark Hansen. 1993. *Mobilization, Participation, and Democracy in America*. New York: Macmillan.

境家史郎. 2005a.「政治的情報と有権者の選挙行動―日本におけるキャンペーンの効果」『日本政治研究』第2巻, 第1号, 74-110頁.

境家史郎. 2005b.「現代日本の選挙過程における情報フロー構造」『レヴァイアサン』第36号, 146-179頁.

坂本治也. 2005a.「政治・行政とソーシャル・キャピタルの計量分析―投票参加, ソーシャル・キャピタル, そしてシビック・パワーへ」山内直人・伊吹英子編『日本のソーシャル・キャピタル』大阪大学大学院国際公共政策研究科NPO研究情報センター, 57-65頁.

坂本治也. 2005b.「地方政府を機能させるもの?―ソーシャル・キャピタルからシビック・パワーへ」『公共政策研究』第5号, 141-153頁.

佐藤嘉倫. 1998.『意図的社会変動の理論―合理的選択理論による分析』東京大学出版会.

佐藤嘉倫. 2005.「市場における信頼関係とコミットメント関係」佐藤嘉倫・平松闊編『ネットワーク・ダイナミクス―社会ネットワークと合理的選択』勁草書房, 53-69頁.

サトウタツヤ・高砂美樹. 2003.『流れを読む心理学史―世界と日本の心理学』有斐閣.

Schacter, Daniel L. 1987. "Implicit Memory: History and Current Status." *Journal of Experimental Psychology: Learning, Memory, and Cognition* 13 (3): 501-518.

Schacter, Daniel L. and Endel Tulving. 1994. "What are the Memory Systems of 1994?" In *Memory Systems 1994*, ed. Daniel L. Schacter & Endel Tulving. Cambridge, Mass.: MIT Press, 1-38.

Schank, Roger C. 1982. *Dynamic Memory: A Theory of Reminding and Learning in Computers and People*. New York: Cambridge University Press.

Schreiber, Darren and Marco Iacoboni. 2004. "Evaluating Political Questions: Evidence from Functional Brain Imaging." Paper presented at the 2004 Political Methodology meeting, Stanford University, CA. <http://www.wcfia.harvard.edu/sites/default/files/Schreiber2004.pdf> (January 28, 2010)

Schumpeter, Joseph A. 1942. *Capitalism, Socialism, and Democracy*. New York: Harper and Brothers (中山伊知郎・東畑精一訳. 1995.『資本主義・社会主義・民主主義』東洋経済新報社).

Schwartz, Thomas. 1987. "Your Vote Counts on Account of the Way It Is Counted: An Institutional Solution to the Paradox of Not Voting." *Public Choice* 54 (2): 101-121.

Scoville, William Beecher and Brenda Milner. 1957. "Loss of Recent Memory after

Bilateral Hippocampal Lesions." *Journal of Neurology, Neurosurgery and Psychiatry* 20 (11): 11-21.
Sears, David O. and Jonathan L. Freedman. 1967. "Selective Exposure to Information: A Critical Review." *Public Opinion Quarterly* 31 (2): 194-213.
Sears, David O., Leonie Huddy and Robert Jervis. 2003. "The Psychologies Underlying Political. Psychology." In *Oxford Handbook of Political Psychology*, ed. David O. Sears, Leonie Huddy and Robert Jervis. New York: Oxford University Press, 3-16.
品田裕．1992．「候補者の当選(落選)予想と棄権」日本選挙学会編『棄権の実証的研究』選挙研究シリーズ，No.10，北樹出版，50-58頁．
Skocpol, Theda. 2003. *Diminished Democracy: From Membership to Management in American Civic Life*. Norman, OK: University of Oklahoma Press（河田潤一訳．2007．『失われた民主主義―メンバーシップからマネージメントへ』慶應義塾大学出版会）．
総務省自治行政局選挙部．2005．「平成17年9月11日執行　衆議院議員総選挙・最高裁判所裁判官国民審査結果調」．<http://www.soumu.go.jp/senkyo/senkyo_s/data/shugiin44/pdf/h17sousenkyo_050911_all.pdf>（2010/01/28 アクセス）
総務省自治行政局選挙部．2007．「平成19年7月29日執行　第21回参議院議員通常選挙結果調」．<http://www.soumu.go.jp/senkyo/senkyo_s/data/sangiin21/pdf/sangiin21_all.pdf>（2010/01/28 アクセス）
総務省自治行政局選挙部．2009．「平成21年8月30日執行　衆議院議員総選挙・最高裁判所裁判官国民審査結果調」．<http://www.soumu.go.jp/main_content/000037468.pdf>（2010/01/28 アクセス）
総務省自治行政局選挙部．2011．「平成22年7月11日執行　第22回参議院議員通常選挙結果調」．< http://www.e-stat.go.jp/SG1/estat/GL08020103.do?_pdfDownload_&fileId=000005201548&releaseCount=3>（2015/08/06 アクセス）
総務省自治行政局選挙部．2013．「平成24年12月16日執行　衆議院議員総選挙・最高裁判所裁判官国民審査結果調」．< http://www.soumu.go.jp/main_content/000194205.pdf>（2015/08/06 アクセス）
総務省自治行政局選挙部．2014．「平成25年7月21日執行　第23回参議院議員通常選挙結果調」．< http://www.e-stat.go.jp/SG1/estat/GL08020103.do?_pdfDownload_&fileId=000007381216&releaseCount=2>（2015/08/06 アクセス）
総務省自治行政局選挙部．2014．「平成26年12月14日執行　衆議院議員総選挙・最高裁判所裁判官国民審査結果調」．< http://www.soumu.go.jp/main_content/000328960.pdf>（2015/08/06 アクセス）

総務省統計局. 2008.「公務員・選挙 衆議院議員総選挙の定数, 立候補者数, 選挙当日有権者数, 投票者数及び投票率(明治２３年－平成５年)」『日本の長期統計系列』第27章. <http://www.stat.go.jp/data/chouki/zuhyou/27-10-a.xls>（2010/01/28 アクセス）

総務省統計局. 2008.「公務員・選挙 衆議院議員総選挙の定数, 立候補者数, 選挙当日有権者数, 投票者数及び投票率(平成８年－15年)」『日本の長期統計系列』第27章. <http://www.stat.go.jp/data/chouki/zuhyou/27-10-b.xls>（2010/01/28 アクセス）

総務省統計局. 2008.「公務員・選挙 参議院議員通常選挙の定数, 立候補者数, 選挙当日有権者数, 投票者数及び投票率(昭和２２年－平成16年)」『日本の長期統計系列』第27章. <http://www.stat.go.jp/data/chouki/zuhyou/27-14.xls>（2010/01/28 アクセス）

菅原琢. 2015.「政治を変える好機となる18歳選挙権」『都市問題』第106巻, 第9号, 4-10頁.

Squire, Larry R. 1987. *Memory and Brain*. New York: Oxford University Press（河内十郎訳. 1989.『記憶と脳―心理学と神経科学の統合』医学書院）.

Stolle, Dietlind. 2001. "Getting to Trust: An Analysis of the Importance of Institutions, Families, Personal Experiences and Group Membership." In *Social Capital and Participation in Everyday Life*, ed. Paul Dekker and Eric M. Uslaner. London: Routledge, 118-133.

Sujan, Mita, James R. Bettman and Hans Baumgartner. 1993. "Influencing Consumer Judgements Using Autobiographical Memories: A Self –Referencing Perspective," *Journal of Marketing Research*, 30（4）: 422-36.

Taber, Charles S. 2003. "Information Processing and Public Opinion." In *Oxford Handboook of Political Psychology*, ed. David O. Sears, Leonie Huddy and Robert Jervis. New York: Oxford University Press, 433-476.

高田洋. 2008.「現代日本における投票態度の規定因―TobitモデルのHeckman推定法による分析」『理論と方法』第23巻, 第1号, 19-37頁.

高野陽太郎. 2006.「認知心理学とは何か？」高野陽太郎・波多野誼余夫編『認知心理学概論』放送大学教育振興会, 11-19頁.

田中善一郎. 1980.「雨の選挙学（その１）―第三十五回衆議院議員総選挙の分析」『通産ジャーナル』第13巻, 第7号, 50-58頁.

谷口将紀. 2004.『現代日本の選挙政治―選挙制度改革を検証する』東京大学出版会.

Taylor, Shelly E. 1981. "The Interface of Cognitive and Social Psychology." In *Cognition, Social Behavior, and the Environment*, ed. John H. Harvey. Hillsdale, N.J.: Lawrence Erlbaum Associates, 189-211.

Tingley, Dustin. 2006. "Neurological Imaging as Evidence in Political Science: A Review, Critique, and Guiding Assessment." *Social Science Information* 45 (1): 5-33.

辻中豊・ロバート・ペッカネン・山本英弘.　2009.『現代日本の自治会・町内会―第1回全国調査にみる自治力・ネットワーク・ガバナンス』木鐸社.

筒井淳也・平井裕久・秋吉美都・水落正明・坂本和靖・福田亘孝.　2007.『Stataで計量経済学入門』ミネルヴァ書房.

Tulving, Endel. 1972. "Episodic and Semantic Memory." In *Organization of Memory*, ed. Endel Tulving and Wayne Donaldson. New York: Academic Press, 381-403.

Tulving, Endel. 1983. *Elements of Episodic Memory*. New York: Oxford University Press（太田信夫訳.　1985.『タルヴィングの記憶理論―エピソード記憶の要素』教育出版）.

Tulving, Endel. 2002. "Episodic Memory: From Mind to Brain." *Annual Review of Psychology* 53: 1-25.

Tulving, Endel, C.A.Gordon Hayman and Carol A. Macdonald. 1991. "Long-Lasting Perceptual Priming and Semantic Learning in Amnesia: A Case Experiment." *Journal of Experimental Psychology: Learning, Memory, and Cognition* 17 (4): 595-617.

Tversky, Amos and Daniel Kahneman. 1974. "Judgment under Uncertainty: Heuristics and Biases." *Science* 185 (4157): 1124-1131.

Uhlaner, Carole Jean. 1986. "Political Participation, Rational Actors, and Rationality: A New Approach." *Political Psychology* 7 (3): 551-573.

Uhlaner, Carole Jean. 1989a. ""Relational Goods" and Participation: Incorporating Sociability into a Theory of Rational Action." *Public Choice* 62 (3): 253-285.

Uhlaner, Carole Jean. 1989b. "Rational Turnout: The Neglected Role of Groups." *American Journal of Political Science* 33 (2): 390-422.

Uhlaner, Carole Jean. 1993. "What the Downsian Voter Weighs: A Reassessment of the Costs and Benefits of Action." In *Information, Participation, and Choice: An Economic Theory of Democracy in Perspective*, ed. Bernard Grofman. Ann Arbor: University of Michigan Press, 67-79.

Uslaner, Eric M. 2003. "Trust in the Knowledge Society" Prepared for the Conference on Social Capital, Cabinet of the Government of Japan, March 24-25, Tokyo, Japan（西出優子訳.　2004.「知識社会における信頼」宮川公男・大森隆(編)『ソーシャル・キャピタル―現代経済社会のガバナンスの基礎』東洋経済新報社，第4章，123-154頁）.

Verba, Sidney and Norman H. Nie. 1972. *Participation in America: Political Democracy and Social Equality*. New York: Harper and Row.

Verba, Sidney, Norman H. Nie and Kim Jae-On. 1978. *Participation and Political*

Equality: A Seven-Nation Comparison. New York: Cambridge University Press（三宅一郎・蒲島郁夫・小田健訳．1981.『政治参加と平等―比較政治学的分析』東京大学出版会）．
Verba, Sidney, Kay Lehman Schlozman and Henry E. Brady. 1995. *Voice and Equality: Civic Voluntarism in American Politics*. Cambridge, Mass.: Harvard University Press.
Walker, Jack L. 1966. "A Critique of the Elitist Theory of Democracy." *American Political Science Review* 60 (2): 285-295.
綿貫譲治．1976.『日本政治の分析視角』中央公論新社．
綿貫譲治．1986.「選挙動員と候補者要因」譲治綿貫・三宅一郎・猪口孝・蒲島郁夫『日本人の選挙行動』東京大学出版会，137-164頁．
Watson, John B. 1913. "Psychology as the Behaviourist Views It." *Psychological Review* 20 (2): 158-177. Classics in the History of Psychology < http://psychclassics.yorku.ca/Watson/views.htm>（January 28, 2010）.
Westen, Drew. 2007. *Political Brain: The Role of Emotion in Deciding the Fate of the Nation*. New York: Public Affairs.
Winkielman, Piotr and Kent Berridge. 2003. "Irrational Wanting and Subrational Liking: How Rudimentary Motivational and Affective Processes Shape Preferences and Choices." *Political Psychology* 24 (4): 657-680.
山田真裕．1992.「投票率の要因分析―1979-86年総選挙」『選挙研究』第7号，100-116頁．
山田真裕．2002.「2000年総選挙における棄権と政治不信」『選挙研究』第17号，45-57頁．
山田真裕．2004.「投票外参加の論理―資源，指向，動員，党派性，参加経験」『選挙研究』第19号，85-99頁．
山岸俊男．1998.『信頼の構造―こころと社会の進化ゲーム』東京大学出版会．
山岸俊男．1999.『安心社会から信頼社会へ―日本型システムの行方』中央公論新社．
Yamagishi, Toshio. 2003. "Trust and Social Intelligence in Japan." In *The State of Civil Society in Japan*, ed. Frank J. Schwartz and Susan J. Pharr. New York: Cambridge University Press, 281-297.
山岸俊男．2009.「集団内協力と集団間攻撃―最小条件集団実験の意味するもの」『レヴァイアサン』第44号，22-46頁．
山川雄巳．1986.『政治学概論』有斐閣．
山本耕資．2006.「投票政党選択と投票-棄権選択を説明する―計量と数理の接点」『レヴァイアサン』第39号，170-206頁．
安野智子・池田謙一．2002.「JGSS-2000にみる有権者の政治意識」大阪商業大学比較地域研究所・東京大学社会科学研究所編『日本版General Social

Surveys研究論文集JGSSでみた日本人の意識と行動』東京大学社会科学研究所資料, 第20集, 81-105頁.

与謝野有紀・林直保子. 2005.「不確実性、機会は信頼を育むか?:信頼生成条件のプール代数分析」『関西大学社会学部紀要』第36巻, 第1号, 53-73頁.

Zaller, John R. 1992. *The Nature and Origins of Mass Opinion*. New York: Cambridge University Press.

Zaller, John and Stanley Feldman. 1992. "A Simple Theory of the Survey Response: Answering Questions versus Revealing Preferences." *American Journal of Political Science* 36 (3): 579-616.

参考文献

飽戸弘編．1994．『政治行動の社会心理学』福村出版．
Aldrich, John H. 1993. "Rational Choice and Turnout." *American Journal of Political Science* 37 (1): 246-278.
甘利俊一・外山敬介編．2000．『脳科学大事典』朝倉書店．
安西祐一郎・大津由紀雄・溝口文雄・石崎俊・波多野誼余夫．1992．『認知科学ハンドブック』共立出版．
Axelrod, Robert and William D. Hamilton. 1981. "The Evolution of Cooperation." *Science* 211 (4489): 1390-1396.
Baddeley, Alan, Martin Conway and John Aggleton, eds. 2002. *Episodic Memory: New Directions in Research*. Oxford: Oxford University Press.
Baron, Stephen, John Field and Tom Schuller, eds. 2000. *Social Capital: Critical Perspectives*. New York: Oxford University Press.
Bower, Gordon H. and Joseph P. Forgas. 2001. "Mood and Social Memory." In *Handbook of Affect and Social Cognition*, ed. Joseph P. Forgas. Mahwah, N.J.: Lawrence Erlbaum Associates, 95-120.
Braisby, Nick and Angus Gellatly, eds. 2005. *Cognitive Psychology*. Oxford University Press.
Burt, Ronald S. 2000. "The Network Structure of Social Capital." In *Research in Organizational Behavior*. Vol. 22, ed. Barry M. Staw and Robert I. Sutton. Greenwich, CT: JAI Press.
Cappella, Joseph N. and Kathleen Hall Jamieson. 1997. *Spiral of Cynicism: The Press and the Public Good*. Oxford University Press（平林紀子・山田一成監訳．2005．『政治報道とシニシズム―戦略型フレーミングの影響過程』ミネルヴァ書房）．
Delli Carpini, Michael X. and Scott Keeter. 1993. "Measuring Political Knowledge: Putting First Things First." *American Journal of Political Science* 37 (4): 1179-1206.
Edwards, Bob, Michael W. Foley and Mario Diani, eds. 2001. *Beyond Tocqueville: Civil Society and the Social Capital Debate in Comparative Perspective*. Hanover, NH: Tufts University.
福元健太郎．2007．「補論　生存分析入門」『立法の制度と過程』木鐸社，第2章，139-161頁．
Gomez, Brad T., Thomas G. Hansford and George A. Krause. 2007. "The Republicans Should Pray for Rain: Weather, Turnout, and Voting in U.S. Presidential Elections." *Journal of Politics* 69 (3): 649-663.

Greene, William H. 2003. *Econometric Analysis*. 5th ed. Upper Saddle River, N.J.: Prentice Hall.

Hastie, Reid and Bernadette Park. 1986. "The Relationship between Memory and Judgment Depends on Whether the Judgment Task Is Memory-Based or On-Line." *Psychological Review* 93 (3): 258-268.

平野浩．2007．『変容する日本の社会と投票行動』木鐸社．

池田謙一．2000．『コミュニケーション』東京大学出版会．

井上毅・佐藤浩一編．2002．『日常認知の心理学』北大路書房．

石黒格・小林哲郎・相田真彦．2008．『Stataによる社会調査データの分析―入門から応用まで』北大路書房．

鹿毛利枝子．2002a．「『ソーシャル・キャピタル』をめぐる研究動向（一）―アメリカにおける三つの「ソーシャル・キャピタル」」法学論叢，第151巻，第3号，101-119頁．

鹿毛利枝子．2002b．「『ソーシャル・キャピタル』をめぐる研究動向（二）・完―アメリカにおける三つの「ソーシャル・キャピタル」」法学論叢，第152巻，第1号，71-87頁．

海保博之．2005．「認知心理学の潮流」海保博之編『朝倉心理学講座（2）認知心理学』朝倉書店，1-9頁．

金光淳．2003．『社会ネットワーク分析の基礎―社会的関係資本論にむけて』勁草書房．

唐沢穣・唐沢かおり・池上知子・大平英樹．2001．『社会的認知の心理学―社会を描く心のはたらき』ナカニシヤ出版．

北村英哉．2003．『認知と感情―理性の復権を求めて』ナカニシヤ出版．

北村行伸．2003．「パネルデータ分析の新展開」『経済研究』第54巻，第1号，74-93頁．

小林良彰．1988．『公共選択』東京大学出版会．

小林良彰．2000．『選挙・投票行動』東京大学出版会．

小林良彰編．2005．『日本における有権者意識の動態』慶應義塾大学出版会．

久保田競編．2002．『記憶と脳―過去・現在・未来をつなぐ脳のメカニズム』サイエンス社．

Liang, Kung-Yee and Scott L. Zeger. 1986. "Longitudinal Data Analysis Using Generalized Linear Models." *Biometrika* 73 (1): 13-22.

Lin, Nan, Karen Cook and Ronald S. Burt, eds. 2001. *Social Capital: Theory and Research*. New York: Aldine De Gruyter.

Loftus, Geoffrey R. and Elizabeth F. Loftus. 1976. *Human Memory: The Processing of Information*. Hillsdale, N.J.: Lawrence Erlbaum Associates（大村彰道訳．1980．『人間の記憶―認知心理学入門』東京大学出版会）．

道又爾．2003．「認知心理学 誕生と変貌」道又爾・大久保街亜・山川恵子・北崎充晃・今井久登・黒沢学『認知心理学—知のアーキテクチャを探る』有斐閣，1-26頁．

宮川公男・大守隆編『ソーシャル・キャピタル—現代経済社会のガバナンスの基礎』東洋経済新報社．

三宅一郎．1981．『合理的選択の政治学』ミネルヴァ書房．

三宅一郎．1993．「投票義務感—行動科学と公共選択の間」『公共選択の研究』第21号，1-3頁．

宮野勝編．2009．『選挙の基礎的研究』中央大学出版部．

森敏昭・21世紀の認知心理学を創る会．2001．『認知心理学を語る(1)おもしろ記憶のラボラトリー』北大路書房．

中谷美穂．2005．『日本における新しい市民意識—ニュー・ポリティカル・カルチャーの台頭』慶應義塾大学出版会．

Neisser, Ulric, ed. 1967. *Cognitive Psychology*. Englewood Cliffs, NJ: Prentice Hall. （大羽蓁訳．1981．『認知心理学』誠信書房．）

Neisser, Ulric, ed. 1982. *Memory Observed: Remembering in Natural Contexts*. San Francisco: W.H. Freeman & Company（富田達彦訳．1988．『観察された記憶—自然文脈での想起(上)(下)』誠信書房）．

Newton, Kenneth. 1997. "Social Capital and Democracy." *American Behavioral Scientist* 40 (5): 575-586.

日本総合研究所．2008．『日本のソーシャル・キャピタルと政策—日本総研2007年全国アンケート調査結果報告書』日本総合研究所．

太田信夫・多鹿秀継編．1991．『認知心理学：理論とデータ』誠信書房．

太田信夫・多鹿秀継編．2000．『記憶研究の最前線』北大路書房．

岡田浩．1998．「政党間差異認知の投票参加に及ぼす影響」『選挙研究』第13号，60-65頁．

Putnam, Robert D. 1995a. "Bowling Alone: America's Declining Social Capital." *Journal of Democracy* 6 (1): 65-78.

Putnam, Robert D. 1995b. "Tuning In, Tuning Out: The Strange Disappearance of Social Capital in America." *PS: Political Science and Politics* 28 (4): 664-683.

Putnam, Robert D., ed. 2002. *Democracies in Flux: The Evolution of Social Capital in Contemporary Society*. New York: Oxford University Press.

羅一慶．2008．『日本の市民社会におけるNPOと市民参加』慶應義塾大学出版会．

Rabe-Hesketh, Sophia and Skrondal, Anders. 2008. *Multilevel and Longitudinal Modelling Using Stata* 2nd ed. College Station: Stata Corp.

坂本治也．2003．「パットナム社会資本論の意義と課題—共同性回復のため

の新たなる試み」『阪大法学』第52巻,第5号,191-219頁.

坂本治也.2004.「社会関係資本の二つの『原型』とその含意」『阪大法学』第53巻,第6号,181-210頁.

坂本治也.2006.「ソーシャル・キャピタルをめぐる実証分析の可能性―政治学の視点から」『政策科学・国際関係論集』第8号,1-26頁.

坂本治也.2007.「ソーシャル・キャピタルは民主主義を機能させるのか?―日本の地方政府と市民社会の計量分析』第9号,1-52頁.

Stata Press. 2005. *Longitudinal / panel Data Reference Manual (Release 9)*. College Station: Stata Corp.

高橋雅延・谷口高士編.2002.『感情と心理学―発達・生理・認知・社会・臨床の接点と新展開』北大路書房.

利島保編.2006.『朝倉心理学講座(4)脳神経心理学』朝倉書店.

トクヴィル・A.1835/40=1987.(井伊玄太郎訳)『アメリカの民主政治(上)・(中)・(下)』講談社.

都築誉史編.2002.『認知科学パースペクティブ―心理学からの10の視点』信山社出版.

Tulving, Endel and Fergus I. M. Craik, eds. 2005. *The Oxford Handbook of Memory*. New York: Oxford University Press.

梅本堯夫.1984.「認知心理学の系譜」大山正・東洋編『'認知心理学講座(1)』東京大学出版会,33-72頁.

山田真裕・飯田健編.2009.「投票行動研究のフロンティア」おうふう.

索 引

【あ】

安心　46-47, 50-51, 95, 123, 135, 178, 181-182, 187, 191
安心の崩壊　51, 123
一般的互酬性　50, 95-96, 109, 115, 119
一般的信頼　47, 50-52, 54, 96, 109, 115, 120, 123, 180, 184
意味記憶　68-77, 79-83, 87, 89, 97, 152-153, 188, 195
エピソード記憶　15, 17, 57-58, 67-74, 76-79, 81-83, 85-86, 88-89, 93-94, 97-99, 109-110, 137-138, 144-147, 152-154, 156, 168, 170-171, 176-177, 180, 182-183, 188-192, 195
エリート民主主義論　12, 14, 21-24
オンライン・モデル　64, 75, 78-81

【か】

学習　52, 54, 84-85, 194
期日前投票　194
期待効用　132
記銘（記憶のプロセス）　67, 74-75
業績投票　79
協調（定義）　42
具体的投票義務感　45, 95-96, 99, 105-108, 114, 124-136, 141, 149, 160-162, 164, 167-171, 176, 178, 180-181, 184-186, 190, 195
結束型　46-52, 55, 94-95, 114, 117-123, 130, 134, 181, 186
顕在記憶　70
公共財　20, 29-30, 40, 42, 46, 48, 136
合理的投票（選択）仮説　31, 35, 38, 43, 64
互酬性（の規範）　25, 37, 45-48, 52, 109, 115-117, 120-121, 123
固定効果モデル　157-159
古典的民主主義論　14, 21, 24
コミュニケーション　52, 54
コロンビア（モデル・学派）　63

【さ】

参加のコスト　29, 32, 35, 132, 134
参加民主主義論　12, 21-25, 189
サンクション　41, 43, 47, 50, 109, 115-117, 121, 123, 135
JES II　100-103
JES III　100-103
資源動員仮説　30-32, 37
しっぺ返し戦略　169
自伝的記憶　69
市民の義務　20, 29-30, 33-34, 36, 38-40, 48-49, 134, 184, 186
自民党　181-182
社会関係資本（定義）　91
社会的圧力　41-43, 48, 50, 53, 55, 125, 131, 134-135, 180, 183
社会的ジレンマ　45-46
社会動員仮説　30-31, 34, 38, 64
習慣的投票　76, 84, 97-98, 150, 153
習慣的非投票　98, 150, 153
18歳選挙権　183
小選挙区制　53, 182
信頼　25, 43, 45-54, 91, 95, 109, 123, 135, 153, 178, 182, 185, 187, 191
垂直的同調に対する義務感　17, 52, 54-56, 114, 130-131, 134-135, 178, 180, 182-184, 186-187, 190-191, 195
垂直的人間関係　48-50, 52-54, 95, 109, 115-117, 119, 123, 125, 130, 134-135,

180
水平的協調に対する義務感　16, 52, 54-56, 114, 131, 134-135, 178, 180, 183-184, 187, 190-191, 195
水平的人間関係　48, 50, 54, 95, 109, 115, 119-120, 134, 180
スキーマ　57, 61, 63-64, 72-73, 75-77, 81-82, 89, 97, 152-153, 188
ストーニブルック学派　63
政権交代　182, 194
政治関心（政治的関心）　26, 29-30, 32-34, 64, 124, 127, 132, 150, 164, 168, 170, 175, 183
政治参加（定義）　26-28
政治心理学　13, 17, 32, 57-63, 66-67, 83, 89, 179-181, 196
政治的エピソード記憶　16-17, 57-58, 73-74, 76, 82-84, 86-90, 94, 96-99, 103-104, 109, 111, 137, 145, 150, 152, 155, 164, 166-167, 170-174, 176, 178-183, 188-196
政治的エピソード記憶（定義）　73
政治的義務感　25, 29-30, 32, 64
政治的社会化　32, 44, 54, 61, 111, 193
政治的洗練度　80-82
政治的知識　26, 73-76
政治的有効性感覚　26, 30, 32-34, 64, 124, 127, 132, 150, 164, 168, 170, 175
政治文化　40, 55, 187
接合型　46-52, 55, 94-95, 114, 117-123, 125, 130, 134, 185
選挙運動　53, 86, 98, 109-110, 137, 144-145, 147
潜在記憶　70
選択的記憶　78
選択的接触　77-78
想起（記憶のプロセス）　67, 74-75

【た】
多元的民主主義論　21-23
短期記憶　67-68, 71, 78
抽象的投票義務感　45, 95-96, 99, 105-108, 114, 124-136, 141-144, 149-150, 153, 160-162, 164, 166-171, 176, 178, 180-181, 184-186, 190, 195
中選挙区制　53
長期記憶　67-68, 70, 74, 88, 103
手続き記憶　70
動員　27-28, 31, 35, 42, 48-49, 52-54, 56, 117, 178, 187, 190, 195
同調（定義）　42
投票参加のパラドックス　13, 20, 30, 134
投票参加（定義）　28-29
投票動機仮説　30, 32, 38, 64
特定的互酬性　50, 95-96, 109, 115, 117, 119, 125, 130, 180

【な】
ニューロサイエンス　62, 65-66, 71, 81, 88
認知心理学　57-60, 62-67, 83, 88-89, 93, 188, 196

【は】
パネル・データ分析　17, 94, 99-100, 102, 111, 131, 144, 155-157, 160, 163-164, 166, 173, 175-177, 181, 195
ヒューリスティクス　80
プーリング（回帰）モデル　158-160, 166, 168, 171
不確実性　47, 187
フリー・ライド（ライダー）　13-14, 20, 30, 42-43, 45-46, 48, 52, 91, 96, 105, 109, 115-117, 130-131, 135, 153, 169, 181, 186

変量効果モデル　158-160, 166, 168
保持（記憶のプロセス）　67, 74-75

【ま】

マスメディア　77, 79
ミシガン（モデル・学派）　63-65
民主主義の危機　178, 196

メモリーベース・モデル　75, 78, 80

【や】

郵政解散　136, 194

【ら】

Remember / Know　70

著者略歴

岡田陽介（おかだ　ようすけ）
1976年　和歌山県生まれ
2000年　明治学院大学法学部政治学科卒業
2002年　明治学院大学大学院法学研究科博士前期課程修了
2010年　学習院大学大学院政治学研究科博士後期課程修了　博士（政治学）
現在　　立教大学社会学部メディア社会学科助教
主要論文　「投票参加と社会関係資本―日本における社会関係資本の二面性」『日本政治研究』第4巻第1号, 91-116頁, 2007年。
Do You Remember Whether You Participated in the Past Election?: The Effect of Political Episodic Memory on Political Attitudes and Electoral Participation in Japan, *Journal of Political Science and Sociology*, (18) 1-22, 2013.
「政治家の印象形成における声の高低の影響：音声合成ソフトを用いた女声による実験研究」『応用社会学研究』第58号, 53-66頁, 2016年　など。

政治的義務感と投票参加
有権者の社会関係資本と政治的エピソード記憶

2017年2月25日第1版第1刷　印刷発行　©

著　者	岡田陽介
発行者	坂口節子
発行所	㈲ 木鐸社

著者との了解により検印省略

印刷　フォーネット　　製本　高地製本
　　　互恵印刷

〒112－0002　東京都文京区小石川 5-11-15-302
電話 (03) 3814-4195番　　振替 00100-5-126746
FAX (03) 3814-4196番　　http://www.bokutakusha.com

（乱丁・落丁本はお取替致します）

ISBN-978-4-8332-2509-0 C3031

シリーズ「政権交代期における政治意識の全国的時系列的調査研究」JES Ⅴ　全4巻

第一巻　代議制民主主義の計量分析
小林良彰

A5判・330頁・3500円（2016年）ISBN978-4-8332-2499-4 C3031

　日本をはじめ多くの民主主義諸国で，有権者が満足していない現状がある。たとえ政党やメディアが複数あり，一定の年齢以上の市民に選挙権が付与されていても，それで有権者の民意が反映されるとは限らない。即ち「民主主義の質」（Quality of Democracy）を問う必要がある。従来の選挙研究が投票行動を被説明変数とし，有権者意識の分析を行っていたのに対して，分析の視野を代議制民主主義の機能に拡大し，意識調査データ，選挙公約データや議会議事録データ等を結合した分析を行うことで，選挙研究を代議制民主主義研究に進化させる。

第二巻　有権者のリスク態度と投票行動
飯田　健

A5判・200頁・2500円（2016年）ISBN978-4-8332-2500-7 C3031

　本書は，日本政治をケースとしつつ，投票先の変更（第3章），分割投票（第4章），政策変更への支持（第5章），投票選択（第6章），投票外参加（第7章），政治信頼（第8章）といった様々な従属変数に対するリスク態度の影響を分析することで，有権者のリスク態度の理論一般の構築を目指す。最後に本書のデータ分析の結果と知見をふまえ，リスク受容的有権者は日本の政治，とりわけ代表民主制に何をもたらすのか考察する。リスク受容的有権者は，代表民主制において「良い」効果をもたらすのか，それとも「悪い」効果をもたらすのか。

第三巻　二大政党制の崩壊と政権担当能力評価
山田真裕

A5判・頁・価未定

第四巻　政権交代期の選挙と投票行動
　　　　　～一党優位体制への回帰か（仮題）
名取良太

A5判・頁・価未定

ニューロポリティクス

井手弘子著
A5判・208頁・2500円（2012年）ISBN978-4-8332-2452-9 C3031
■脳神経科学の方法を用いた政治行動研究
　本書は，2007年に政治学分野では日本で初めて機能的磁気共鳴画像法（fMRI）を用いて，著者を含む研究グループが行った，1992年米国大統領選挙のネガティヴ広告およびコーラ商品の選択の実験研究を詳細に報告しつつ，政治的意思決定の解明や政治行動の特徴を捉えたもの。

日本のマクロ政体

大村華子著（関西学院大学総合政策学部）
A5判・272頁・4000円（2012年）ISBN978-4-8332-2453-6 C3031
■現代日本における政治代表の動態分析
　政府及び政党の掲げる政策と世論の動きに注目することによって，有権者の期待する政策を実現し，その負託に応えてきたのか，代議制民主主義の機能である応答責任を果たしてきたのか，それらをマクロ政体として捉え動態的に検証することで日本の実質的民主主義の特徴＝弱者に優しい民主主義を提示する。

日本における政治への信頼と不信

善教将大著（関西学院大学法学部）
A5判・280頁・4000円（2013年）ISBN978-4-8332-2461-1 C3031
　本書は政治への信頼を認知と感情に大別し，それがどのような意識か，どのように推移しているのか。それが低下するとどのような問題が生じるのか。さらに，その原因は何なのか。これらの問いに，政治意識調査を用いた実証分析を通じて答える。

政治学（政治学・政治思想）

議会制度と日本政治　■議事運営の計量政治学
増山幹高著（政策研究大学院大学・慶應義塾大学）
A5判・300頁・4000円（2003年）ISBN978-4-8332-2339-3
　既存研究のように，理念的な議会観に基づく国会無能論やマイク・モチヅキに端を発する行動論的アプローチの限界を突破し，日本の民主主義の根幹が議院内閣制に構造化されていることを再認識する。この議会制度という観点から戦後日本の政治・立法過程の分析を体系的・計量的に展開する画期的試み。

立法の制度と過程
福元健太郎著（学習院大学法学部）
A5判・250頁・3500円（2007年）ISBN978-4-8332-2389-8 C3031
　本書は，国会をテーマに立法の理想と現実を実証的に研究したもの。著者は「制度は過程に影響を与えるが，制度設計者が意図したとおりとは限らない」とする。すなわち［理想のどこに無理があるのか］［現実的対応のどこに問題があるのか］を的確に示すことは難しい。計量的手法も取り入れながら，立法の理想と現実に挑む。

参加のメカニズム
荒井紀一郎著（首都大東京都市教養学部）
A5判・184頁・2800円（2014年）ISBN978-4-8332-2468-0 C3031
■民主主義に適応する市民の動態
　市民による政治参加は民主主義の基盤であり，また現代政治学における重要なテーマであり続けてきた。本書はまず既存のアプローチの問題点を指摘し，強化学習という新たな理論に基づいて投票参加のパラドックスを解明する。さらに投票行動とそれ以外の政治参加を，同一のモデルを用いることによって体系的に説明する。